МЕТОДИКА ИНТЕГРАЛЬНОГО ВОСПИТАНИЯ

РАЗВИТИЕ ЧЕЛОВЕКА ОТ 0 ДО 20

ARI

УДК 296
ББК 86.33
P48

Серия «Методика интегрального воспитания»
Беседы с Михаэлем Лайтманом

P48 **Развитие человека от 0 до 20.** – М.: НФ «Институт перспективных исследований», 2011. – 328 с.

Razvitie cheloveka ot 0 do 20. – M: NF «IPI», 2011 – 328 pages.

ISBN 978-5-91072-035-4

Дети – это наше будущее. В мире нашего завтра хозяевами будут они, и мы уже ничего не сможем изменить, но сегодня их развитие во многом зависит от нас.

Книга «Развитие человека от 0 до 20» прослеживает становление человека начиная с периода внутриутробного развития и заканчивая возрастом 20 лет – моментом вхождения во взрослую жизнь. Книга демонстрирует необычный и очень интересный подход к вопросам воспитания, отношение к окружающему миру. Речь идет о Законах природы, которые мы обязаны соблюдать, желаем мы того или нет, – чтобы не навредить себе. Все зависит только от того, насколько мы хорошо знаем эти законы и их следствия.

УДК 296
ББК 86.33

ISBN 978-5-91072-035-4
© НФ «Институт перспективных исследований», 2011

ОГЛАВЛЕНИЕ

ПРЕДИСЛОВИЕ **5**

ЧАСТЬ ПЕРВАЯ
РАЗВИТИЕ ЧЕЛОВЕКА ОТ 0 ДО 20 .... **11**
   Интегральный мир 13
   Внутриутробное развитие 19
   Рождение 25
   Вскармливание и первая связь 31
   От 3 до 6 лет 35
   Школа для самых маленьких 46
   Возраст от 6 до 9 – начало 55
   Возраст от 6 до 9 лет – продолжение 64
   Начало полового созревания 75
   Подростковый период 84
   Зависть и насилие 94
   Выбор партнера и профессии 101
   Проблемы молодежного периода 108
   Правильный подход к выбору
   спутника жизни – начало 112
   Правильный подход к выбору
   спутника жизни – продолжение 116
   Виртуальная связь 126
   Старший учит младшего 133
   Один и общество 141

ЧАСТЬ ВТОРАЯ
ИНТЕГРАЛЬНОЕ ВОСПИТАНИЕ – ЗАЛОГ ПРОЦВЕТАНИЯ.. 149
   Источник страха 151
   Виды страха 157
   Фантазии и волшебство – начало 167
   Фантазии и волшебство – продолжение 176
   Гиперактивность 183
   Депрессия 191
   Добро и зло 198
   Воспитание девочек 210
   Раздельное и совместное воспитание 220
   Реализация методики воспитания
   с раннего возраста – начало 229
   Реализация методики воспитания
   с раннего возраста – продолжение 235
   Суд – начало 243
   Суд – продолжение 252
   Старшие воспитывают младших 260
   Наказания – начало 270
   Наказания – продолжение 283
   Facebook 295
   Почитание и оценка 305
   Группа 314

ПРИЛОЖЕНИЕ 323

ПРЕДИСЛОВИЕ

ПРЕДИСЛОВИЕ

Дети – это наше будущее. В мире нашего завтра хозяевами будут они, и мы уже ничего не сможем изменить, но сегодня их развитие во многом зависит от нас.

Книга «Развитие человека от 0 до 20» прослеживает становление человека, начиная с периода внутриутробного развития и заканчивая возрастом 20 лет – моментом вхождения во взрослую жизнь. Книга демонстрирует необычный и очень интересный подход к вопросам воспитания. В ней обсуждаются вопросы развития восприятия ребенка, осознание им самого себя, своего окружения, налаживание первых контактов с другими людьми, и так далее. Шаг за шагом прослеживаются все вехи и переломные моменты роста и взросления человека.

Книга «Развитие человека от 0 до 20» поделена на две части. В первой части дается систематический и последовательный обзор развития человека до 20-летнего возраста, даются практические рекомендации по многим сложным моментам, с которыми сталкиваются сегодня родители, воспитатели и учителя. Это и детская гиперактивность, и нежелание учиться, и проблемы насилия в детском коллективе, и многое другое. Здесь глубоко разбирается сама природа развития ребенка и помощь, которая требуется ему, чтобы реализовать себя, стать полноценной частью общества и, как следствие, обрести счастье.

Вторая часть книги рассматривает общие проблемы возрастных категорий в ракурсе современности, проникает в их глубинные причины и дает исчерпывающий ответ на вызов, брошенный системе воспитания. Кроме того, здесь поднимаются такие важные и интересные темы, как социальные сети, детские страхи, взаимоотношения мальчиков и девочек, сила воображения, понимание добра и зла, наказания, гиперактивность и многие другие.

В ходе бесед вырисовываются черты новой системы воспитания и обучения, отвечающей реалиям сегодняшнего дня. Особое внимание в этой системе уделяется отношениям детей друг с другом. Рассматриваются способы построения детских и подростковых сообществ нового типа, в которых старшие дети обучают и воспитывают младших, принимают ответственность за своих друзей и поддерживают друг друга.

Книга «Развитие человека от 0 до 20» знакомит нас с совершенно новым подходом к окружающему миру. Речь идет о том, что все Законы природы мы обязаны соблюдать, желаем мы того или нет, чтобы не навредить себе. Наше благополучие зависит только от того, насколько мы хорошо знаем эти законы и их следствия.

На наших глазах в мире раскрывается особый закон – закон единства всей природы и человечества. Мы его называем законом «глобального и интегрального мира». Наш мир с огромной скоростью входит в раскрытие тотальной связи между всеми его частями, и с каждым днем мы все больше это обнаруживаем.

Этот процесс будет развиваться, пока мы не ощутим абсолютную зависимость всех от каждого, и каждого от всех. Настолько, что никому не будет хорошо до тех пор, пока все остальные люди на планете не почувствуют себя хорошо.

И это – новый мир, другое измерение, основанное на принципах абсолютной любви. Нам пока еще непонятно, как можно существовать таким образом. Мы только произносим слова «глобальная», «интегральная», но нам нужно выяснить, что представляет собой эта система.

Принципы воспитания детей, нашего будущего поколения, призванного жить в новом мире, остаются в целом неизменными. Сегодня выясняется, что эти принципы – разрушительные, и из-за них наше общество раздроблено, запутано и беспомощно. И мы не знаем, что делать, и в полной растерянности наблюдаем, как наши дети, совершенно не принимая такого подхода, создают себе альтернативы в Интернете или вне дома, вдали от родителей.

Но если мы сделаем наших детей максимально включенными в этот новый мир, мы приведем их к состоянию максимальной безопасности. Такому человеку ничто в мире не повредит, у него не будет врагов, он будет нормально обеспечен, он начнет ощущать совершенство, гармонию, которая есть в природе, в первую очередь – на уровне взаимоотношений между людьми, – то есть он будет действительно счастлив.

Книга «Развитие человека от 0 до 20» говорит нам об этом.

Вы можете представить себе, что такое действительно возможно?

Книга состоит из бесед профессора Михаэля Лайтмана с Ильей Винокуром, писателем, и Ириной Якович, психологом и психотерапевтом.

Михаэль Лайтман – профессор онтологии и теории познания (философия Ph.D, биокибернетика MSc), основатель и президент Ashlag Research Institute (ARI), некоммерческой организации, цель которой – реализация инновационных идей в образовательной политике для разрешения системных проблем современного образования и воспитания. Им написано более 40 книг переведенных на 17 языков.

Илья Винокур – докторант гуманитарных наук, лектор по теме воспитания, писатель, глава отдела интегрального воспитания и менеджер ассоциации «Растем в радости».

Ирина Якович – профессиональный практикующий психолог, закончила МГУ им. М.В.Ломоносова факультет психологии, действительный член Профессиональной Психотерапевтической Лиги, Сертифицированный психодраматерапевт, работает на телевидении и радио.

ЧАСТЬ ПЕРВАЯ
РАЗВИТИЕ ЧЕЛОВЕКА ОТ 0 ДО 20

Интегральный мир

— Я много лет работаю в своей практике с детьми и родителями. Работаю 13 лет, учусь, преподаю и пытаюсь соединить всевозможные теории и методики развития человека. Меня больше всего поражает в вашей методике ее универсальность, в основе которой лежат принципы и понятия, которые развиваются и при этом не противоречат друг другу. Меня поражает единство методики. И я бы очень хотела узнать, как можно в рамках одной методики объяснить явления, для объяснения которых существует множество разных подходов.

— Дело в том, что при любом нашем обращении к миру мы раскрываем мир, с которым мы не знакомы. Любое исследование зависит от особенностей человека, его восприятия, круга общения, времени и места, где он проводит свое исследование. Поэтому любое исследование подвержено временным и местным условиям. Наше же исследование исходит из основы, общей для всех, это основа природы – желание наслаждаться, желание наполниться.

Я проверяю это на всем процессе развития природы: изначально возникло желание неживого уровня – и оно привело к возникновению неживой материи. Желание неживого уровня развивалось, пока не породило все виды неживой материи, а затем переросло в желание растительного уровня. Оно породило всевозможные виды растений. Растительный уровень перерос в животный и образовал весь животный мир. А затем появилось желание уровня человек.

Мы видим, как в природе все строится на развитии эгоизма, желании наслаждаться, которое присутствует в каждом человеке и развивается в роде человеческом из поколения в поколение.

– То есть принятый вами подход объясняет не только развитие человека, но и объясняет развитие всей природы?

– Изучая развитие человечества, мы видим, что до нашего времени развитие происходило за счет роста эгоизма, желания насладиться. Человеческий эгоизм заставлял всех нас развиваться, осваивать новое, раскрывать мир, создавать новые общества.

Но сегодня мы находимся на новом этапе развития – мы развиваемся дальше уже не под давлением эгоизма; наш эгоизм как бы достиг своего максимума, то есть мы развиваемся не количественно, а качественно. Наш эгоизм как бы замыкается, становится глобальным и интегральным. Мы все более обнаруживаем себя состоящими поневоле в единой полностью связанной системе. Поэтому наш мир становиться все более непредсказуем. Ведь мы созданы эгоистами, и вдруг оказываемся в таком «месте», где действуют законы полной взаимосвязи.

В прежние времена человек заведомо знал, как он будет жить, он шел по проторенному пути.

Все было известно заранее. Он знал, что женится на дочери соседа, что здесь будет его дом и так далее. А сегодня поколения совершенно оторваны друг от друга, родители не знают, о чем думают их дети, чего они хотят, и не могут понять отношения своих детей к жизни. Потому что дети не просто более развиты, как было между поколениями в прошлом, а они качественно иные – подготовленные природой для существования в интегральном мире. Еще не полностью, так как мы находимся на переходной стадии.

– Это приводит к недостатку терпения. Я вижу детей, у которых с раннего возраста отсутствует терпеливость, в том числе к школе.

– Их эгоизм не просто вырос, а стал иным – и наш мир не может его удовлетворить. И сами дети не знают, где им найти наполнение: куда пойти, какую профессию выбрать, чем заниматься, чем насытить себя? Ребенок находится в состоянии, когда он ни в чем не видит смысла.

Часть первая

— Родители считают, то это «плохое поколение», которое ничему невозможно научить, которое не хочет учиться, у которого нет усердия к работе...

— Даже если ребенок действительно захочет что-то объяснить родителям, что он скажет?! Кем, по-вашему, я должен стать: врачом, архитектором, адвокатом, финансовым контролером? Он изначально видит в этом пустоту, и не просто пустоту, а тюрьму. Он вступает в жизнь, где надо 10-12 часов в день работать, и даже если ты можешь получить приличное материальное вознаграждение, в этом нет для него смысла!

— Они так и говорят: «Я не хочу тяжело работать, чтобы потом отдыхать. Я хочу отдыхать сейчас, я не хочу прилагать усилия!» Разве это называется более развитым поколением? По-моему, предыдущее поколение было развито больше! Мы думали, развивались, хотели чего-то достичь, к чему-то стремились... была цель... А здесь все наоборот, нет стремлений, нет желаний... Это же деградация.

— Желания у наших детей – выше наших желаний, в которых дети обнаруживают пустоту. Все развивается по гиперболе, молодые люди пытаются понять, к чему стоит стремиться, а учителя и родители находятся в растерянности. Они не знают, как решить эту проблему.

— Я не вижу ни одной благополучной системы. В каждой системе не довольны ни дети, ни учителя, ни руководители, ни специалисты. И нет никакой методики...

— Мы вместо поиска методики, пытаемся уменьшить ущерб, успокоить. Наше оружие – «Риталин» (лекарство из группы психостимуляторов). Но если мы обоснуем наше новое отношение к миру, на возникшем вместо индивидуального эгоизма глобальном эгоизме, мы обнаружим, что нам необходимо объединиться – и в этом состоянии мы раскроем добро и новый мир. Нам необходимо уяснить в какой новой своей природе мы оказались.

Мы видим, что новое поколение – потеряно, оно не видит никакого будущего. Даже наркотики и алкоголь скоро перестанут его наполнять. Придет время, когда человек ничем не сможет наполнить себя – в нем возникнет ощущение черной бездны и боли…

– Мы поняли, что будет еще хуже.

– Вот поэтому-то нам уже сейчас необходимо распространять методику существования в новом мире. Объяснять, каким образом мы можем извлечь из природы ее скрытые силы, силы, которые создали нас и которые могут сегодня изменить наши эгоистические качества в альтруистические, к чему мы обязаны прийти в глобальной и интегральной системе.

– Мы видим, с какой легкостью дети объединяются и очень часто родители мешают им, воспитывая соперничество и честолюбие. Я хочу спросить: если существует общая методика, как она объясняет развитие человека? Что оказывает большее влияние на его развитие: окружающая среда, наследственность? Под влиянием чего человек развивается?

– Человек развивается под влиянием двух причин: своих внутренних свойств и окружающей среды. Все зависит от того, насколько внутренний мир человека и окружающая его среда находятся в гармонии между собой. Внутренние свойства человека включают в себя его естественные врожденные склонности, а также то, что он получил в родительском доме до 3-4 лет, до того как стал воспринимать влияние общества.

– До тех пор он еще как животное?

– До 3-4 летнего возраста ребенок не чувствует своей связи с окружением, с товарищами и развивает свои врожденные и приобретенные от родителей склонности. Они составляют его внутренний мир. Но с 3-4 лет он попадает под влияние окружения. И если мы правильно организуем окружающее его общество, оно может исправить все более ранние изъяны в воспитании и научить его правильно использовать свои свойства. Значит, в первую очередь, мы должны воспитывать будущих матерей.

– Сегодня я сталкиваюсь с абсолютной подавленностью родителей. Они не знают что делать.

Часть первая

– Система воспитания должна начинать с родителей, хотя бы с момента возникновения молодой пары и до тех пор, пока они не становятся родителями. Они должны знать о желании человека, об эгоизме и о том, что является основой его развития, чего мы хотим от себя, почему мы испытываем разочарование и опустошенность в нашей жизни, почему в нашем поколении это особенно ярко выражено, к чему стремится молодое поколение в отличие от прошлых поколений. А, кроме того, человек, который становится родителем, особенно мужчина, переживает психологический переворот.

– Да, в нем происходят драматические изменения!

– Как только я становлюсь отцом, а моя жена – матерью, мы оба опускаемся с человеческого уровня на уровень животный! Мы относимся к своему ребенку так же, как животные – и это оберегает его. Природа пробуждает в нас животную защитную силу. И здесь мы должны научить их правильно понимать, что у них на руках растет сегодня совершенно новый человек, который потребует от них, чтобы они правильно развивались. Если родители хотят дать возможность ребенку утвердиться в новом глобальном мире, развить и реализовать его внутренние свойства и склонности, они должны превзойти самих себя.

– Из Ваших объяснений следует, что это не вина родителей. Я участвовала во многих телевизионных программах, посвященных теме воспитания детей и обучения этому родителей. Родители чувствуют, что делают что-то не так и хотят научиться делать это лучше, ведь проблемы возникают постоянно.

– Прежде всего, следует подготовить материал, правильное объяснение, ясную методику, а затем организовать систему, которая донесет эти знания до сведения каждого родителя и научит его. Здесь очень важна роль средств массовой информации, иначе мы теряем следующее поколение.

– Что бы Вы посоветовали молодым родителям сегодня? Как я могу присоединиться к этому процессу? Что мне стоит читать, что я должна учить? Допустим, я нахожусь в процессе подготовки к рождению ребенка?

– Мы живем в таком поколении, что нам всем придется изучать природу глобального интегрального мира. Это не значит, что мы должны глубоко изучить всю науку. Вы учили психологию, но это не значит, что Вы должны обучать родителей, ваших пациентов, всей психологии. Вы должны, используя ее знания, дать ясные, практические советы родителям.

Поэтому мы должны дать людям короткие, простые советы, общедоступные знания о природе человека, его глобальном развитии, к какому этапу мы подходим, что особенного в нашем поколении, какой внутренний переворот оно переживает по сравнению с предыдущими поколениями. Ведь это первое из всех поколений, которое должно подняться на уровень связи между людьми, а не эгоистического использования друг друга. Природа обязывает нас к этому, демонстрируя нам, что мы связаны друг с другом глобальной, интегральной связью.

Мы стоим на пороге глобального кризиса – и это кризис взаимоотношений между людьми. Мы не можем построить единое общество, не можем правильно отнестись ни к экологии, ни к самим себе, ни к человеческому обществу. Все это надо соединить в одну проблему – и здесь мы можем использовать именно родителей. Невозможно достучаться до обычного человека, тем более до правительств и организаций, министерства образования – они не заинтересованы слушать. Но родители, для которых это больной вопрос, слушать готовы.

– У них самая высокая мотивация.

– Родители хотят видеть своего ребенка преуспевающим, жизнерадостным, уверенным, и если мы объясним им, что нужно делать, я думаю, мы достигнем успеха.

Часть первая

Внутриутробное развитие

— Мне хотелось бы остановиться на воспитании и образовании плода в период его внутриутробного развития. Информации об этом периоде мало, и она публикуется с большой осторожностью. Появляющиеся в последнее время исследования говорят о способности плода воспринимать. Сначала говорили, что он воспринимает звуки. Затем обнаружили, что чем больше он слышит свою семью, тем быстрее узнает ее после рождения. Иными словами, существует некий вид подготовки, которую можно провести с зародышем, находящимся в чреве матери: установить с ним связь, рассказывая о семье. Кроме того, исследования близнецов показали о существовании ощущения связи между зародышами: они чувствуют друг друга. Выходит, что зародыш воспринимает достаточно много, а мы этого вообще не принимаем в расчет.

— Этому не стоит удивляться. Мы делим природу на части, допускаем разрывы между этапами нашего развития, потому что так нам удобнее. Так мы относимся вообще к природе: делим ее на науки, хотя она едина. Тело делим на части и лечим их по отдельности. Так и всю нашу жизнь мы делим на периоды и изучаем их, отделяя друг от друга. Причина этого в том, что такими мы созданы в нашем эгоизме, который отделяет нас друг от друга. Кроме того, такая позиция удобна нашему эгоизму: ведь я чувствую себя выше природы и могу поступать с каждой частью по своему разумению. А если я говорю, что природа — единый механизм, находящийся в едином движении, — то это, прежде всего, обязывает меня изучить ее всю и выполнять ее глобальные и интегральные законы. Поэтому внутриутробный период, вскармливание и другие этапы, вплоть до взрослого состояния являются неразрывно связанными этапами становления человека и полностью влияют друг на друга.

— Но каждый этап мы оцениваем по-разному...

— Однако это система, все части которой соединены такой же неразрывной связью, как органы нашего тела, где каждая клетка связана с остальными. Поэтому, когда мы говорим о зародыше, то разве он принадлежит только матери? Разве он утратил связь со своим отцом?

— Психология ставит большой знак вопроса относительно роли отца в первый год.

— Но в течение истории человечество всегда придавало отцу большое значение: фамилию давали по отцу, наследовали и так далее. Это не случайно…

— Я думаю, такое отношение связано с существованием одной системы в другой. Для того чтобы младенец получал все необходимое, мать создает для него в первые два года особую окружающую среду. Современные исследования показывают, что младенец начинает воспринимать отца как внешнюю, для него с матерью, среду. То есть отец все-таки есть. Но мы несколько забежали вперед. На какие этапы Вы делите внутриутробный период развития плода?

— Мое деление таково: три дня абсорбции семени, в которые оно прикрепляется к стенке матки. Затем начинается период формирования плода. Первый этап его развития заканчивается в 40 дней, включая первые три дня абсорбции семени. По истечении 40 дней, считается, что плод уже существует, он уже человек. У него уже есть будущая форма и заложена будущая самостоятельность. Соответственно, так к нему и надо относиться.

— В полной мере?

— Да, потому что в нем уже есть все.

— В том числе желания и свойства?

— Абсолютно все. Ему недостает развития, чтобы вступить с нами в связь, но он уже существует. К нему следует относиться, как к человеку.

— Но на этом этапе мы обычно даже не знаем о его существовании.

— Мы не знаем, потому что наши органы чувств его не воспринимают. Но это уже законченная форма будущего человека.

— Существует ли возможность воздействовать на эту форму на этапе ее создания?

— Всем: музыкой, стихами, любыми воздействиями, как на взрослого человека. Даже при зачатии, и даже до него.

— Но в течение первых 40 дней женщина даже не знает, что беременна.

— Это не важно, поскольку относится к организации правильной среды для плода. А мы говорим о том, что происходит согласно законам природы. Насколько мы можем их определить и подготовить мать — это уже другая проблема. В общем, внутриутробное развитие делится на три периода по три месяца. Разумеется, месяцы отсчитываются по лунному календарю, потому что женский организм, как известно, связан с Луной, как мужской — с Солнцем.

— Что именно развивается в каждом из трех периодов?

— Самые главные свойства развиваются в течение первых трех месяцев — самое важное развитие происходит на первом этапе.

— Это соответствует медицинским исследованиям развития мозга в течение первых трех месяцев. Поэтому они считаются наиболее опасными, требующими осторожного поведения.

— Женщина должна быть в спокойствии и равновесии. Чтобы плод правильно развивался, она должна думать о нем и относиться к нему, как к живому существу. Она должна разговаривать с ним, как советуют сегодня врачи, петь, играть, вызывать его реакции, ведь у него после 40 дней появляются уже зачатки будущего человека. Чувствовать его личность в себе.

— Как дать женщине возможность представить эту связь, которая проявляется только на чувственном уровне?

— Существует возможность быть в связи с плодом — в знании, ощущениях, коммуникации.

— Ошущать, плохо ему или хорошо?

— Даже больше, чем чувствовать себя, ведь мать живет согласно его желанию!

— Вы сказали, что нужно разговаривать с плодом, включать ему музыку. Какого жанра музыка предпочтительнее?

— Мать почувствует это относительно своего ребенка, его конкретного состояния. Следует лишь пробудить в матери готовность и осознание того, что она находится с плодом в связи, как два человека. Эта связь естественная и такая глубокая, что ее ничем нельзя разорвать. Даже подсознательная мысль матери уже влияет на зародыш.

— То есть она должна знать, что все ею слышимое оказывает на него воздействие. Известно, что все состояния матери сказываются на плоде: стресс, неправильное питание, наркотики, но также и простые переживания. В психологии есть методика, называемая «мать знает»: дайте матери сделать то, что она знает, и этого достаточно. И даже если она ошибается, то это тоже хорошо: из этого она приобретает опыт.

— В природе понятие «мать» означает полную отдачу материнского организма развитию плода: все ее намерения — на пользу плода, она целиком настроена на заботу о нем и не думает о себе. Если мы передадим такое ощущение будущим матерям, подготовив их еще в школе, то сможем, прежде всего, воспитать в них чувствительность к другому человеку, они правильно пройдут все этапы беременности. Тогда они будут лучше понимать и чувствовать не только свой плод, но и других людей. Такое отношение должно касаться всего человечества, ведь все мы находимся «каждый в чреве другого и всех вынашиваем в себе».

— Мне хочется также спросить об отце как о внешнем окружении.

— В природе ступень Отец выше ступени Мать. Он больше определяет свойства плода, а мать их развивает. Мать дает силы, так называемую плоть, а Отец дает основные свойства плоду. Речь идет о подходе к жизни. Многим вещам ребенок учится внутри матери в течение внутриутробного периода и затем во время вскармливания. А от отца ему передаются внутренние свойства. Зарождение плода исходит со ступени Отец через ступень Мать, от которой он рождается. Во всяком случае, Отец – первый и определяющий, именно отец дает каплю семени, которую мать развивает! Отец определяет, что будет у Матери, а ее механизм проводит все, получаемое от Отца, к плоду. То есть Мать – это посредник между Отцом и зародышем. Я не снижаю значение материнской функции, но хочу лишь подчеркнуть, что нельзя не принимать во внимание отца.

– Вы поставили его выше всех!

– Между ними есть очень тонкое и существенное разделение, каждый выполняет свою функцию и не касается области другого.

– Кто-то важен более, а кто-то менее?

– Невозможно без любого из них. Для развития ребенка имеет большое значение, находится ли отец рядом с матерью или нет, а также характер их отношений определяет отношения и в будущей семье ребенка с его супругой.

– На эту тему как раз есть исследования. У отца много косвенных функций.

– Именно отцовские свойства передаются детям, чтобы они реализовали их в будущем. Мать больше определяет детство, а отец проявляется в человеке, когда он сам повзрослел и становится отцом.

– Исследования говорят о способности младенца с первых дней чувствовать, что у него есть две среды. Мать – это одна среда, которую он чувствует, находясь с матерью в полном симбиозе: он и она – один мир. Но есть и вторая среда – отец. Когда он слышит голос отца или отец берет его на руки, это очень важно, так как связано с ощущением уверенности. У детей присутствие или отсутствие отца связано с чувством защищенности и уровнем достигаемого результата. Удивительно, но, играя с папой в ту же игру, что и с мамой – без соревнования между ними, – ребенок достигает лучших результатов. Это трудно объяснить, но это так.

– Все, что мать требует относительно ребенка, отец обязан выполнять. Но сам он связывается с ребенком через мать, пока не начинается с 3 лет период воспитания – тогда мальчик обязан быть в окружении мальчиков и мужчин, включая отца.

– Есть различие между мальчиками и девочками?

– Забота о девочках лежит полностью на матери, а отец должен быть за ней. При уходе за мальчиками ребенок с первого дня должен чувствовать и мать, и на ее фоне отца, а затем с 3 лет перейти под воспитание отцом и воспитателями. То, что наши мальчики в течение всех лет взросления в школе воспитываются женщинами, их разрушает!

– Я абсолютно с этим согласна: они не чувствуют себя мужчинами. Вся воспитательная система управляется женщинами, и с точки зрения психологии это создает у мальчиков ощущение сопротивления этой системе.

– Подведем итог. Мы говорили о необходимости относиться к природе как единой совокупности. Будучи эгоистом, человек делит реальность на множество пластов. Но сама по себе реальность совершенная и полная – лишь мой эгоизм этого не видит. Мы говорили, что зародыш формируется в течение первых 40 дней. Чувствуем мы его или нет – это уже человек. Внутриутробное развитие состоит из трех периодов по три месяца, и процесс развития направлен от внутренних частей к внешним. Мы также говорили о важности роли матери, мать полностью посвящает себя заботе о зародыше, чувствуя его, как свою часть. И отца мы не забыли – он добавляет к внутренней материнской среде свой внешний круг. Отец дает зародышу внутренние свойства, а мать их развивает. Таким образом они дополняют друг друга в зарождении и воспитании ребенка.

– Отец очерчивает внешние границы окружения, и дети должны это чувствовать.

– Все, что женщина требует относительно зародыша, отец должен выполнять. Мальчики чувствуют отца больше, чем девочки, отец доминантен относительно сына, а мать – относительно дочери. Но об этом мы поговорим в следующих беседах.

Часть первая

Рождение

— Сегодня мы поговорим о том, что имеет непосредственное отношение к жизни человека, о первом этапе в его жизни – о процессе рождения. Вы рассказали о том, что у зародыша имеется большая возможность восприятия, а также о связи, которая формируется между ним и матерью, что посредством нее он уже получает доступ к окружающей среде, хотя еще находится в ее утробе.

— Еще находясь в утробе матери, зародыш имеет возможность быть связанным со всей окружающей ее средой, и таким образом готовится к встрече с миром в целом.

— Понимание этого приходит постепенно, поскольку в то, что существует такое удивительное продолжение, в научных кругах еще недостаточно верят. И более того, психология говорит о матери как о посреднике. Но, в сущности, она становится посредником между зародышем и миром намного раньше.

— Хорошо, тогда, может быть, начнем с родовых схваток? Есть ли у них какое-то особое значение с духовной точки зрения? Нам известно, что медики считают, что роды начинает плод.

— Он высвобождает определенные гормоны, которые фактически и способствуют началу процесса его рождения.

— Я хотел бы еще добавить о связи зародыша с внешним миром посредством матери. Здесь речь идет не только об окружающей среде. Потому что впоследствии, на протяжении всех лет взросления, начиная с младенческого возраста и далее, в конечном результате он видит жизнь глазами своих отца и матери, поскольку воспринимает их впечатления от жизни и принимает их ценности. Избавиться от этого у него уже нет возможности. Разумеется, затем окружение, друзья, двор и, может быть, что-то еще, оказывают на него свое влияние, но в любом случае это происходит уже над тем, что положило основу его восприятия.

— *В психологии имеются параллельные понятия, говорящие как о схеме отца, так и о схеме матери. Но прежде нигде не упоминалось о периоде до рождения. Этот аспект является совершенно новым.*

— Я думаю, что мы быстро это обнаружим, поскольку сейчас эта область знания развивается с достаточно большой скоростью. В отношении же родовых схваток – их развивает мать, которая будто бы желает изгнать плод. Но она хочет сделать это при условии, что зародыш установит свою готовность к существованию вовне. Он на самом деле выделяет определенные вещества и уже находится в положении «головой вниз», оказывая давление на шейку матки, чтобы выйти наружу. Он действительно желает избавиться от своего состояния и покинуть мать, потому что уже не способен получать через нее существование.

— *Вопреки тому, что находится в удивительном месте, называемом «лоно матери».*

— Оно уже становится враждебным по отношению к нему.

— *Поэтому, если плод не покидает утробу матери после 40-й недели беременности, положение считается опасным.*

— Неожиданно появляются выталкивающие силы, противоположные тем, удерживающим, которые были в продолжение всех дней беременности. Ведь если прежде лоно матери оберегало плод, не прекращая заботиться о нем, чтобы он только оставался внутри, теперь оно становится «враждебным» ему и обязано вывести его наружу. Сейчас мы впервые видим, что сила любви Высшего (матери) по отношению к низшему (ребенку) как бы становится противоположной самой себе.

— *Чтобы изгнать его?*

— Да, и благодаря этому, плод обретает силу противодействия, которую ему передает мать и способен существовать самостоятельно вне ее. Это происходит именно потому, что он чувствует от нее это побуждение, а именно то, как сила ее любви облачается в силу давления. Ее отталкивание становится будто бы враждебным, и тем самым она передает ему еще одну линию поведения. И эта «отрицательная» сила также служит ему во благо.

— Младенец переживает массу впечатлений. Психологию очень занимают впечатления младенца. В ней придается большое значение тому, что, находясь в утробе матери, младенец был сжат и ощутил давление со всех сторон. По сути, у него нет иного выхода.

— И благодаря этому он выходит в мир. От матери также требуются большие силы и огромное давление. Ребенок приобретает добавку эгоизма и поэтому он может находиться вне утробы матери и противостоять враждебной среде. Он также обретает все муки рождения и отношение своей матери, ее свойство преодоления, и чувствует прибавку мощной силы. А, значит, он уже готов к существованию вне ее организма. К этому можно еще добавить, что во время родов открытую трубку (пуповину) перекрывают, а закрытая (рот) открывается. «Ртом» зародыша является пуповина, а человек получает питание через рот. Таким образом, в теле человека имеется несколько мест, посредством которых осуществляется связь и наполнение от других тел: через рот, через пуповину, через родовой путь. И зародыш как бы поднимается с места, находящегося между ног матери, до ее груди. И там он питается молоком матери. Да, он переходит на грудное вскармливание и начинает быть связанным с ее грудью. Иначе говоря, уровень груди – это уже иной уровень связи с матерью, на котором ее кровь превращается в молоко.

Связь с матерью приобретает более высокий информационный характер: в матери кровь обращается в молоко, переходит в ребенка, и вновь в нем молоко обращается в кровь.

— Из всего этого процесса следует однозначная рекомендация, что роды должны протекать естественным образом.

— Да, известно, что, как для матери, так и для плода это полезно для здоровья, несмотря на всю болезненность этого процесса.

— Что же происходит во время этого процесса?

— Выделение гормонов, обмен силами. Так о ребенке, родившемся посредством кесарева сечения, можно сказать, что в некотором смысле он будто бы и не родился, поскольку не прошел естественный процесс родов. Точно так же и мать находится в состоянии, как будто бы она еще не родила. Ведь она не избавилась от плода самостоятельно, не оказывала на него давление и не вытолкнула его наружу. Иначе говоря, оба они еще находятся в неполной связи.

— Во внешней связи?

— Нет, получается как раз, наоборот, в излишне внутренней. И это мешает развитию ребенка и вместе с тем как бы отражается на продолжении отношения к нему его матери.

— По этому поводу существуют как раз мнения психологов. Ведь есть много процессов, происходящих в родовом канале. Еще до того, как у женщины начинаются боли, младенец проходит множество состояний, продвигаясь через нечто, подобное тискам. Имеются описания многих из этих процессов, включая физические. Например, открываются кожные поры, или зародыш выходит из состояния «рыба» и его легкие начинают развиваться. Психологи говорят о том, что родовой канал — это первое место, куда он попадает, выходя из воды, где у него не было ощущения границ своего тела. И вдруг, оказавшись зажатым, младенец очень хорошо чувствует границы своего тела, благодаря тесному соприкосновению с внутренней поверхностью родового канала. Этот контакт во время продвижения вызывает в нем первое ощущение состояния, когда он уже находится снаружи, а не в воде, открывает ему первые внутренние ощущения и выстраивает схему тела, которая впоследствии развивается.

— Да, он начинает приводить в действие все органы чувств.

Часть первая

— И вот он родился! Как, по-Вашему, нужно ли разлучать новорожденного с матерью сразу после родов? Сегодня в больницах есть разного рода подходы в противоположность естественному: тотчас же положить младенца на живот роженицы.

— Разумеется, новорожденного необходимо сразу же положить к матери, он должен чувствовать только ее, ему нужно ощутить мать, ее запах, причем немедленно, до всех процедур – первое прикосновение к матери. Ребенку это первое ощущение в мире – ощущение матери крайне необходимо, как животному.

— В этом отношении психология полностью согласна с Вами. Она отмечает развитие ощущений запаха и осязания у младенца. Многих женщин интересует вопрос: «Должен ли новорожденный спать вместе с мамой?»

— Я рекомендую брать пример с животных. Почему мы не учимся у них? Чем мы от них отличаемся? Ведь в соответствии с нашим телом мы относимся к животному уровню. Поэтому, разумеется, младенец должен быть рядом с матерью, спать рядом с ней. До двухлетнего возраста он должен чувствовать мать и, возможно, ее помощниц.

— Каким должно быть восприятие младенцем роли отца?

— Только через мать. Он не оказывает влияния на младенца, как во время беременности, так и после его рождения. У него нет никакой связи с ним, никаких контактов. Все отношения между ними возможны только через мать. Он может находиться рядом, но не более того.

— Имеет ли значение поддержка мужчины во время родов, в ходе самого процесса?

— В природе такого отношения не существует. Нам известно, что в роли помощниц у рожениц всегда выступали женщины-акушерки, а мужчины никогда не приближались к месту, где женщина рожала.

— В первый год жизни ребенка в нем происходят особенно большие изменения...

— Разумеется, мы видим на себе, что в той мере нашего взросления в нас происходит все меньше изменений. Так что, безусловно, мы наблюдаем эти изменения в первый год жизни ребенка, в возрасте нескольких недель и даже нескольких дней. Мы также желаем видеть эти изменения. А затем уже только раз в неделю происходит какое-то маленькое изменение, скажем, по достижении ребенком одного года, а в возрасте двух лет изменения происходят реже, уже один раз в месяц.

— В психологии исследования этого явления есть, в основном, у Э.Эриксона, психолога в области психологии развития. Он описал все развитие человека, начиная с периода вскармливания и до старости, разделив его на 8 этапов. Эриксон был первым, кто заговорил обо всем жизненном пути как о виде развития. Однако он разделяет первые этапы на год, два года и три.

— Мы определяем период вскармливания от рождения и до достижения возраста двух лет. И последующие этапы, начиная с возраста три года и шесть лет.

— Итак, сегодня мы говорили о важности естественных родов, о важности боли в процессе родов, о состояниях, которые проходит зародыш, о его развитии, о связи с матерью, о переходе в связи с ней на более высокий уровень.

Часть первая

Вскармливание и первая связь

— Какова суть связи между родителями и ребенком?

— Это возможность дать ребенку ценности жизни, которые подтолкнут его к развитию в знании, понимании, ощущении, что существует нечто выше нашей жизни — жизнь вне животного тела, в связи с другими, в общем чувстве понимания, уступок, общности и любви. В таком случае жизнь ощущается безграничной. Такое воспитание откроет ребенку глаза то, что скрыто от взрослых. Он слышит о свободе выбора, перспективах и целях исторического общественного развития, понимает и связывает состояния человечества и свои состояния в прошлом и в настоящем. Он смотрит на жизнь умно и сверху.

— Вопрос в том, насколько и в каком возрасте он это понимает?

— На самом деле это не важно, так как в любом случае оставляет в нем отпечаток. Возможно, он не понимает, но у него создается впечатление, что мир большой, и все открыто. Он чувствует, что причастен к нему, включен своей судьбой в судьбу мира. Он слышит о проблемах экологии и экономики, о мировом кризисе, о том, что развитие началось много тысячелетий назад, и сейчас все должно измениться.

— Это очень широкое мировоззрение.

— Очень широкое. В результате он иначе смотрит на другие явления: он тянется к играм и развлечениям, как любой ребенок, но впечатление от расширенных границ не дает ему сузиться.

— Но маленького ребенка это не пугает? В первые годы жизни мы стараемся оградить ребенка от раздражений, с которыми он не может справиться.

— Каких именно, например?

— Например, насилие. Важно, чтобы он не видел таких примеров. Как правило, мы даем ребенку знания о мире постепенно, согласно его способности с ними справиться. Мы не открываем ему сразу все. А Вы говорите о чем-то очень широком.

— Мы видим на практике, что в последовательном обучении ребенка нет ограничений. Ребенок воспринимает и впитывает информацию о мире естественно.

— Вы советуете продолжать вскармливание даже до двух лет. Все психологические методики согласны, что вскармливание естественно, потому что устанавливает связь между матерью и ребенком. Сегодня обнаруживают, что это именно то расстояние, которое ребенок воспринимает, тот голос и запах, который он помнит. Но в год или полтора ребенок физически отдаляется от матери – он уже ходит, бегает, хватает. Что тогда дает ему кормление грудью?

— Именно тогда он должен быть связан с матерью, ибо может начать отдаляться.

— Верно, это именно такой этап.

— А необходимость и реализация постоянной связи объединяет их затем на всю жизнь. Два года – это не просто календарное время, а 24 месяца, в течение которых в ребенке происходят большие изменения. Этот период очень важен, и прекращение вскармливания ранее 24 месяцев вызывает нежелательные последствия в будущем.

— Но даже врачи рекомендуют прекратить кормление грудью, потому что это мешает развитию зубов. Я не уверена, что это правильно, но есть такое возражение. Природа требует от ребенка отдалиться от матери, а мы якобы силой возвращаем его к ней? В современном мире мы достаточно рано требуем от ребенка самостоятельности. А согласно тому, что Вы говорите, возможно, ему действительно необходимо до двух лет сохранять тесную связь с матерью.

— Каким бы ни был современный мир, он не меняет природу. Мы придумали различные средства связи, наполнили мир всевозможными приспособлениями, но сами остались теми же.

— Вы имеете в виду нашу сущность?

— Да. Особенно это касается нашего морального развития от эгоизма к альтруизму. Я думаю, ребенку необходим этот период от рождения до двух лет, чтобы укрепиться в базисных ощущениях. Если его отдаляют от матери, он очень страдает. Ему противопоказано отдаление от матери, ведь до двух лет ребенок не понимает, что существуют другие дети.

— Но сейчас ребенка в три месяца отдают в ясли. У многих семей нет другого выхода.

— Трудно видеть то, что сейчас происходит, как жестокий мир вынуждает нас бросаться нашими детьми. Это неправильно: нельзя ребенку отрываться от матери, хотя бы до двухлетнего возраста.

— Что он получает в течение этого периода?

— Он получает от матери то, что недополучил в своем утробном развитии. Так заложено природой, что вскармливание является непосредственным продолжением беременности. Одновременно вслед за внутриутробной связью он получает теперь извне, но от матери, через мать, множество внешней информации, а также ее запахи, звуки, ощущения. Между ними существует такая внутренняя коммуникация. Она естественным образом не оставляет места ни для кого иного, кроме матери. И только после двух лет ребенок обретает готовность принимать информацию, связь с посторонними людьми. А до этого все воспринимает только через мать.

— И не раньше? То есть должно быть именно 24 месяца?

— Да. Он лишь вышел наружу, но связан с матерью так, будто все еще находится в ней.

— Что же делать матери, которая не может кормить? Можно восполнить этот недостаток с помощью кормилицы?

— Да, но общаться ему нужно с матерью.

– Но что делать в современном мире, когда нет кормилиц, а есть специальное детское питание?

– Я уверен, что это вызывает нераскрытые нами негативные последствия. Это, безусловно, наносит ребенку вред. Возможно, это является причиной появления столь многих проблем в последних поколениях. Нет замены матери и ее молоку – в крайнем случае, молоку кормилицы.

– Подведем итог. Мы говорили, что интегральное воспитание оставляет в ребенке особое впечатление, с которым он затем идет по жизни, используя свое отношение к миру, как иммунитет от неправильного отношения ко всему окружающему. Он не оторван от жизни, а наоборот, включен в нее как действующая часть, причем в нем есть некий «внутренний стержень», который правильно направляет его по жизни. Даже если он падает, то быстро поднимается, так как знает направление движения. Кроме того, интегральное воспитание дает ребенку широкое мировоззрение, поскольку с раннего возраста ему открывает мир. Это воспитание естественно, подобно природе, а потому воспринимается ребенком легко и просто. Мы также говорили о важности вскармливания до первых двух лет, когда ребенок благодаря прямой связи с матерью получает от нее то, что не получил в утробе. Кроме физического наполнения, он получает крепкую связь с матерью, чего так не хватает современному миру.

Часть первая

От 3 до 6 лет

— Мы рассматриваем использование интегральной методики воспитания, анализируем развитие ребенка с нулевого возраста и пытаемся понять, как правильно с ним обращаться, какие внутренние процессы он проходит. Мы хотим взглянуть на реальность сквозь развитие маленького человека. До сих пор мы проанализировали периоды развития ребенка до трех лет и дошли до того момента, когда он начинает осознавать, что вокруг него существует мир. Многие родители сталкиваются в этом возрасте с проблемой установления границ. В психологии есть такое понятие, как «terrible two» – «ужасный двухлетний возраст». Это первый сложный возраст, когда дети все время говорят «не хочу», и ни с чем не соглашаются. Потом это повторяется уже в подростковом периоде. Родители говорят о том, что они постоянно вынуждены говорить ребенку «нет», ограничивать его и это неприятное ощущение по сравнению с тем «раем», который был до этого. Это не просто для родителей, и вопрос в том, как правильно себя вести? Как относиться к установлению границ и воспитанию авторитета родителей в возрасте 2-3 лет?

— Я думаю, что начинать надо раньше. Ребенок понимает и чувствует такие вещи с первого дня рождения. Если родители откладывают воспитание каких-либо свойств или навыков до определенного возраста, и лишь потом начинают их формировать, ребенок не может с этим согласиться, в его разуме и привычках природой зафиксировано, что должно быть иначе, в естественном порядке, которого мы не знаем. Он не понимает, почему люди, которые прежде позволяли ему что-то делать, вдруг перестали это позволять. Он как будто попал в другой мир и теперь от него требуют чего-то, что он не в состоянии понять.

— Это значит, что начинать надо раньше? Вы советуете устанавливать для детей рамки в более раннем возрасте?

— Если ты хочешь в чем-то ограничить ребенка, ты должен сделать это с самого начала, при его первом соприкосновении с предметом или явлением.

Если ребенок привык что-то трогать и вдруг ему говорят, что этого делать нельзя, он не понимает, почему сейчас стало нельзя, ведь сначала его приучили трогать и пользоваться этим. Если разрешали, значит, приучили, что можно и даже надо.

— То есть Вы говорите, что не надо бояться проявления своего авторитета в более раннем возрасте?

— Напротив, этим вы облегчаете ему естественное принятие ограничений. Если ребенок знает, что можно, а что нельзя, это уже не является для него ограничением, он в этом живет. А если то, что было можно, вдруг стало нельзя, это вызывает возмущение. Мы тоже с этим не согласны. Я достигаю пятнадцати-шестнадцатилетнего возраста, и мне говорят: «Ты должен идти в армию! Ты должен работать! Ты должен, должен, должен...» С какой стати я должен?! Я знаю, что я должен ходить в школу, а после школы я свободен, делаю что хочу. И вдруг я должен себя кормить, стирать, строить дом, заводить семью... Я должен?! Я не хочу жить в таком мире.

— С какого возраста ребенок понимает, что ему что-то запрещают или к чему-то обязывают?

— Если ранее это разрешалось, а теперь запрещается. Он должен слышать ограничения в любом возрасте относительно любого, нового в его жизни, явления. Может быть, ребенок еще не может понять, но он постоянно, с нулевого возраста, должен слышать твое отношение к тому, что он делает. Надо все время разговаривать с ребенком, чтобы он слышал: «Это правильно, а это нет, это хорошо, а это плохо, это можно, а это нельзя» — и почему. Таким образом, ты строишь вокруг него рамки, окружение, оболочку, в которой он существует, и он с этим соглашается. Ты формируешь его отношение к миру, показываешь, что можно делать и в какой форме, — и это касается всего. Существование границ не покажется ему потом странным, чужим и жестоким, как будто раньше он был свободен, и вдруг его отправляют в тюрьму.

– У этого вопроса много сторон и существует много связанных с ним теорий. Вы считаете, что они могут нас только запутать?

– Изначально отношение к любому вопросу должно быть ровным, неизменным и последовательным.

– Это на самом деле логично. Если ребенок к чему-то привыкает, в дальнейшем это не окажется для него неприятным сюрпризом.

– Он вообще не почувствует трудностей ни в каких ограничениях.

– В сущности трудности возникают у родителей. Это желание дать ребенку все – создать ему «рай», наполнить все его потребности.

– Я помню, как к нам в гости приехала семья моего брата. Его сын – ровесник моей младшей дочери. Моя дочь, ей было два года, на высоком детском стуле сидела вместе со всеми за столом на протяжении двух часов, как это было принято у нас, а сын моего брата баловался, не знал, куда себя деть, и переворачивал все вокруг. Они смотрели на мою дочь и моего сына, которому было семь или восемь лет и не понимали, как дети могут так долго спокойно сидеть за столом? Это привычка, они не ощущали в этом трудности, а сын моего брата не мог высидеть ни минуты. Кому же трудно в таком случае, если надо проявить терпение?

– Потому что нет привычки.

– Поэтому мы должны привить детям привычку выполнять то, что затем им придется выполнять в жизни.

– Каким образом интегральное воспитание рекомендует это воспитывать в детях? Наказывать?

– Ни в коем случае не должно быть никаких наказаний, только привычка. Ребенок должен учиться этому у взрослых.

– А если он не хочет?

– Этого не может быть. Ребенок хочет подражать взрослым, и если он знает, что так поступают взрослые, и они дают ему понять, что это хорошо, он постепенно привыкает. Понятно, что ты не усаживаешь его рядом с собой на целый день, но он знает, что это делается в такой форме, и у него нет другого выхода. Он учится у взрослых и соглашается с этим, он не воспринимает это как ограничение, не борется против этого, его природа начинает работать, чтобы принять это и выполнять. Ведь иначе он будет страдать. Так что организм принимает ограничения.

– А если ребенок сделал что-то неправильно, или ты хочешь приучить его к определенному поведению – как надо себя вести, если не наказывать?

– Надо повторить происшедшее, обсудить его и объяснить. Он должен понять, что это нежелательно.

– Что ему сказать? «Ты поступил плохо, неправильно, ты всем помешал?» Какое объяснение ему надо дать?

– Надо повторить ситуацию.

– Повторяющееся объяснение это правильное объяснение?

– Да, конечно, иначе ребенок не поймет.

– То есть необходима последовательность.

– Я могу объяснять что-то ребенку тысячу раз, и он не поймет. Я должен вернуться к его поступку и объяснить, что правильно, а что нет. Если я повторяю точно такую же ситуацию, то он понимает, что я ему вообще говорю. Ведь мы говорим о трехлетнем возрасте.

– Но в 2-3 года дети зачастую проявляют непокорность по отношению к требованиям взрослых.

– Это признак того, что взрослые неожиданно требуют от детей того, к чему они не подготовили их прежде. Не надо ждать сюрпризов. Конечно, ребенок разобьет стакан, что-то сломает – это примеры, на которых он учится. Но чтобы он проявлял непокорность? Этого не должно быть. Мы должны учиться на примере окружения. Если мы правильно используем окружение и ребенок начинает понимать, что его поступки нравятся или не нравятся родителями или окружающим, то у него нет выбора. Покажите ему это мягко, но последовательно, от всех окружающих.

Это подобно воспитанию навыков гигиены, он видит, что это нравиться взрослым, и делает это.

– Ребенка следует каким-то образом поощрять? Сказать ему, что тебе нравится, как он себя ведет?

– Да, его надо хвалить и поддерживать, чтобы он знал, что тебе это нравится.

– А если он ведет себя неправильно, надо показать, что ты огорчен?

– Да, надо выразить сожаление, но не наказывать. Ребенок не понимает наказания, он не сможет правильно связать его со своим поступком. Надо постоянно возвращаться и объяснять все происходящее. Ребенок должен понять свое действие, а иначе это не воспитание.

– Это очень важно для родителей. Сегодня все направления психологии рассматривают возраст 2-3 лет как очень трудный, но Вы говорите, что все зависит от предыдущего воспитания.

– Это зависит от предыдущего воспитания и от того, относятся ли к ребенку, как к взрослому.

– Есть американские методики, которые говорят о распорядке дня, о создании четких границ и о том, что ребенок должен привыкнуть к определенным рамкам. А есть методики, которые говорят о том, что все определяется самим ребенком.

– Нет, это неправильно. Ребенок должен все время ощушать рамки, и не случайно сказано: «Щадящий свою розгу ненавидит своего сына».

— Что Вы думаете по поводу связи между братьями в этом возрасте?

— Надо правильно использовать их общество и влияние друг на друга, но это отдельная проблема. Что касается ребенка, мы должны развивать с ним такие отношения, чтобы он считал себя нашим товарищем.

— Товарищем своих родителей?

— Чтобы он сожалел, когда они расстраиваются, и радовался, когда они радуются. Иначе между ними будет постоянная конфронтация.

— Если родители ставят себя выше ребенка, то они влияют на него гораздо меньше? Как могут родители, с одной стороны, быть авторитетом для своего ребенка, а с другой стороны, его товарищем?

— Как ученик-товарищ. Я отношусь к нему как к равному, обучаю его и ожидаю от него того же, что он получает от меня: внимания, любви и уважения. Вы увидите, насколько в трехлетнем возрасте ребенок становится взрослым, начинает понимать, что сказать, что ответить и как себя держать. И не надо бояться, что мы строим из него какой-то искусственный образ. Все зависит от того, как мы будем себя вести. Кстати, здесь очень важно разделение в отношении к девочкам или к мальчикам.

— С какого возраста?

— С трех лет наверняка, может быть, раньше. Мальчиков должны воспитывать мужчины, а девочек — женщины. Дети начинают чувствовать, что у мужчин и женщин разное отношение к жизни, разное поведение, разные рассказы — все совершенно иное.

— Проявляется отличие между мальчиками и девочками, женщинами и мужчинами?

— Истории, которые будет рассказывать ребенку мать и отец или воспитатель, будут звучать совершенно по-другому. Проблема нашего поколения в том, что, к сожалению, и детском саду, и в школе мальчиков, до их становления мужчинами, воспитывают женщины.

— То есть это вредит мальчикам, а девочки и так окружены женщинами. А какой ущерб это наносит ребенку?

— Мальчик с 3 лет уже не должен получать от матери, он должен получать от отца, уподобиться взрослому мужчине. Он уже стремится к этому, он не может играть в те же игры, он различает игры с точки зрения полов. Он иначе относится к миру. С этого возраста и далее мы должны разделить их. Смешанные детские сады и школы калечат детей.

— Здесь начинается личный пример...

— Да, личный пример воспитателя для мальчиков и воспитательницы для девочек. Ведь воспитание должно проходить в процессе обсуждений, сидя в кругу, а не в виде нравоучений.

— Каким, по-Вашему, должно быть количество детей в группе от трех до шести лет?

— Никогда не больше десяти.

— Включая инструкторов?

— Включая инструкторов, они являются частью общего круга. Они должны показывать пример на один уровень выше детей, и не более, чтобы у детей была возможность подражать им.

— Исходя из того, что Вы говорите, наши детские сады, если не считать того, что они смешанные, построены не так уж плохо? Там все сидят в кругу, разговаривают между собой, играют, но нет обучения, которое, как Вы говорите, обязательно в этом возрасте.

— Обучение должно быть обязательно. Должна быть программа, соответствующая возрасту, включающая в себя обучение речи (риторике), музыке, танцу, пению, рисованию, чтению и письму, арифметике, миру (ботаника, зоология). Должно быть ежедневное продвижение по всем дисциплинам. Естественно, в общем, на уровне трех-шестилетних детей. Дифференцировано для мальчиков и для девочек.

— У детей в этом возрасте уже есть вопросы о жизни?

— Конечно, все это не случайно. Мы устроены так, что эти вопросы возникают у каждого человека, и мы должны развивать и постепенно подготавливать детей к этим вопросам. Но танцы, живопись, музыка, чтение, письмо, знание о мире, о жизни и природе — они не обязаны знать, но слышать об этом от воспитателя они должны.

— Вы как то говорили, что группы для девочек могут быть не по 10 человек, а больше, поскольку у девочек другое восприятие общества. Какое именно?

— Дело в том, что мальчики стремятся соединиться в группу, команду. Между ними существует действительно вид связи, они чувствуют товарища, у них есть естественная внутренняя связь. А у девочек, как у маленьких женщин, нет склонности к внутреннему соединению, а только к общей игре. Поэтому количество девочек в группе не имеет такого значения, как у мальчиков.

— То есть группы для девочек могут быть более многочисленными. Не кажется ли Вам, что девочки более склонны к сотрудничеству, чем мальчики?

— Это внешнее сотрудничество. Они готовы объединяться и играть вместе, но при этом каждая остается сама по себе. А мальчикам более свойственно объединяться и быть соединенными в группе. Потом это проявляется явно.

— Если ли связь между проявлением насилия в детском возрасте и смешанным воспитанием?

— Насилие должно пресекаться с самого раннего возраста, ему не должно быть места! Мы должны обучать детей состоять в обществе, ведь от трех до шести лет — это уже общество. Они должны проверять и судить себя, они должны уметь собираться, обсуждать свои поступки и принимать решения, как это принято между воспитанными взрослыми людьми. Они должны уметь отвечать за свои поступки. Это как бы игра, а как будто и нет...

— Это уже возможно в возрасте от трех до шести лет?

— Да. Конечно, это происходит с участием воспитателя, с помощью таких вопросов, как «почему это произошло?», «что вы об этом думаете?» и так далее.

— Это надо делать в момент происшествия или после? Допустим, сейчас происходит какой-то инцидент, дети находятся в возбужденном состоянии...

— Надо, чтобы происшедшее еще было свежо в группе, чтобы дети помнили об этом.

— Это не должно быть слишком далеко от них. Психологические практики говорят о том, что с трех лет ребенок начинает понимать, что кто-то находится вокруг него, начинает выходить из рамок собственного эгоцентризма и воспринимать ближнего, а до этого он воспринимает только себя. Но обсуждение поступков? Не слишком ли это сложно для них?

— Мы должны усадить их вместе с воспитателем и начать говорить о том, что сделал ребенок.

— Это может быть в виде игры?

— Можно играть, как в театре, воспроизводить происшедшее.

— У детей нет особого терпения. Может быть, делать это в форме рассказа?

— И пусть каждый скажет, что он думает. Надо развивать в них точку зрения на свои поступки, внимание, критический подход.

— Вы говорите об очень ранней способности вырабатывать собственное суждение. Это интересно. В психологии, когда говорят о способности давать оценку, есть другая теория, каждый этап развития – это отдельная ветвь. Но некоторые психологи, которые изучали нравственное развитие (Жан Пиаже и другие), говорят о том, что чем раньше ты это делаешь, тем раньше это развивается. Вы считаете именно так?

— Это надо делать с трех лет.

— Может быть, это стоит делать и дома?

– Дома, в детском саду, в школе – такому отношению, обсуждению, пересказу происходящего – этому надо учить ребенка с раннего возраста.

– И к какому выводу надо прийти? Я так понимаю, что это обсуждение должно привести к какому-то более высокому выводу, а не просто «мы подрались, он ударил меня, а я – его». Как Вы считаете, какой вывод полезно извлечь из такого обсуждения?

– «Возлюби ближнего, как самого себя».

– Как это сделать на уровне ребенка трех – шести лет?

– Это не проблема. С трех лет дети находятся на такой стадии развития, что уже начинают понимать отношение к другим. Поэтому нам нельзя упустить этот период, мы должны постоянно говорить об этом и привести их к правильному анализу.

– Вы себе это представляете как некую открывшуюся возможность?

– Это наша обязанность, причем тут возможность?

– Хорошо, обязанность. Но что будет, если этого не сделать?

– Тогда мы получим то, что имеем сегодня.

– То есть поколение, в котором один не чувствует другого и не считается друг с другом.

– Не только это. Мы даже не знаем, какое поколение мы могли бы получить.

– Если бы наше воспитание было другим?

– Конечно! Люди были бы совершенно другими. Они бы иначе смотрели друг на друга, иначе вели себя на дорогах…

– Да, это очень существенное изменение.

– Самое главное – это «судебные заседания». Если мы сможем организовать «заседания суда» в самом раннем возрасте, они не понадобятся нам для взрослых…

— Это и есть главный итог нашей сегодняшней беседы. Мы говорили о необходимости вырабатывать привычку, о беседах с ребенком, об авторитете родителей. Мы говорили о том, что если мы хотим чего-то добиться, то должны относиться к этому последовательно и не менять своего отношения, иначе ребенок почувствует разрыв между твоим отношением сегодня и раньше, он не поймет, чего ты от него хочешь, и будет прав.

— Так же плавно и постепенно, как ребенок растет, мы должны строить и свое воспитание.

— Мы говорили о мальчиках, которые должны учиться в группах до 10 человек, о девочках, для которых возможны более многочисленные группы, потому что они воспринимают общество иначе, чем мальчики. С детьми надо все обсуждать и все объяснять, создавать в ребенке ощушение ближнего, которое у нас отсутствует, и если мы сделаем это правильно, мы вырастим совсем другое поколение.

Школа для самых маленьких

— В конце прошлой беседы, мы говорили о понятии суда, который должен стать частью системы воспитания. Это касается и маленьких детей в возрасте от трех до шести лет?

— Личностное развитие ребенка, то есть развитие его индивидуальности, происходит за счет ощущения, что есть суд и милосердие, определенные ограничения, развитие в разных направлениях, реакции на его поведение. Поэтому он должен давать оценку своему поведению и обращать внимание на оценки других. Из проходимых им процессов в нем должна сформироваться внутренняя основа для самовоспитания.

— Что Вы имеете в виду, говоря о суде и милосердии в воспитании?

— Мы пребываем в мире, который управляется двумя силами: силой суда и силой милосердия. Свет и темнота, плюс и минус, тепло и холод являются проявлением существующих в основе природы двух противоположных сил, которые разделяются в нашем мире на целый спектр противоположных друг другу сил и явлений. Также и в человеке действуют две системы: суд и милосердие относительно себя и других. Мы не можем взвесить одно без другого, ведь наши чувства, разум, а также отношение к чему бы то ни было формируются посередине между двумя этими силами – мы не можем ограничиться только одной из них. К примеру, мы ничего не можем сказать о свете, если не были в темноте, не чувствуем сладкое, если не сравниваем с кислым, и так далее.

— Относительно воспитания это выражается в понятиях «разрешено» и «запрещено»?

— Можно так сказать. Это границы, между которыми мы формируем человека: не может быть только милосердия, как не может быть только суда. Оба эти воздействия должны быть равнозначны и точно взвешены друг против друга. Такая система формируется в маленьком человеке, начиная с трех лет. Именно с трех до шести лет нужно задействовать в нем систему критики и анализа себя и окружения в процессе совместного обсуждения.

Мы должны показать ребенку, каким образом он связан с обществом: зависит от него и может на него влиять. Мы должны заложить основу для его будущей правильной связи с обществом. Ведь все отрицательные общественные явления, которые мы сегодня наблюдаем, – такие, как террор, насилие, – происходят из-за того, что никто не научил этих людей правильным отношениям с обществом. Мы иногда проявляем жестокость только потому, что окружающие никак на нас не реагируют. Человеку хочется внимания, реакции на него, и он пытается любыми способами этого добиться, иногда даже жестокими, так как не знает других способов. Для него даже отрицательная реакция со стороны общества лучше, чем безразличие.

– И тогда его поведение становится все более и более жестоким?

– Да. Подчас агрессии совершаются потому, что люди хотят как-то выделиться, чтобы на них обратили внимание, и не знают других способов, так как их этому не научили. И общество не ценит человека и не может дать ему должного внимания. Это подсознательно толкает людей на крайние поступки. Мне приходилось не раз беседовать с преступниками, и я видел, как они гордятся своим положением в обществе, считают, что их уважают, по крайней мере, из боязни, они не видят другого способа достичь такого положения.

– У них есть связь с обществом, но их общество другое.

– Они хотят занять свое место в обществе, но никто их не научил, как это сделать правильно. Им кажется, что таким способом они добиваются уважения.

– То есть если я не добиваюсь своего по-доброму, то добьюсь по-плохому?

– Да, но оставим в стороне поведение взрослых, ведь вся наша жизнь полна примеров неправильных взаимоотношений человека с обществом, с семьей и так далее. Поэтому с самого раннего возраста мы должны формировать в детях правильное отношение к окружающей среде, одновременно выстраивая эту среду, и тогда они вырастут в гармоничной связи между собой. Тем самым мы сможем предотвратить проявления агрессии, наблюдаемые сегодня.

– В том числе и преступность?

– Да, ведь человек будет осознанно относиться к обществу и своей связи с ним. Ему необходимо предоставить возможность в игровом процессе побывать во всех ролях: и судьи, и защитника, и полицейского, и преступника, и родителей преступника.

– Вы имеете в виду такой суд, когда каждый ребенок играет какую-то роль?

– Да, именно так.

– Это не обязательно должна быть реакция на какое-то событие, а просто игра?

– Да, это игра. Для более взрослых детей можно взять примеры из газет, телевидения и так далее, но множество примеров ты найдешь и во дворе, где дети играют, и в школе. Нужно только присмотреться, и ты увидишь проявления гордыни и желания властвовать, лжи, соперничества, обмана, интриг и многого другого. Целое море примеров для работы воспитателя.

– Это, собственно, жизненные игры. Все, что есть в жизни, раскрывается в играх.

– Да, все, что есть у взрослых, есть и у детей, причем в неприкрытом виде. Они еще не привыкли, как взрослые, скрывать свои свойства. Поэтому, если мы научим детей выяснять и анализировать проявляющиеся в играх качества и поступки, то они поймут, что такова наша природа. Хорошо нам от нее или плохо? Можем ли мы подняться над ней, чтобы быть человеком?

– То, о чем Вы говорите, тесно переплетается с теориями, существующими в психологии. Психологи знают, что многие самые жестокие преступники пережили в раннем детстве в том возрасте, о котором мы говорим, тяжелые психологические травмы. Вы предлагаете именно с этого возраста начинать обучать их аналитическому подходу к жизненным ситуациям через ролевые игры?

– Да, именно так, чтобы каждый из них «оделся» в другого.

– *Ребенок не просто играет, а живет в этой роли, реально ее проживает.*

– Да, мы объясняем ребенку, что он должен прожить эту роль сейчас и здесь, и вести себя так, как вел бы себя в жизни в подобной ситуации. По окончании игры все отдыхают, а затем меняются ролями. Каждый получает совершенно другой образ и должен в него вжиться.

– *То есть игра продолжается и расширяется?*

– Конечно. Ведь ребенок должен понять все проявления жизни: и в ближнем круге, где есть друзья и родственники, и в дальнем, где есть любящие и ненавидящие люди. Тем самым мы облегчим ребенку вхождение в жизнь. Он будет понимать происходящее в мире и сможет объяснять даже взрослым людям.

– *Но это не должно ограничиваться только игрой. После игры или в ее процессе нужно остановиться и обсудить.*

– Это уже тема для обсуждения – для последующего урока. И таким образом ребенок должен проиграть все роли, прочувствовать, что каждый на своем месте может быть прав. Он должен защищать того, кого играет. Играя сегодня одну роль, а завтра совершенно противоположную, ребенок поймет, как сразу все меняется в его сознании и в оценке происходящего. Такое проникновение в «театр жизни» необходимо для того, чтобы научить детей понимать друг друга. Это первый шаг к милосердию, к пониманию сути другого человека, к возможности диалога даже со своими противниками и ненавистниками.

– *Это учит ребенка не замыкаться на себе, а понимать, что вокруг него есть другие люди. В психологии это называется отождествлением и воспитанием эмпатии – умения поставить себя на место другого, проникнуть в его субъективный мир. Когда ребенок проигрывает все роли, то находит их в себе. Каж-*

дый включен во всех. При этом ребенку не говорят напрямую, что в нем есть и хорошее, и плохое, и что он, например, нервный. Но в процессе игры ребенок проживает и понимает это.

— В дальнейшей жизни ребенок будет уже по-другому относиться к человеку в какой-то ситуации, так как будет понимать, что и он сам может быть на месте этого человека. Это зачаток выстраивания иного отношения к людям, основанного на понимании, что все качества и состояния есть в каждом из нас. Такой ребенок будет более терпим к другим людям.

— Мне кажется, что дети естественным образом играют в такие игры. Ведь уже в детском саду у них есть уголок врача, кухня и все игры, представляющие разные стороны взрослой жизни. Но Вы предлагаете не просто дать им играть, а целенаправленно создавать этот спектакль и, главное, затем обсуждать его.

— Желательно делать видеозапись происходящего в их суде, а затем ее вместе просматривать, чтобы дети увидели ситуацию с точки зрения разных ролей.

— А что в это время делают дети, которые не задействованы?

— Остальные дети смотрят и являются судьями.

— Желательно, чтобы все участвовали, например, в роли присяжных заседателей?

— Да, можно придумать много ролей. Обычно те, кто пассивно смотрит, переживает те же эмоции, но не так сильно, как сами участники. Но они могут голосовать или участвовать таким образом.

— В чем заключается роль воспитателя в такой игре? На что он должен обратить внимание, чтобы сделать игру максимально эффективной?

— Он должен следить, чтобы обсуждения не уходили в сторону от темы, не были размазаны, а сконцентрированы на цели обсуждения.

— В конце нужно подытожить и подвести к какому-то выводу или просто оставить детей с теми эмоциями, которые они пережили?

— Итог после каждого обсуждения должен быть обязательно. Игра может продолжаться до часа, а в старшем возрасте и больше. Но это зависит и от темы: она должна быть как можно ближе к детям, актуальна для них.

— Чем старше дети, тем более актуальной должна быть тема?

— И для детсадовского возраста тема должна быть близка и понятна детям.

— Она должна соответствовать уровню развития детей и выражаться их языком.

— На самом деле не важны ни язык, ни возраст, ни уровень развития. Важно донести до них, что у другого человека тоже есть мнение, и он может быть прав. Возможно, завтра или даже в следующую минуту ты изменишь свое мнение, поскольку нет ничего абсолютного. Мы показываем детям, что все подвержено изменениям, в том числе и они сами, поэтому мы должны быть терпимы к людям.

— Мы говорим об игре, где есть судьи и присяжные, а ведь это возраст, когда ребенок очень чувствителен к ошущениям вины и стыда.

— Поэтому мы должны их учить подниматься над этими ошущениями.

— Что означает подниматься? Преодолевать?

— Нет. Преодоление связано с давлением на себя. А здесь речь идет о том, что ребенок должен быть открытым. Он должен понимать, что у него, как и у каждого человека, есть слабости и проблемы, иногда он говорит неправду и так далее. Он должен знать об этом, по возможности вынести наружу, исправить и постараться в отношениях с другими людьми проявлять свои лучшие стороны.

— То есть из всего разнообразия использовать свои лучшие свойства?

– Да, и ребенка не должен беспокоить тот факт, что сейчас обсуждают какие-то его отрицательные свойства. Ведь они есть у всех, и он это знает, так как от него это не скрывают. Но это не означает вседозволенности или проявления гордыни оттого, что раз они плохие, то им все можно. Наличие всего спектра свойств вовсе не означает, что можно давать им проявляться совершенно свободно. Для этого мы и делаем подобные обсуждения, чтобы учить, как правильно и взвешенно относиться к природе человека.

– И для того, чтобы не навредить. Как нужно относиться к возможным проявлениям гордыни? Я зачастую вижу ее у детей активных, лидеров в группе. Иногда ребенок после игры, где он был в главной роли, не хочет выходить из нее, а хочет и в следующей игре оставаться главным.

– Посади его и организуй возле него маленький спектакль, в котором он увидит себя со стороны. И пусть он будет судьей. Это, конечно, только один из вариантов, есть и другие.

– У меня такой специфический вопрос. В этом возрасте мы много рассказываем детям о животных. Можно ли в такой ситуации, когда разыгрывается спектакль, в котором ребенок видит свое поведение, показать эту историю на примере животных?

– Нет, не стоит этого делать. Здесь речь идет именно о природе человека, о тех свойствах, которых нет у животных. Кроме того, животные не способны осознать себя, тем более изменить, так как полностью управляемы природой. У них нет выбора, нет критического к себе отношения – они полностью подчиняются природным импульсам, работающим внутри них. Поэтому понятия добра и зла, осуждения и суда неприменимы к животным. Только в человеке есть часть, которая выше его животной природы, где он может изменить себя с помощью общества. Поэтому мы можем говорить здесь только о человеке.

– Значит, не объяснять на примерах животных?

– Нет.

– Но ведь существует так много рассказов для детей именно про животных!

– Мне кажется, что ребенку не идет на пользу объяснение на примере животных. Тем самым мы как бы опускаем его до животного уровня, делаем из него куклу: медвежонка, петушка и так далее.

– Вы знаете историю о цыпленке, который пошел искать другую маму? Цыпленку казалось, что его мама недостаточно хорошая, и он пошел сначала к утке, затем к другим птицам в поисках новой мамы, и все они были готовы его принять, но ни одна из них не подходила ему. Ни с кем из них он не чувствовал себя уютно. И тогда он возвращается к своей маме. Что плохого в таком рассказе? Мораль понятна, но она не высказывается напрямую.

– Возможно, но мы должны стремиться поднять человека выше животного мира, чтобы ощутил гордость в том, что он – человек.

– В одной из бесед с Вашим участием я помню, как Вы говорили, что современным детям полезно приводить примеры из современной жизни, то есть вместо животных, которых они никогда не видели, рассказывать о машинах, самолетах и так далее.

– Конечно. Я наблюдаю за своим внуком. Он растет в городе. Видит ли он вокруг себя корову или других животных? Нет, разве что собаку, кошку и голубей. Но зато он видит самолет и машины.

– Как же тогда развивать связь с природой?

– Если он это не видит, то для него это чуждо, как будущий мир или духовность. Он этого не воспринимает. Где все эти козы, медведи, волки, слоны? Ему показывают картинки и думают, что ему это интересно, а он не знает, о чем речь. Мы навязываем ему искусственное мнение о животных, как о нашем обществе.

– Как Вы объясняете, что все-таки есть такая склонность рассказывать детям истории про животных?

– По своему развитию ребенок ближе к животному уровню, и поэтому нам кажется, что если мы расскажем ему какую-то историю про лесных жителей... Но где мы и где лес? Поэтому следует брать примеры из среды, окружающей ребенка, из того, что ему хорошо знакомо, и на этих примерах объяснять отношения между людьми.

– Последний вопрос по поводу животных. Иногда при работе с детьми мне нужно направить его внимание на какое-то свойство. Для этого мне удобно использовать животных и присущие им качества. Например, одно животное смелое, другое хитрое...

– Сегодняшние дети далеки от этого, не чувствуют животных. И, кроме всего, придание человеческих качеств животным в принципе неверно. Я думаю, что современный ребенок должен обучаться на примерах, которые ему близки и находятся в кругу его зрения.

– Давайте подведем итог. Мы сегодня говорили о ролевых играх детей, а точнее, об обсуждении детьми всевозможных жизненных ситуаций с помощью игры. С помощью вхождения в роль ребенок учится чувствовать другого человека, и это дает ему огромные возможности в жизни.

– Позволяет увидеть себя со стороны.

– Об этом аспекте мы говорили меньше, но он очень важен. На такие игры и обсуждения необходимо отводить не менее 1-2 часов, чтобы проникновение в тему было достаточно глубоким. Именно в подобных играх у ребенка вырабатывается правильное понимание природы человека, и он учится, как можно приподняться над ней. Мы также говорили, что совершенно не обязательно использовать рассказы о животных, а лучше брать примеры, близкие и понятные современному ребенку. Главный вывод, который можно сделать: говорите со своими детьми! Дайте им возможность обсуждать с вами темы из их жизни, которые их волнуют. Результат, который вы получите, будет неоценим. На ваших глазах будет развиваться человек, и в возрасте пяти-шести лет он начнет поднимать темы, о которых вы не могли и подумать.

Часть первая

Возраст от 6 до 9 – начало

– Надо ли начинать учиться в школе с шести лет?

– Шесть лет – это особый возраст. Но образование должно начинаться с трех лет, когда ребенка уже обучают буквам. От трех лет и далее уже начинают разделять обучение мальчиков и девочек. Да и сами они выбирают для себя соответствующие игры: девочки играют с куклами, мальчики – с машинками. А когда ребенок достигает шести лет, – это уже маленький человек. В это время с ним уже можно разговаривать о серьезных вещах. Нам только кажется, что это все еще маленький ребенок. Шесть лет – это возраст, когда в ребенке уже начинает расти человек.

– Мне не очень понятно, что Вы подразумеваете под словом «человек». Согласно классическому подходу, по теории Фрейда в возрасте 5-6 лет в человеке уже существуют все внутренние структуры. Уже есть нечто относительно сформировавшееся?

– С возраста шести лет можно относиться к ребенку как к маленькому человеку. Он растет, и мы уже можем «лепить» из него. То есть материал уже есть.

– Значит, если с трех до шести лет он уже научился читать и писать, то, в принципе, уже закончил азы обучения?

– Это не только азы. В нашей системе интегрального обучения, он уже умеет читать, немного писать. Он знает, как себя вести, способен судить себя и других. Он знает, что он делает, – пусть с ошибками, пусть что-то забывает. Ведь в нем все время развивается что-то новое, и потому он опять запутывается. Но он признает, что все не так уж просто. Его видение не является чем-то постоянным, – завтра все может измениться. Могут оказаться правы другие, хотя ему это трудно принять. Короче говоря, в нем уже есть задатки воспринимать мир не только таким, каким он ему кажется в определенное проживаемое мгновенье.

— То, что на языке психологии это называют «выходом из эгоцентризма».

— Да, это, в принципе, и есть зачатки человека.

— Он уже может рассматривать вещи под разным углом, с различных сторон...

— Да. Человек — это то, что находится над природой, над ступенью животного. Животное полностью управляемо силами природы. Его голова задействована для удовлетворения нужд его тела, его желаний. Голова называется мыслью, а тело — желанием. То есть моя голова занята исключительно тем, как наполнить мои желания. И вот такое отношение к жизни называется «животным».

А человеком я называюсь, когда наряду с желаниями, которые я хочу наполнить, у меня как бы есть еще одна голова. То есть я облачаюсь в более высокую ступень «над собой», и оттуда смотрю на свое телесное состояние, оттуда сужу себя и понимаю, что могу быть другим, что могу иначе думать, что завтра, возможно, изменюсь. Да и вообще завтра все может стать иным: и мое окружение, с моей точки зрения, которая также относительна, и мир. Это уже ступень человека — он уже осознает, что развивается, а не прилеплен к тому мгновению, которое проживает сейчас. В этом существенная разница между нами и животными. Мы можем мыслить в рамках исторического времени.

— Но то, что Вы определяете как возможность человека осознать, что он изменяется, я много раз наблюдала в виде проявления разного рода страхов. Детей очень пугает понимание того, что они меняются! Они всегда настаивают на том, что существует нечто постоянное, они ищут возможность предвидеть то, что будет...

— Это именно то, что нас замыкает. Ведь если я привык к каким-то определенным знаниям, нормам, правилам, которые уже стали для меня обычаями, которые уже выстроили мой мир, мою действительность, то теперь через эту призму я уже смотрю на все, что бы мне ни раскрылось. И то, что не соответствует этим критериям, я просто не увижу. Я подсознательно это отброшу. Мы находимся в бесконечном мире, но ощущаем его маленькую часть, потому что большего не желаем видеть. Мы не хотим видеть!

– Может быть, не можем?

– Нет! Мы не хотим! Нас окружает множество вещей, а мы не желаем их увидеть. Я хочу видеть то, что соответствует только моим «детским» представлениям.

– То есть мы как бы строим схемы, и то, что выходит за их рамки, не воспринимаем.

– Я хочу остаться с теми стереотипами, которые усвоил с детства. Нет ничего хуже!

– Из этого и рождается страх перемен?

– Потому что мы не учим их быть свободными.

– Что это значит?

– Отсюда лежит дальнейший путь познания природы. Ведь мы находимся внутри нее и, сравниваясь с ней по свойствам, ощутим себя свободными и ничем неограниченными.

– А как это объяснить ребенку?

– Это постепенно к нему придет, причем гораздо легче, чем к взрослому. Потому что взрослый как бы уже сросся со своими стереотипами, а ребенок еще обладает гибким мышлением.

– А если ты видишь, что ребенок боится, что он не хочет оставить того, что ему привычно?

– Но это как раз психологически смягчает ему перемены. Я ведь говорю ему, что все мы меняемся вместе, что именно это происходит и со мной, и со всеми остальными. Я поддерживаю его, поощряю его открыть себя, рассказываю, что тогда он почувствует себя комфортно в мире, ощутит добро, которым пронизан мир. Природа будет относиться к нему по-доброму, он почувствует теплый, доброжелательный мир.

– Может быть, стоит в конце каждого дня обсудить с ним те изменения, которые с ним произошли?

– И особенно, если мы снимаем это на видео и показываем ему.

– Дети любят, чтобы взрослые их фотографировали, снимали на видео. Им нравится чувствовать, что их видели. Есть даже такое понятие: «ты его видел». И если два дня назад ты видел, что ребенку было что-то не по силам, а теперь он уже с этим справляется, то он понимает, что ты это заметил, – ведь ты заснял то, как это было раньше. Но в возрасте шести лет у ребенка возникает страх смерти. Дети начинают задавать вопросы о смерти, а мы обычно пытаемся ускользнуть от них.

– Потому что мы сами ее боимся.

– Во-первых, мы боимся ее сами, а во-вторых, нас пугает то, что мы ничего не можем ответить.

– Разумеется, у нас нет ответов.

– К тому же дети не спрашивают об этом открыто. Просто вдруг они начинают бояться выходить из дома или не дают родителям поехать в отпуск. Ребенок, которому раньше это было безразлично, внезапно не хочет расставаться с родителями. А если в это время рождается братик, то ребенок вообще буквально «приклеивается» к родителям, чтобы убедиться, что все живы. Как Ваша методика воспитания предлагает объяснить это детям?

– Нам нечего им сказать, кроме правды, причем во всем. Мы должны раскрывать ребенку абсолютно все, но постепенно. Нам нужно относиться к нему как к взрослому, ничего от него не скрывать, не играть с ним, не запутывать его. Берите пример с первобытных обществ. Мы должны дать ему все инструменты, и он, с нашей помощью, конечно же, сумеет со всем справиться. Он очень сильный. Ничего с ним не случится – не бойтесь. Из него выйдет хороший, полноценный человек. При условии организации правильной окружающей среды.

– Но ведь он очень боится, что его родители с ним не навсегда, и что сам он не будет жить вечно!

– И он тоже не навсегда останется таким. Он вырастет, достигнет совершенства. Мы должны объяснить ему, как в течение своей земной жизни он, в единении с другими, сможет ощутить вечность природы. Нам нужно показать ему всю эту перспективу.

– Но ребенок ведь не может согласиться с тем, что когда-нибудь его не будет?

– Конечно. Вот почему дети воспринимают это на земном, животном уровне: «Только скажи мне, что я не умру». И если ты с уверенностью это говоришь – он успокаивается.

– Так, в сущности, чему же нужно учить детей в этом возрасте?

– Мы должны обучать их отношению к миру – к своему окружению, близким, природе. Мы должны раскрыть им жизнь, правильное видение семьи, брака, жизни общества, рассказать им о мире, о звездах, о покупках, продажах, движении, истории, географии. При этом объяснять это как единый механизм, в котором мы существуем, в одной сфере, в которой все находится в гармонии, – и мы тоже должны правильно участвовать в этой гармонии. А если нарушаем ее, то это вызывает страдания и кризисы: болезни, экологические катастрофы, падает биржа, вспыхивают войны, террористические акты. Таким образом, мы учим их тому, что существует большой и единый мир. Отсюда мы постепенно начинаем развивать в них отношение к обществу. Но то, что касается общества, – в последнюю очередь. А прежде всего, нужно научить их увидеть жизнь в ее высоком смысле, осознать ее глобальность, они должны понять, что все едино.

— То есть мы должны постоянно подчеркивать гармонию природы...

— И нас в ней, противоположными этой гармонии – и как мы боремся за возможность быть такими же. Прежде всего, я рассказываю ему обо всех природных и общественных явлениях как о частях единого целого.

— То есть сейчас мы изучаем некую часть целого, которая называется биологией. Значит, учитель биологии приходит в класс и говорит, что он обучает чему-то, что является частью целого?

В Министерстве просвещения рассматривается идея о том, чтобы обучать всему вместе, но это очень сложно осуществить. Ведь к такому учителю-воспитателю, о котором Вы говорите, предъявляются слишком высокие требования.

— Я не думаю, что это так. Ведь достаточно подготовить своего рода энциклопедию для детей, маленькие тоненькие книжечки. И потом все время обсуждать с ними это, чтобы каждый прожил эти темы внутри себя и рассказал другим, как он их ощущает, как понимает. В этом и состоит процесс обучения. Ведь мы говорим о начальном школьном возрасте.

— И как будет выглядеть такой урок?

— Только как беседа. Беседа между ними и воспитателем. Я бы даже не стал называть его учителем, потому что это относится к воспитанию, а не к преподаванию. Так вот, он должен сидеть в кругу вместе с детьми, объяснять им, смотреть с ними слайды, фильмы, водить их в музеи, в зоопарк, планетарий. Иными словами, весь процесс обучения в этом возрасте должен проходить вне стен школы, в живом мире.

— В каком возрасте?

— От шести до девяти лет.

— А сколько человек должно участвовать в такой беседе?

— Десять, мальчики и девочки отдельно.

— А с чего нужно начинать?

— Скажем, в первом классе — только обсуждения. Посмотрели фильм, — говорим о нем, прочитали рассказ, — обсуждаем его. Каждый должен о чем-то рассказать. Нам нужно поощрять детей говорить.

— То есть это не фронтальные объяснения учителя, а некая интеракция?

— Нет, разумеется, нет. Я ведь сказал, что это — беседа. Это беседы между ними. Они должны научиться вести беседу — это предмет, которым им необходимо полностью овладеть. Они должны уметь говорить. Ведь мы относимся к говорящему уровню природы. В этом отличие между нами и животными.

— И это, действительно, очень запущенная область…

— Да, мы видим, что люди не могут себя выразить. А если в кругу сидят десять человек, включая одного-двух воспитателей, то дети постепенно открываются, участвуя в беседе, диспуте, споре, — с пониманием других.

— Значит, это важно, чтобы с группой мальчиков занимался воспитатель-мужчина, а с девочками — воспитатель-женщина?

— Разумеется, только так.

— Можно сказать, что в этот период от шести до девяти лет у ребенка формируется отношение к окружению? Ведь процесс обучения происходит по спирали, и каждый раз добавляется еще что-то, и еще более глубокое…

— Да, конечно. Ведь начиная с шести лет, ты говоришь с ребенком об окружающей действительности и только все время расширяешь его представление о ней. Меняются лишь те средства, которые ты используешь. В период от шести до девяти лет ты больше выходишь с детьми на природу, в музеи, в планетарий, к морю, в лес. Нужно показывать им жизнь, гулять с ними по городу, показать стадион, театр и так далее — и обсуждать увиденное. Они должны узнать жизнь. И потом необходимо многократно это с ними обсуждать: зачем мы туда ходили, где мы были, что там делали, для чего «это или то» существует, и так далее. Нужно вести множество таких бесед.

– То есть цель этого этапа обучения – познание мира?

– Не просто познание мира, а познание целостности, совершенства мира.

– Но на основе всего этого ребенок также и учится?

– Разумеется. Когда мы посещаем зоопарк, мы узнаем зоологию, животный мир Земного шара, одновременно с географией и т.п.

– У детей останется много впечатлений, а не просто теоретических знаний.

– Они должны увидеть, получить объяснение, обсудить между собой, описать.

– С точки зрения психологии, этот возраст отличается очень конкретной формой мышления. То есть дети должны увидеть для того, чтобы поверить. Им трудно понять то, чего они не видели.

– И все должно начинаться с того, что мы существуем в совершенном, целостном мире, и этим же заканчиваться. Устроить обсуждение, провести беседу.

– То есть объяснить, что существует единая Природа, которая ведет человека к подобию, к равновесию с Ней.

– Именно так.

– Итак, мы говорили о возрасте шесть лет. В этом возрасте ребенка уже можно назвать маленьким человеком. Он уже способен судить других, он развивает в себе способность видеть мир, если его правильно воспитывают. Мы также говорили о страхе смерти и о том, как его преодолеть. Мы сказали, что нужно объяснить детям, что мир совершенен, что в этом возрасте от шести до девяти лет нужно проводить с ними много времени вне стен школы и постоянно с ними разговаривать и обсуждать виденное. Мы должны водить их в музеи, выезжать с ними на природу, гулять по городу и тем самым вызывать в них определенные реакции, чтобы постепенно привести их к пониманию, что все это — части единого целого. И сама эта реальность ведет человека к Добру.

Возраст от 6 до 9 лет – продолжение

— Мы остановились на обсуждении возраста шести лет, начале процесса школьного обучения. Сегодня мы продолжим эту тему. Вы описали путь обучения в первые три года. А как будет выглядеть такая школа? Сколько времени в день она будет работать?

— Все время. Зачем ребенку выходить за пределы школы? Куда он выходит? Во двор, где мы не имеем представления о том, что с ним происходит? Ведь, все-таки, общество пока еще не исправлено таким идеальным образом, когда школа, дом, двор оказывали бы на него одинаково хорошее влияние.

Поэтому самое надежное – это организовать школу как благотворную среду для развития ребенка, и пусть он находится там как можно больше времени, а домой приходит только искупаться, поесть, поспать. Час побыть с родителями и лечь спать.

— То есть это должно быть что-то вроде продленного учебного дня?

— Я бы не назвал это учебным днем. Все, что касается учебы, отталкивает. Это просто длинный день, полный приятных впечатлений.

— А как насчет связи с родителями, братьями и сестрами?

— Он будет с ними общаться утром, перед уходом, и вечером, когда возвращается. Он не должен крутиться возле матери, которая будет кричать, чтобы он ей не мешал, и отошлет его к игрушкам, компьютеру или вообще включит ему телевизор, где показывают всяческие программы, о которых у нас нет никакого представления. Самое лучшее – чтобы он получал все в школе: целенаправленно, с отдыхом, едой, играми, футболом.

— С едой?

— Разумеется. Все вместе. В школе ребенок должен находиться целый день. Ведь сколько часов в день ему нужна мать?

– Зависит от того, сколько ему лет.

– Сколько времени в день она может ему посвятить? Так пусть это будет в конце дня, перед тем, как он ложится спать, – полчаса, час, два часа.

– Скажем, в шесть вечера?

– Допустим, хотя это еще вопрос, сможет ли мать освободиться к этому времени. Скажем, от 6 до 8 вечера. А потом она закончит все оставшиеся дела.

– А как же домашнее задание?

– Нет задания на дом. Все делают в школе, все заканчивают там. Нет такого понятия – «домашнее задание». Это ненавистно детям.

– А если нужно выполнить какие-то упражнения, то это делают во второй половине дня?

Нет разделения: первая половина дня и вторая половина дня. Нужно подойти к этому по-другому. Между учебой должны быть большие перемены, когда дети выходят во двор побегать, поиграть. Потом снова возвращаются к занятиям, едят, отдыхают. Так они проводят день, и при этом не видят разницы: школа ли это, или летний лагерь.

– А каникулы есть?

– А зачем каникулы? От чего они устают? Это мне непонятно. И кроме того, весь этот процесс должен проходить и в выходные, и в будни, и в праздники. А родителей нужно приглашать в школу, устраивать такой «родительский день», проводить с ними специальный урок. Словом, нужно, чтобы эти дни проходили в правильной атмосфере, а не то, что ребенок, возвратившись в школу после проведенных дома праздников, будет рассказывать, что отец брал его с собой неизвестно куда...

– Значит, Вы считаете, что в школе должен быть длинный день, наполненный различными действиями.

— Да, разумеется.

— И весь день ребенок должен учиться в группе из 10 детей?

— Нет. Есть меньшие и большие группы. Если собираются обсуждать, то собирают небольшую группу, а если идут в музей, планетарий, к морю, в лес, — то группа должна быть больше.

— Тогда, может быть, все вместе?

— Да.

— А куда относится ребенок? Сегодня он относится к определенному классу в школе, а в этом случае — к группе из 10 человек?

— Я не думаю, что он должен быть замкнут только на этой группе. Мне кажется, что это должно быть очень динамично.

— Но, в принципе, он должен находиться в группе, соответствующей его возрасту?

— Это должна быть группа, в которой он сможет себя выразить.

— То есть не будет деления на классы, как сегодня: 1А, 1Б, 1В?

— Нет. Наоборот. Мы должны показать ребенку, что вся школа — это единый организм, что она открыта всем, что нет никаких ограничений. Ведь все эти ограничения впоследствии вызывают в нем неуверенность в себе.

— А при обсуждениях тоже менять группы?

— Это также желательно. Но здесь уже необходимо специальное обучение для воспитателей и подготовка детей.

— А почему такое разделение на группы вызывает в ребенке неуверенность?

— Потому что он привыкает к своей группе, как к своей кровати, своему горшку, своей комнате, и потом ему очень трудно выйти из привычной обстановки. В нем возникает чувство страха и неуверенности. Даже взрослые испытывают его, оставляя дом. Сегодня «сорокалетние дети» не хотят быть вдали от матери, относятся к ней, как маленькие.

– Да, сегодня дети с трудом становятся самостоятельными...

– Ну, а откуда это исходит?

– А как насчет общения между мальчиками и девочками? Могут ли они дискутировать между собой? Или, возможно, участвовать в каких-то совместных действиях?

– Это будет происходить позже и в особой форме.

– Вы считаете, что надо начинать половое просвещение не с девяти лет?

– В девять лет мы начинаем говорить с ними об их половой принадлежности, об отношениях между полами, о продолжении жизни. До этого они не способны воспринимать эти явления. В каждом из них еще отсутствуют внутренние предпосылки для того, чтобы понять, почему и как все происходит.

– Согласно психологии, дети в этом возрасте очень любят творчество: что-то сделать своими руками, развить в себе какие-то навыки. Это придает им уверенность в себе. И хорошие результаты достигаются в соревновании между ними: кто лучший, кто сильнее, кто быстрее, кто больше знает.

– В нашей методике это развивается противоположным образом – нужно соревноваться в том, насколько я больше помогаю остальным.

– Что это значит?

– Они должны внести в это намерение: «Я хочу быть самым лучшим в отдаче ближнему, обществу».

– А что в отношении стремления как можно больше знать?

– Это уже нечто другое. И речь не идет о том, чтобы знать как можно больше. Ведь в том обществе, о котором мы говорим, мы не учитываем знания отдельного человека. Мы не ставим оценок.

— В такой школе не будет оценок?

— Нет оценок, нет проверок.

— И нет экзаменов?

— И экзаменов нет.

— А как тогда можно оценить успехи ребенка?

— Воспитатель знает и понимает каждого ребенка, который находится рядом с ним. Ведь он работает, вдвоем с еще одним воспитателем, в маленькой группе из десяти человек.

— Верно, это, действительно, помогает узнать их. А нужно ли просто словами давать оценку каких-то их навыков?

— Нет. Нам нужно сделать так, чтобы в итоге все они вышли с практически одинаковым уровнем развития.

— Но как это сделать, если все разные: одни более подвижны, другие лучше воспринимают, третьи — более умные?

— Каждый вносит в группу столько, сколько он способен. А мы оцениваем его вклад. Прежде всего, мы заботимся о том, чтобы из школы вышел Человек, а не отличник в области физики, математики и тому подобное. Это не так уж нам важно, и я думаю, что завтра это уже не будет иметь большого значения для человечества.

— Сегодня придается очень большое значение личным достижениям человека. И это, вне всякого сомнения, — за счет отношения к другим.

— И этим мы разрушаем общество, поскольку, действительно, одно происходит за счет другого. Вот поэтому и «переворачиваем все с ног на голову», или наоборот. Достижениями должны считаться действия человека на благо общества. И только в соответствии с этим мы даем ему оценку.

— А как это повлияет на его мотивацию к учебе? Откуда у ребенка возьмется энергия для занятий?

— От того, что он будет вкладывать в общество. А после того как у него возникнет желание вносить вклад в общество, пусть у него появится стремление к учебе, к занятиям физикой, математикой – всем тем, чем ему хочется. Но прежде всего – вклад в общество.

— Значит, еще до того, как начать учиться, он постоянно должен вкладывать в общество.

— Это главное. А уж потом пусть учится в соответствии со своими наклонностями.

— Допустим, у ребенка проявятся особые способности к физике или математике. Сможем ли мы развивать их в рамках такой системы обучения?

— Да, мы сможем развивать их, скажем в пятом или шестом классе.

— А его мотивацией стать лучшим в этой области должно быть стремление принести пользу обществу?

— Да, только стремление принести пользу обществу. И каждый раз ему нужно подчеркивать, что общество желает видеть его именно таким.

— Это что-то очень альтруистическое. Я развиваюсь, но только для того, чтобы принести пользу обществу...

— К тому же, когда он пойдет работать, то в обществе, которое, я надеюсь, мы построим, он не будет зарабатывать больше других.

— Даже согласно его потребностям.

— Да, он будет получать столько же, сколько получает человек, выполняющий более простую работу соответственно своим способностям. Ведь он стал выдающимся в области математики, например, благодаря заложенным от природы задаткам, а у другого этих задатков нет. Тот другой приносит пользу обществу, работая сантехником, а он, допустим, стал профессором или директором крупной фирмы. Так что из того?!

– Каждый занимает свое место, – это понятно. А если они в разной мере вкладывают в общество?

– Каждый вкладывает соответственно тому, как он понимает свою способность принести пользу обществу, – согласно своим личностным качествам.

– А мера его вклада оценивается?

– Общество оценивает его согласно той пользе, которую он приносит, будь он сантехником или иным специалистом. Соответственно, каждого будут уважать. Но это никак не зависит от того, насколько важной является его работа. Все определяется только тем, сколько души он этому отдает.

– Как это можно измерить?

– Это не измеряется. Когда общество станет духовным, оно сможет это оценить, понять, почувствовать.

– Но все-таки мне непонятно, откуда возьмется у ребенка мотивация вкладывать больше, если он знает, что получит столько же, сколько и другой ребенок, который, как ему кажется, вносит меньший вклад? А ведь у детей очень сильно развито чувство соперничества.

– В результате воспитания он выше всего ценит одобрение или порицание общества, ищет уважения общества, желает понравиться ему. В этом его вознаграждение, потому что необходимое он получает независимо от своего вклада. Мы созданы общественно зависимыми и должны это использовать. Именно это характерно для человека и отличает его от животного уровня.

– И когда же это перестанет быть просто словами для ребенка?

– Мы помогаем ему реализовать это в течение всей жизни! Школа никогда не заканчивается, мы только переводим школьные рамки в общественные. И каждый раз человек ощущает, что он находится в каком-то окружении и, как его неотъемлемая часть, обязан участвовать в его жизни точно так же, как это было в школе. Так он продвигается и строит для себя грядущий мир. В итоге, уподобляясь природе, он начинает ощущать себя совершенным, как сама природа! Вот почему не существует дифференциации в зарплатах, но общество оценивает каждого и порицает или поощряет. Это стимулирует человека внешне. Однако главное – внутренняя стимуляция, когда за все большее подобие природе он начинает ощущать ее вечность и совершенство, как свое.

– А как сейчас создать такую школу, когда общество еще не исправлено?

– Вам необходимо освободиться от привычного вам мира и вникнуть в новые мысли, в интегральный подход к миру. Тогда Вы сможете уловить его проявляющиеся сегодня свойства. Поймете качественные изменения. И начнете понимать, какой должна быть система воспитания человека. Прежде всего, нужно воспитать Человека! А затем уже специалиста в какой-то области.

– Сегодня мы наблюдаем обратное.

– Да. Так вот, если мы воспитаем Человека, который будет находиться в гармонии с природой, в равновесии, то он начнет применять свои знания, науки, технологии на пользу обществу и природе, а не во зло. И потому мы должны, прежде всего, заботиться о воспитании, а затем уже об образовании. В этой непреходящей заботе нам нужно, начиная с рождения человека, построить для него правильное окружение, среду, в которой он будет обучаться интегральной связи: он воздействует на окружение, и в ответ окружение воздействует на него. Он раскрывает себя как частичку мира. И, объединяясь со всеми, ощущает себя как бы растворенным в природе.

– В существующей сегодня системе воспитания акцент направлен на то, чтобы дать ребенку знания, а все остальное как бы должно прийти само собой. Есть даже такое понятие: «Нужно дать ребенку инструменты, чтобы он мог учиться». Если мы создадим такую систему воспитания, о которой Вы говорите, не уничтожит ли она у ребенка стремление отличиться?

– В нашей системе воспитания я также оцениваю себя, и меня оценивают другие – по приносимой мною пользе. И выдают поощрение или порицание. Ведь вы и сегодня желаете больше заработать, прославиться, быть сильным и прочее, чтобы заслужить одобрение, уважение общества. Вы на самом деле работаете на других. Вы выполняете указание общества. Желаете быть важным в их глазах. Вам-то самим надо немного, а все, кроме необходимого, вы приобретаете, чтобы не уронить себя в глазах общества.

– Это общеизвестно.

– Но в обществе этого не исследуют и этому не обучают, не рассказывают и не порицают, потому что это не выгодно производителям всяких ненужных нам вещей. Они производят, навязывают нам важность их иметь, мы работаем, чтобы платить им за эти, в принципе, не нужные нам вещи, потому что они убедили нас, что иначе мы хуже других...

– А поощрение поможет нам избавиться от производства ненужных вещей и прекратить таким образом истощать природные ресурсы?

– Представьте, что Ваши дети читают о Вас хвалебные отзывы – как Вам это приятно и какая это великая награда. А если наоборот – какое ужасное чувство стыда погружает Вас во тьму... Но это отдельная большая тема.

– А как быть с проблемными детьми, которые отстают в развитии или гиперактивны?

– Все зависит от того, как мы их организуем. Можем дать им возможность больше двигаться... Мы ведь говорим о том, что школа не будет в таком виде, как она существует сегодня. Учитель, скажем, будет сидеть под деревом в окружении детей и разговаривать с ними. Затем они пойдут в класс, посмотрят фильм и будут его обсуждать. Затем поиграют в футбол... Потом они вместе пойдут кушать, и в это тоже нужно внести элемент игры. Пусть все помогают друг другу. Можно после еды попеть песни, то есть делать какие-то вещи, которые сближают детей, вырабатывают у них привычку быть вместе. Это хорошо! Это придаст им уверенность, в отличие от того, что происходит в школе сегодня. Ведь ребенок приходит туда, словно на поле боя. Возможно, в середине дня им нужен перерыв на сон, ведь мы говорим о том, что он будет находиться в школе до шести часов вечера.

— А как быть в отношении проблемных детей, скажем, отстающих в развитии?

— К примеру, гиперактивных детей можно объединить в отдельные группы, чтобы они не мешали остальным.

— А что делать с теми, у кого специфические проблемы?

— Для них тоже нужно сформировать особые классы. Мы ведь видим и в нашей повседневной жизни, что им либо требуется постоянная поддержка окружающих, либо мы создаем для них специальные учреждения. Поэтому нам нужно предоставить им возможность развиваться с помощью соответствующих воспитателей и научить их пользоваться помощью друг друга. Ведь среди них есть много таких, кто может участвовать во взаимной помощи.

— Итак, мы продолжили обсуждать тему школы. Мы говорили о том, что учебный день должен быть днем приятных впечатлений. Вместо обязанности он должен стать для ребенка днем удовольствий, причем настолько, чтобы ему не хотелось каникул. Потому что этот день включает в себя все: и учебу, и прогулки, и футбол. Ребенок находится в школе до шести часов вечера, возвращается домой, общается с родителями, ложится спать, а наутро снова возвращается в школу на целый день. Там он может также и отдохнуть. Все устроено динамично, нет определенных классов, которые разделяют детей. Наоборот, чтобы развить в них уверенность в себе, их как бы все время «перемешивают»...

— Используют все их естественные наклонности: зависть, стремление к почестям и прочее для того, чтобы развивать их на благо общества.

— Именно в этом ключе мы говорим о соперничестве между ними, то есть соревновании в том, кто принесет больше пользы обществу. И это противоположно тому, что происходит сегодня, когда каждый, благодаря своим личным достижениям, считает себя выше остальных.

— Этого нельзя допускать. Поощряется только вклад в общество, и только тогда ему есть, чем гордиться.

— Так ребенок растет, устремляясь к цели, которую мы определили как достижение совершенства, когда он начинает оценивать себя с точки зрения своего отношения к «ближнему» и постепенно «выходить из себя». Таким образом мы строим новую систему воспитания.

— И она основывается на любви.

Часть первая

Начало полового созревания

— Мне хотелось бы начать с возраста 9-12 лет. Сегодня период полового созревания начинается примерно на два года раньше – с 9 до 12 лет, так как уже в этом возрасте мы видим физиологические изменения у девочек, а затем и у мальчиков. В поведении это может проявляться даже раньше, но половое созревание в физическом плане сегодня начинается в 10-12 лет. Вслед за физиологическими изменениями меняется поведение подростков. Параллельно быстрому росту проявляется вспыльчивость, отдаление от родителей, сближение со сверстниками. Именно в 5-6 классах появляются группы, друзья становятся для подростка самым важным, а авторитет родителей заметно снижается. Если, как мы говорили в прошлых беседах, развитие должно соответствовать законам природы, то почему в этом возрасте обязательно происходит такая буря? Почему мы не можем пройти его спокойно, постепенно, без взрывов?

— В нас действуют различные силы, исходящие из управления и контроля Природы, соответственно чему мы растем. В разные периоды жизни действие этих сил отличается. Мы различаем возрасты 3-6, 6-9, 9-13, 13-20 лет. Переход из одного возраста в другой может быть очень резким, иногда буквально в течение одного дня, хотя мы и не распознаем этого дня. Но избежать этого невозможно.

— В восприятии ребенка что-то происходит, и все меняется.

— Возможно, подросток сам не может с собой справиться, а мы требуем от него вещей, противоречащих его природе. Мы должны лучше познать природу и следовать ей вместе с ним.

— Какие действия со стороны взрослых могут помочь пройти этот возраст благополучно?

— Понимание, беседы, дружеское расположение, объяснение жизни общества. Я рос в семье врачей. Моя мама была врачом-гинекологом, отец – стоматологом, и все родственники тоже врачи. Поэтому я многое знал, читал книги. Несмотря на это, посещение в годы учебы в университете морга, родильного зала и операционной – а именно с этого начиналось мое студенчество, – привело в шоковое состояние не только моих сокурсников, но и меня. Почему не показать это детям в более раннем возрасте? Почему не говорить об этом, не предложить детям исследовать эту жизнь и все, из чего она состоит? Это и отношения между мужчиной и женщиной, и рождение ребенка, и разные возрасты в жизни человека. Можно показывать фильмы о поведении детей, взрослых и даже животных, объясняя причины, по которым они так поступают.

– Своеобразная наука жизни.

– Можно снять на камеру их собственное поведение, а затем вместе смотреть. Представляете, если мы покажем ребенку, как он вел себя вчера?

– Детям это очень не понравится...

– Но это будет обучением, которому нет замены.

– Вы предлагаете изучать жизнь через наблюдение?

– Мы тратим массу сил и средств на детей. Они 10-12 лет учатся в школе, но из-за того, что мы не можем обеспечить индивидуального подхода, не учим их жизни, все это оказывается неэффективным. Они выходят из школы пустыми – будто напрасно провели время. Что-то они уловили, но на самом деле на современный аттестат зрелости можно получить знания за пару лет.

– Сами дети говорят, что не видят связи между тем, что учат в школе, и настоящей жизнью. В этом возрасте они утверждают это совершенно ясно.

– Мы должны понять, что наша жизнь зависит от самопознания: насколько человек себя изучает, исследует, понимает свои свойства, причины своих поступков. От того, что я знаю, почему и зачем действую, способен оценивать себя со стороны, принимать в расчет, как мои действия воспринимаются другими людьми, критически относиться к своему восприятию других людей, зависит моя успешность в жизни. Профессия гораздо менее важна. Весь аттестат зрелости и университетское образование на самом деле не так важны. Важно выстроить человека, а именно это сегодня не делается.

– Интересно, что учиться жизни через наблюдение можно везде: и в школе, и в семье. Но только при условии, что родители будут знать, как это делать. А это означает, что, прежде всего, нужно воспитывать родителей.

– Мы отстаем в этом на несколько тысячелетий, так что когда-то нужно начать.

– Следовательно, в возрасте 9-11 лет дети уже должны знать, какие изменения будут происходить с ними?

– В соответствии с возрастом детей, необходимо обсуждать с ними открыто и свободно все явления. Разумеется, на том уровне, на котором они способны понять. Все естественное, относящееся к нашей природе, в том числе наши импульсы и влечения, должно обсуждаться.

– Включая сексуальность и отличия между полами?

– Конечно. Будет намного лучше, если мы будем прямо и открыто говорить обо всем, объясняя детям причины и следствия происходящих явлений, различные формы поведения. Ведь известно, что именно запретный плод сладок. Поэтому нам стоит больше показывать детям, что мы знаем о том, что с ними происходит. Ведь им кажется, что у них свой мир, а взрослые – живут в другом мире и развивались по-другому. Но если мы говорим с ними обо всем открыто и показываем свое отношение, то тем самым устанавливаем связь между поколениями.

– Это очень сильно укрепляет связи. Я сейчас слушаю и отчетливо представляю, как подросток и его родители, которые сегодня кажутся ему «устаревшим фасоном» 60-х годов, начинают находить общий язык. Я помню, как на меня подействовало, когда мой отец заговорил со мной об этом. Обычно мужчины стесняются говорить на эти темы. В психологии много написано о важности таких бесед. Но мужчины просто не знают, как говорить.

— Как отец я всегда старался быть открытым с детьми. Мы совершенно открыты и можем говорить на любые темы.

— В половом воспитании и девочки, и мальчики должны знать все?

— Да, все должны знать все в соответствии с возрастом. Мы должны подходить к этому вопросу правильно, взвешенно, ничего не скрывая. Наоборот, чем больше подростки будут знать и будут для себя психологами вместе с этими знаниями, тем больше шансов, что у них выработается уравновешенное отношение к этому аспекту жизни, не разовьются никакие отклонения.

— Они не будут искать ни сведений со стороны, ни отклонений. А каким должен быть подход к всевозможным отклонениям, если они существуют? Подросток в возрасте 10-12 лет видит в Интернете все.

— Ничего страшного нет в том, что он будет об этом знать. Не следует этих тем стесняться или их скрывать. Дети должны знать, что все это естественные явления, и подобные склонности находятся в каждом. Они специально созданы природой, чтобы человек научился справляться с ними и правильно их использовать.

— Уметь ставить ограничения?

— Да, человек сам должен ставить для себя ограничения. Это позволит ему освобождать мысли и душевные силы для других вещей. Без этого понимания они будут заняты одной темой и погружены в свои ощущения в течение нескольких лет.

— Своеобразные розовые очки.

— Они просто не могут от этого освободиться. В сегодняшнем поколении эти импульсы настолько сильны, что заслоняют собой все остальное. Если же мы дадим им способность уравновесить эти мысли за счет психологии, то это позволит им освободить часть времени и душевных сил для чего-то другого.

– Эта тема в Интернете полна извращений...

– Об Интернете вообще нечего говорить. На мой взгляд, если кто-то хочет обогатиться на естественном интересе детей, то это просто нужно запретить. Мы должны быть открыты, вся информация должна быть у детей, но правильно дозирована и направлена на гармоничное развитие. Это должно стать нашей заботой. Тогда мы не будем выглядеть ханжами, закрывающими сложную тему.

– Подход должен быть таким, что мы не делаем из этих вопросов большую проблему, а относимся к ним естественно. В этом возрасте ребенок раскрывает для себя новые ощущения. И это может привести к большой путанице.

– Мы должны его подготовить, объяснив, что подобные ощущения есть у всех.

– Это очень успокаивает. И еще важно, что об этом можно говорить. Вы, насколько я поняла, даже рекомендуете говорить об этом в школе?

– Говорить везде и открыто. Это сразу же снижает заманчивость этих вещей для детей, ведь именно запретный плод сладок. Своей открытостью мы снизим их значимость и не дадим развиваться всевозможным фантазиям.

– Отпадет необходимость искать информацию, если можно просто открыть книгу или поговорить. Кроме всего прочего, это еще дает ребенку ощущение, что его понимают. Ведь именно эта тема занимает его сейчас. Он не может отстраниться и не думать об этом, и именно на интересующую его тему говорят и в школе.

– Что сегодня предлагают психологи?

– Это очень сложная тема для психологов. Есть различные программы. Именно в возрасте 5-6 класса у детей появляется сексуальный интерес, пусть даже только на уровне дружбы. Так вот, мне сразу сказали, что учителя не могут говорить на эти темы, и мне придется проводить уроки самой. Так я и сделала. И были очень интересные беседы с детьми. Но поскольку я чужой для них человек, а продолжить беседы с учительницей не представлялось возможным, то и продолжения не получилось. Беседы проводились отдельно с мальчиками и девочками, и, действительно, я видела, что беседы получались разные.

– Отдельно с мальчиками и девочками?

– Да, мне казалось, что девочки в присутствии мальчиков не смогут задавать вопросы, которые их интересуют, в том числе и о мальчиках, а мне хотелось дать им такую возможность. И мальчики то же самое. Дети задавали вопросы, на которые они вполне могли бы найти ответы в книге или у своей учительницы, если бы она была к этому готова. Или у учителя, если речь идет о мальчиках. Это очень важно. Женщина не может ответить на все вопросы, касающиеся ощущений мужчины или мужского видения отношений. Я могу лишь представлять, но это не то же самое. Атмосфера во время этих бесед была очень хорошая, и детям нравилось. Но учителя не готовы к таким беседам, они воспринимают это как своего рода вторжение в сферу личного. И родителям тоже непросто говорить с детьми на эти темы, они сомневаются, сколько говорить и как.

– Не удивительно, ведь они сами не получили такого воспитания.

– Но подход должен базироваться на максимальной открытости.

– Открытость и раннее воспитание. Если в человеке проявляются какие-то склонности и импульсы, то мы немедленно обязаны их уравновесить, показав правильный подход. Ведь невозможно ни вырвать их, ни отстраниться. Настоящий воспитатель должен идти вместе с ребенком и учить его, как правильно с этим справляться.

– Вы как-то говорили, что полезно устраивать игры, в которых дети могут представлять поведение противоположного пола.

– Да. Ведь мы говорим об открытом обществе. Все, что есть в обществе, должно быть открыто для обсуждения. Мы должны объяснять, приводить примеры, и не виртуально, скажем, через телевизионные программы, а в живой форме.

— Если бы Вам представилась возможность участвовать в составлении учебно-воспитательной программы по половому воспитанию, каковы были бы ее принципы, помимо открытости?

— На начальном этапе следует говорить с мальчиками и девочками отдельно: мужчина – с мальчиками, женщина – с девочками. В дальнейшем мужчина и женщина вместе должны беседовать отдельно с мальчиками, а затем – с девочками. После этого можно смешивать группы и преподавателей.

— После того, как дети уже немного сблизились с воспитателями?

— Да. Но все должно происходить в деликатной, естественной форме. Мы должны поднять детей с «животного» уровня на «человеческий». Поскольку наши инстинкты относятся к животному уровню, то наша задача – научить детей смотреть на себя свыше. Они должны понимать свою природу, инстинкты и влечения, сколько придавать им важности и времени, как к ним относиться, чему отдавать предпочтение. Сейчас это очень меня занимает, но для этого ли я живу? Нужно дать им как можно больше времени и возможности говорить об этом между собой. Пусть говорят хоть два часа!

— Они проговорят целый день!

— Нет-нет, все закончится быстрее, чем Вы думаете. Если обсуждение будет свободное и ничем не ограниченное, то они очень быстро успокоятся, гормоны отступят, и в их головах освободится место для других вещей.

— Вы хотите вызвать ощущение контроля над чувствами, определенное успокоение, когда эти мысли отойдут на второй план?

— Почему бы и нет? Сегодня мы не даем выхода этим вещам. Извините за сравнение, но это как в канализации: если есть запор, то содержимое поднимается вверх, пока в каком-то месте не прорвется.

— И это может дойти до крайней степени агрессии и насилия.

— Потому что они не знают, каким образом это выразить.

– В последнее время мы слышим об ужасных случаях насилия. Да, половое влечение может проявляться в изнасилованиях, или образуются группы, состоящие из мальчиков или девочек, которые противостоят одна другой. В результате желание связи приобретает странную форму.

– Потому что не заложена программа, как правильно относиться к возникающим желаниям, как их уравновесить и использовать. С одной стороны, их ведет недостаток знаний, а с другой – отрицательные и далекие от жизни примеры из фильмов, всевозможные болезненные фантазии. Я просто вижу, как молодые люди копируют эти голливудские примеры в своем поведении и мышлении. Человек перестает быть человеком, а просто становится копией героев этих фильмов.

– Для этого возраста характерно еще одно явление: разделение на «своих» и отвергнутых. Это тоже своеобразный аспект желания к связи, но он принимает такую жесткую форму. Некоторые дети просто становятся аутсайдерами.

– У меня есть объяснение этому явлению, но хотелось бы узнать мнение психологии. У вас ведь накоплен огромный опыт практической работы с детьми и в школе, и в частной практике. Как вы объясняете, что сегодня, живя в развитом обществе, которое считается продвинутым и понимающим, мы все еще не можем справиться с подобными проблемами? Почему министерство просвещения, родители и все остальные организации, занимающиеся молодежью, включая армию, не могут провести такую простую акцию?

– Как называется эта акция?

– Создание человека.

– Для этого нужно совершить революцию в сфере воспитания. Невозможно взять то, что существует сегодня, и надеть на него новые принципы. Большинство людей не идут добровольно на какие-то серьезные изменения, а только если уже не в состоянии оставаться в привычном русле. Поэтому в воспитательной системе пытаются сохранить прежние рамки, хотя ничего хорошего из этого не выходит.

— Я бы посоветовал подготовить инструкторов, которые будут просто говорить с детьми. Ничего другого. Пусть говорят на любые темы, но задействуют класс так, чтобы дети почувствовали себя единым организмом. Эти люди должны быть профессионалами настолько, чтобы видеть отношения между детьми, уметь направлять и исправлять их с помощью этих бесед. Острый взгляд специалиста может предотвратить многие проблемы всего лишь за один урок в день.

— Часа в день достаточно?

— Да. Мы не можем этого требовать от учителей-предметников.

— Их этому и не обучают.

— К большому сожалению. Но можно подготовить людей специально для такой работы. Мы получим результаты немедленно, буквально в течение нескольких месяцев.

— Мы поговорим об этом в следующих беседах. Сегодня мы говорили о том, что в возрасте от 9 до 13 лет ребенку очень важно найти понимание у взрослых. Поэтому у него должна быть возможность говорить обо всем открыто. Были высказаны два предложения, дополняющие друг друга. Одно: показать и объяснить ребенку жизненные этапы, проходимые человеком от рождения до смерти. Это можно делать и дома, и в школе, разумеется, в соответствии с возрастом. И поскольку в этот период в детях проявляются половые влечения, важно открыто говорить на эту тему, не скрывая ничего, ведь то, что мы скрываем, вызывает усиленный интерес и занимает мысли детей еще больше. Мы говорили о том, как это делать в школе и дома, и закончили разговор практическим предложением: начать готовить специалистов для бесед с детьми на интересующие и волнующие их темы. Это, на наш взгляд, позволит детям быть менее обеспокоенными своими влечениями и освободить энергию для других интересов.

Подростковый период

— Мы продолжаем наше путешествие по всем этапам развития ребенка. Сегодня мы затронем очень важный период – возраст 9-13 лет, так называемый ранний подростковый период. Мы уже говорили об этом этапе и о развитии сексуальности, которое происходит именно в этом возрасте. Но есть еще несколько аспектов, которые нам хотелось бы обсудить.

— В предыдущей беседе мы говорили о начале полового развития и о том внутреннем напряжении, которое развивается в детях. Сегодня мне хотелось бы продолжить разговор об изменениях в эмоциональной сфере ребенка в этот период. В возрасте 9-13 лет мы наблюдаем в детях неуравновешенность, нервозность. Причем сами дети обвиняют в этом других и не ищут причину в себе. Отчетливо начинает проявляться растущее стремление к самостоятельности. Ребенок как бы колеблется между зависимостью и самостоятельностью. Когда в прошлых беседах мы говорили о возрасте двух лет, то отмечали, что ребенок впервые пытается выйти из материнских рук. Примерно то же самое происходит и в 9-13 лет, но только не на физическом уровне, а в эмоциональной сфере. Ребенку очень хочется в обстановке вне дома быть самостоятельным, но внутри семьи он снова становится полностью зависимым. И это создает много сложностей и путаницы для родителей. Как нужно относиться к подростку в этот период?

— Мы должны из каждого ребенка сделать психолога для самого себя. Он должен понимать себя и осознавать, как его видят другие люди. Мы должны показывать ему его поведение, снятое на видеопленку, и поведение разных людей, разных полов и возрастов, в разнообразных ситуациях. Все это должно затем обсуждаться в группе подростков. Он должен чувствовать, что его учат жизни и правильному отношению к ней. Обучение должно быть полностью открытым, без запретных тем, недоговорок, сокрытий, которые приводят только к всевозможным отклонениям.

— То есть он должен изучать самого себя?

— Конечно. Интегральное воспитание раскрывает человеку его самого, его внутреннюю часть. А возраст 6-9 лет особенно важно не упустить. В этом возрасте закладывается фундамент всего человека, и что он в эти годы почерпнет, это затем в нем и сформируется. Потому что далее следуют годы полового созревания, которые уже не позволяют ему сосредоточиться на чем либо, кроме вопросов пола. А пока можно свободно, без давления говорить с ребенком о склонностях и желаниях, которых он стыдиться, и именно сейчас учить его правильному взгляду на себя самого как бы со стороны.

— *Вы говорите о том, что нужно поощрять и развивать способность ребенка видеть себя со стороны?*

— Да. И тогда одновременно по двум каналам: через логику и через чувства – начать обучать внутреннему выяснению того, что мы называем «сладкое – горькое» и «правда – ложь».

— *Одно относительно другого?*

— Да. Выяснять это и с помощью логики, и чувственно. Это поможет ребенку если не справляться полностью, то, во всяком случае, понимать происходящее с ним. Ведь у него нет даже ниточки, за которую он может схватиться, чтобы выбраться из того внутреннего водоворота, в котором он находится. Ему нужно как-то раскрутить этот клубок. Здесь очень важно стать его партнером. Воспитатель должен быть одновременно и воспитателем, и другом, то есть в чем-то быть выше и опытнее, но уметь спуститься на уровень ребенка.

— *Значит ли это, что воспитатель должен быть примерно одного возраста с ребенком?*

— Нет, но он должен уметь настолько спуститься до уровня ребенка, чтобы тот почувствовал в нем друга, равного себе. Очень многому можно научить из просматривания видеозаписей различных ситуаций и поведения детей в них. Нужно обсуждать с детьми, почему мы так себя ведем, а исходной точкой для такого обсуждения должно стать то, что такими мы созданы природой, как все прочие ее части. Эго является нашей природой. Нет в этом ничего, что нужно было бы скрывать. Наоборот, мы должны изучать себя самих и природу, развившуюся в этом уголке галактики. Если мы научим их такому подходу, то сразу же все напряжения начнут ослабевать. Главное – решать все отвлеченно от ребенка, но вместе с ним.

– Такой подход даст и понимание, что тот водоворот, который есть во мне, происходит и с другими.

– Совершенно верно. А когда об этом начинают говорить в классе, да еще в третьем лице, да еще через какой-то фильм, то тогда можно и обсудить все совершенно свободно, и покричать, поругаться и посмеяться. В таком обсуждении даже не важно, придут ли они к какому-то согласию. Важно, что они учатся об этом говорить. И если сегодня они говорят о том, что произошло с кем-то другим, в фильме, например, то завтра это случится с ними самими, и тогда они вспомнят все, о чем говорили в классе.

– Такую подготовительную работу можно начинать и в более раннем возрасте?

– Проблема, прежде всего, в том, что для таких уроков психологии нужно много учебных часов. Но это необходимо для того, чтобы строить человека. Именно такой подход позволит затем ребенку выстроить правильное отношение к обществу, к государству, к миру, к выбору профессии и так далее. Такой анализ жизни и человека – основа всего. Научившись смотреть на себя со стороны, он сможет анализировать, почему он ведет себя так или иначе, как с течением времени изменяются его взгляды и поведение, как его поступки воспринимаются другими. Он будет четко понимать, насколько все в мире относительно, насколько он сам зависим от своей природы, от того, каким изначально создан. Такой взгляд снимает в определенной степени тяжесть чрезмерной ответственности, но одновременно учит правильному подходу к любой ситуации.

– Это также снижает ощушение вины.

— И напряжение тоже. Кстати, есть огромная польза от преподавания детям актерского мастерства, в первую очередь способности выхода из себя в роль.

— Стоит ли говорить об этом и в семье, например, каждый день перед сном?

— Не думаю, что мы можем переложить это на родителей, так как родители сами не получили такого воспитания. Вот если мы сможем воспитать сегодняшних детей, то затем, став родителями, они смогут передавать это своим детям в семье. А пока только мы, воспитатели, можем работать с детьми. Одно поколение должно получить правильное воспитание в школе.

— Воспитателем в школе должен быть человек, изучающий интегральное, как Вы говорите, воспитание?

— Да, ведь это интегральное воспитание преподносит происходящее в простой и понятной форме, дает средства для понимания природы и решения современных проблем человека, семьи, общества.

— Изучая законы природы, человек проходит весь процесс на себе самом и учится понимать другого.

— Это верно, но можно открыть курсы, где в течение полугода или года можно будет подготовить специалистов для работы с детьми этого возраста. А с детьми нужно продолжать заниматься до окончания школы, до армии, да и в университетах тоже. Человек всю жизнь должен обучаться правильной связи с окружающими. Я уверен, что на каком-то этапе и на предприятиях займутся этим. На самом деле процесс должен продолжаться всю жизнь. Средства массовой информации должны занять первое место в этом изменении общества. Несколько раз в неделю должны быть семейные передачи по телевидению, и они должны быть такими, чтобы каждая семья, включая больших и маленьких ее членов, видела свое отражение.

— Такой домашний театр?

— Да, но не просто театр, а организованный так, чтобы люди видели и анализировали отношения, изучали себя на показанных примерах. Это могло бы по-настоящему выстраивать человека. Мне это кажется совершенно необходимым, иначе человечество может опуститься до животного уровня.

– Я хочу возвратиться к родителям. Будут ли параллельно школе открываться какие-то курсы для родителей?

– Я больше надеюсь на средства массовой информации и на ту революцию, которая должна в них произойти. Они должны перейти из рук частных владельцев в ведение государства и общества, и правильно использоваться. Сегодня вместо того, чтобы воспитывать и выстраивать человека, они его разрушают.

– Да, действительно, они приносят много вреда.

– На самом деле это сильнейшее средство, которое притягивает людей, и поэтому может принести большую пользу. Я надеюсь, что мы сможем создать серии передач для детей – с помощью тех детей, которые занимаются в наших кружках, и для взрослых – с помощью таких специалистов, как Вы, например.

– Да, я уже начинаю размышлять, как это можно реализовать. Психодраматические методы действительно могут быть сильным средством, как и рассказ, который мы сегодня используем в психологической практике. Только это должно быть с новым посылом.

– Я хотел бы возвратиться к теме воспитания в семье. Мы сегодня сталкиваемся с тем, что дети уже в подростковом возрасте отдаляются от родителей, и взрослые ничего не могут с этим сделать.

– Это все та же проблема. Ведь мы живем в обществе, состоящем из семей и отдельных личностей, и все связаны друг с другом. Это нужно объяснять ребенку, и делать это естественным образом.

– Объяснять и родителям тоже? Например, родители, читающие наши беседы, смогут извлечь для себя какой-то практический совет для изменений в семье, начав говорить об этом с ребенком?

– С ребенком обязательно нужно говорить и объяснять ему.

– Давайте все-таки попробуем дать какой-то конкретный совет родителям: что можно сделать, чтобы дети не удалялись от родителей уже в возрасте 9-12 лет.

– Я брал своих детей в музеи. Я возил их на целый месяц в Канаду и там водил по музеям.

– Что Вы хотели им показать?

– Строение человека, отличие и взаимоотношения полов, роды – все это есть, например, в музее естествознания в Торонто.

– И Вы говорили с детьми совершенно свободно?

– Конечно. Я сидел рядом с ними, когда они смотрели фильмы о том, как появляются дети, и объяснял им, что это природа. Все время повторял это слово: природа.

– Но ведь Вы говорили с ними не только о размножении у муравьев.

– Конечно. Не только не скрывать от детей все, что связано с этой темой, а наоборот, нужно говорить и говорить на простом уровне, все время объясняя, что это естественно. Тем самым мы снимаем большую часть особого интереса к этой теме и напряжения, связанного с ее скрытием. Ведь именно скрытие притягивает, а раскройте – и самые большие проблемы исчезнут. Кроме того, нужно приглашать психологов объяснять всевозможные отклонения. Дети должны знать об этом и остерегаться. В общем, как можно больше показывать, объяснять обсуждать все.

– Целенаправленное раскрытие, сопровождаемое объяснениями. Мне видится, что интегральное воспитание отличается своим подходом к этому вопросу от всех других направлений в психологии.

– Потому что оно ближе всех к природе.

— Да, но в психологии есть согласие в том, что ребенок на каком-то этапе обязан отделиться от родителей. В противном случае он останется привязанным к ним и не обретет самостоятельность. Это естественный процесс.

— Наоборот, это совершенно неестественно. Не разрывать связь с ребенком, а наоборот, спускаться на его уровень для того, чтобы сохранять связь и оставаться другом. И тогда не будет никаких проблем. Моя мать — врач гинеколог, и она всегда говорила со мной совершенно открыто.

— Да, но она говорила с Вами, потому что обладала знаниями по этому вопросу.

— Нет, я говорю о совсем малом возрасте. Она понимала, что нужно говорить со мной, чтобы снять значимость этой темы, свести ее до самого простого, естественного уровня.

— Вы советуете родителям сохранять дружеские отношения с детьми, но ведь дети не очень стремятся к этому.

— Это неверно. Если дети почувствуют, что родители не «спускаются» к ним, как к маленьким, а действительно говорят с ними на равных, то они будут искать таких отношений. Я и сегодня говорю с детьми на все темы, и они советуются со мной по разным вопросам, включая интимные. Да не только я, есть примеры таких отношений в семьях.

— То есть уже есть примеры таких дружеских отношений между поколениями, которые со временем не прерываются. И секрет здесь — уважение и разговор на равных.

— В этом возрасте мы наблюдаем такое явление, как образование групп и поиск популярности у противоположного пола. К примеру, если кто-то из мальчиков особенно нравится девочкам, то он становится лидером среди мальчиков.

— Тема лидерства в детской среде очень важна. Мы должны уделять внимание этому вопросу и объяснять детям, что такие качества, как зависть, страсть, желание властвовать, занять определенное положение, могут быть полезными и вредными в равной степени. Очень важно приводить примеры. Например, полезно вместо урока показать фильм о гордыне, которая, в конечном счете, приводит к краху и ненависти. Но фильмы должны сопровождаться объяснениями, диспутами. Разговор о посторонних проблемах снимает напряжение. Это непрекращающаяся работа, так как эго человека все время растет. Но если есть понимание, что человек создан в такой природе, и не он сам так себя ведет, а что-то внутри него подталкивает его, и если мы научим ребенка такому наблюдению себя со стороны, то ему будет легче справляться со всеми проявлениями своей природы.

– В этом возрасте природа особенно «играет» с детьми. Взять, к примеру, такое явление как «клоун», который есть в каждом классе. Дети склоняются к крайним формам поведения, как бы пробуют их.

– Это потому, что они пытаются привлечь к себе внимание.

– Как надо относиться к таким явлениям?

– Это не будет проблемой в том случае, если мы научим ребенка понимать самого себя. Он тогда будет видеть в себе самом внутреннюю борьбу противоположных сил, и ему будет нравиться распознавать это. Кроме того, если дети в классе тоже будут понимать, что подобная клоунада исходит из желания их товарища вызвать к себе особое отношение, то у самого «клоуна» как бы отнимут смысл такого поведения, и оно исчезнет само по себе.

– Оно просто не произведет желаемого эффекта.

– Совершенно верно. Покажите проблемы класса в просмотре фильма – а затем обсудите героев. Посмотрите, насколько это было понято и изменилась обстановка в классе по этим проблемам. Мы должны создать в классе такое маленькое человеческое общество, которое изучает само себя и в результате для всех его членов жизнь становится понятной, прозрачной. Создать такое общество – серьезная педагогическая задача.

— Это очень не просто, так как в этом возрасте естественным образом подросток нацелен только на себя самого. И еще на то, чтобы вести себя назло взрослым.

— Да, но против этого эгоцентризма есть другие подростки. Пытаясь бороться с направленностью ребенка только на себя, мы можем обращаться не только к нему самому, но и использовать силу влияния других детей. Именно они своим отношением к товарищу – принятием его хороших проявлений и отторжением плохих – должны помочь ему выработать поведение, которое будет учитывать интересы других.

— Вы предлагаете использовать силу коллектива?

— Да, именно эта сила вынудит его измениться.

— Это не выглядит слишком жестоко по отношению к ребенку?

— Не более того, что происходит в обществе сегодня. Ведь сегодня детское общество самое жестокое, и дети не осознают этого.

— Причем жестокость может дойти до крайних форм, если не вмешаются взрослые.

— Раскрыть внутреннюю природу человека – это решение всех проблем, ведь здесь мы уже видим человека – маленького, но уже человека со своим отношением к обществу.

— Я бы хотела поговорить об отношениях между девочками и мальчиками. В предыдущих беседах Вы говорили, что, начиная с трехлетнего возраста, то есть практически в течение 10 лет, они не видят друг друга и полностью разделены. И вдруг они встречаются...

— Нет, мы говорили о желаемом. Но в подавляющем большинстве школ во всех странах мира нет полного разделения. Мы не будем вводить ничего выходящего за рамки общепринятого, а только то, что мы действительно сможем выполнить. Наше воспитание будет ясным и открытым. В решении этого вопроса все будет зависеть от того, как система будет развиваться, насколько будут подготовлены учебные программы, средства обучения и так далее. Перед обществом стоит огромная задача, которую оно будет обязано решить, иначе оно вырастит поколение, совершенно не соответствующе природе, а значит, постоянно страдающее...

– Подведем итог. Мы говорили о том, как воспитывать ребенка, чтобы он стал психологом для самого себя, мог анализировать свое поведение, распознавать внутреннюю борьбу противоположных сил в себе и получать удовольствие от такого раскрытия. Этот подход необычайно важен и для формирования правильного общества. Подобный постоянный анализ формирует в ребенке внутреннюю зрелость, несмотря на малый возраст. Мы говорили о средствах для такого воспитания. Это фильмы, откровенные беседы в школе и дома абсолютно на все темы, касающиеся природы человека. Мы надеемся, что сможем создать серии передач для семейного просмотра, где и взрослые, и дети смогут увидеть, как в зеркале, свои отношения и проблемы, и это будет помогать решать проблемы в семьях.

Зависть и насилие

— Мы хотим выяснить, как воспитать счастливое поколение. Меня очень занимает тема зависти. Когда мы ожидаем от ребенка действий на благо общества, то часто сталкиваемся с проявлением зависти. Если один получает, другому тоже хочется. Даже в возрасте от шести до девяти лет это выражено очень ярко. Каждый пытается выделиться, заслужить признание. Исследования показывают, что учителю достаточно сказать ребенку, не удовлетворенному собой, слово одобрения, чтобы помочь ему воспрянуть духом. И наоборот. Когда учитель не обращает внимания на ребенка, не поощряет, не выделяет, ребенок быстро теряет чувство уверенности, способность к действию и обучению. Как бороться с завистью?

— Воспитание — сложная наука. Она сложна, поскольку ее понимание построено на соединении двух противоположных явлений. С одной стороны — индивидуальное развитие, с другой стороны — развитие общественное, коллективное. Эти цели подчас противоположны. С одной стороны, я такой, как все, и хочу быть объединенным со всеми, ничем не выделяясь. Общество для меня — главное, и я буду служить ему не ради получения выгоды или желания использовать людей, а от чистого сердца. Я забочусь об обществе, как взрослый о детях. С другой стороны, должно быть личное развитие, которое происходит за счет зависти, страсти к почестям и славе, а также ненависти — всех наших индивидуалистических и даже жестоких побуждений. Конечно, все зависит от того, как эти проявления использовать, но все они присутствуют.

Поскольку проблема действительно существует, рассмотрим каждый аспект по отдельности, а затем выясним, как соединить их вместе, ведь это самое трудное. Прежде всего, занимаясь развитием ребенка или даже взрослого человека, запрещено «стирать» что-либо в его природе. Нужно его склонности использовать оптимальным образом. Под «оптимальным» понимается отсутствие противоречий между личной и общественной пользой.

Если такое столкновение есть, значит, ты как организатор процесса обучения, социолог и исследователь, подходишь к делу неправильно. А мы должны знать, как привести общество и человека к хорошему, гармоничному между ними, состоянию.

– Но у зависти есть своя роль, как и у почестей. Они существуют не зря.

– А как бы мы без них развивались? Но пусть зависть, страсть к почестям и славе толкают меня в моем индивидуальном развитии к тому, чтобы я стал активной полезной частью общества и мог продвинуть его к равенству, к гармонии, к единению. Вместе с тем, пусть каждый выделяется чем-то свойственным лишь ему, ведь только он может дать это обществу, и никто более.

– Вопрос, как этого достичь? Ведь то, что зависть может быть положительной, я понимаю.

– Необходимо соединение разных вещей. Совершенство образуется от соединения противоположных элементов. Как в нашем теле, одни части работают на усвоение, другие – на выделение, сжатие или расслабление. Системы различны и противоположны, но между ними действует закон гармонии, в соответствии с которым они действуют ради одной цели – жизни. Так и мы должны возвыситься над личным интересом. Я захочу быть самым лучшим, самым сильным, но, чтобы отдавать обществу, чтобы оно преуспело, ведь иначе меня просто нет.

– Из сказанного Вами можно извлечь методику работы с детьми: постоянно показывать им такие примеры, когда несколько частей образуют целое, лучшее, чем составляющие его отдельные элементы. А что делать с желанием быть самым лучшим? Оно есть в нас от природы.

– И пусть будет! Но я использую его на благо всего общества. Я не подавляю других, а стараюсь найти такую связь, чтобы я мог радоваться от пребывания с ними вместе. И тогда общее счастье станет для меня наслаждением. Большое достижение для ребенка или для взрослого человека – понять, что иначе он разрушает общество, и вместе с этим пропадает сам.

– Как реализовать это в обществе?

– С детьми это сделать просто, потому что их можно воспитывать в этом направлении. Привычка станет второй натурой, и ты увидишь, что потом они не смогут вести себя иначе.

Наука воспитания говорит, что в человеке ничего нельзя разрушать. Различным склонностям, проявлениям зависти, ненависти, страсти, желания почета и власти нужно позволить развиваться – только в правильном направлении. Если властвовать, то над собой, если ненавидеть – что именно ты хочешь ненавидеть в себе? Как тобой управляет страсть, насколько ты остаешься человеком? Что плохого в почестях? Если я не буду уважать себя и не захочу, чтобы меня уважали, то у меня не будет связи с обществом.

– Но как повернуть это в правильном направлении?

– Все зависит от того, какого уважения ищет человек, за что его уважают и кто именно. Если ты используешь все человеческие склонности, то буквально управляешь ребенком, делаешь из него все, что хочешь. Ты можешь подготовить его ко всему.

– Скажем, награждать призом того, кто в школе или дома делает добрые дела. Таким образом использовать его стремление к уважению, но вместо того, чтобы быть первым, пусть будет самым хорошим или больше всех помогает другим.

– Я все-таки считаю, что ничего не должно происходить «за кулисами», когда воспитатель действует «исподтишка» и производит с детьми какие-то манипуляции. Напротив, он должен поставить вопрос для выяснения.

– Откровенный разговор?

– Да. Откровенный разговор с детьми, с целью показать им, насколько они подвластны своим склонностям, способны направить их использование от зла к добру и наоборот. Продемонстрировать ребенку, что он может, с одной стороны, подчинить себе свои свойства, а с другой стороны, насколько эти свойства правят им.

– По сути, предлагается некое разделение, которое в психологии называется «работой с частями» и «выходом за пределы себя». Мы говорим ребенку:

твоя злость – это не весь ты. В тебе есть и другие компоненты. Если ты посмотришь на свою злость со стороны, если поймешь, к чему она тебя побуждает, ты сможешь контролировать ее. Пользуйся ею, но только правильно.

– «Правильно» означает на пользу обществу?

– В конечном счете, да, ведь благополучие общества гарантирует мне успех. Мы должны показать это ребенку, и это зависит от того, как мы строим ему окружение, ведь это делаем мы. Хочет или нет, но он находится в нем. Если мы строим среду для ребенка таким образом, что она демонстрирует ему принятые в ней стандарты и, в соответствии с ними, оценивает ребенка, то у ребенка нет выбора. Он захочет соответствовать этим стандартам и заслужить признание общества.

– Получается, что общество должно базироваться на принципе «не за счет другого»? Ничего не делать за счет другого, иначе мы все разрушаем.

– Да, и тогда любая критика или вопрос, который дети выясняют между собой, чтобы принять решение – разумеется, с помощью воспитателя, – будут подчинены этому правилу.

– А что делать, если так не получается? Если ребенок проявляет силу, дерется? Сегодня в рядовой школе насилие – одна из самых тяжелых проблем. Дети идут в школу со средствами самозащиты. Они боятся, что, не имея возможности защитить себя, они рискуют своей физической безопасностью. Или наоборот, ребенок стремится продемонстрировать свою власть над остальными, запугивает других детей. Сегодня мы сталкиваемся с настоящей преступностью. Вопрос в том, как помочь? Предположим, произошел случай насилия: кто-то с кем-то подрался, причинил боль. Что мы делаем в такой ситуации? Организуем обсуждение на месте или ждем несколько дней?

– Мы должны решать проблему в комплексе. Воспитание не имеет права давать временных решений, оно не делает «местных уколов». Или мы исправляем, или нет – нельзя это делать наполовину. Невозможно остаться в своем эгоизме и надеется на лучшие времена. Поэтому необходимо составить программу и в соответствии с ней действовать: вместе с родителями, детьми и всем школьным коллективом. Прежде всего, мы должны подготовить учителей и родителей к новому интегральному воспитанию. И в классе, и дома ребенок должен воспитываться согласно тем же принципам и ценностям. Он не должен от учителя слышать одно, а дома другое. Все должно быть едино: не две различных среды, а одна гомогенная среда, о которой мы должны заботиться.

– Реализуя этот процесс, мы движемся постепенно. Даже когда ребенок работает над своей природой, иногда она прорывается наружу.

– И очень хорошо, что прорывается, ведь ребенок на этом учится. Будет замечательно, если мы каждую секунду будем обнаруживать помехи в пути. Мы можем обсуждать их, учиться на этом материале, делать выводы, работать в классе. Каждый записывает, что он видел, почему случилось так, а не иначе. Каждый должен стать себе психологом.

– Это самый настоящий эмоциональный труд.

– Конечно! Он же должен вырасти человеком, личностью. А как иначе он станет правильным, полезным элементом общества?

– Значит, мы говорим детям: хорошо, что вы поссорились, теперь поговорим об этом, проанализируем? Вы вдруг упали на уровень животных и зверей, давайте посмотрим, как это происходит в природе. И задать наводящий вопрос: похожи ли они на нас? Такое обсуждение лучше проводить в тот же момент, когда произошло событие, или позже?

– Позже можно говорить о событии только в том случае, если дети помнят, что произошло, и способны осознать это по прошествии времени. И только в определенном возрасте, когда ребенок способен понять связь между событиями.

– Значит, как только произошел инцидент, тут же показываем какой-нибудь фильм о природе и начинаем обсуждать, почему так произошло, даже если ребенок не готов к восприятию? Ведь обычно он в буре эмоций: ударил кого-то или его ударили.

– Как раз после больших выплесков эмоций ребенок быстро успокаивается. Но он меньше всего хочет обсуждать это. Ему очень хотелось бы забыть о случившемся. Он готов принять и понести наказание и идти дальше. А говорить о том, что с ним произошло, и как это исправить, он не желает. И я полагаю, что один из аспектов Вашего предложения – превратить происшествие в материал для обсуждения.

– Пусть полдня в школе они занимаются разборкой случившегося.

– Ребенок не будет проказничать уже потому, что не захочет потом полдня с этим разбираться!

– Это и называется воспитанием. Так мы строим человека.

– Часто насилие среди детей вызвано примерами, которые они получают через телевидение или Интернет.

– Я уже сказал, что ребенка должна окружать гомогенная среда. Недопустимо, чтобы дома он смотрел телевизионные программы, которые несут информацию, отклоняющуюся от выбранного нами направления. И я наблюдаю очень тревожную картину: насилие, проституция, наркотики, ужасные образцы поведения. Все это уже потеряло остроту – мы не обращаем на это внимания. Тем не менее, это продолжают транслировать, и, естественно, человек воспитывается в соответствии с тем, что видит.

– Сказанное Вами совпадает с психологическими подходами, утверждающими, что чем больше насилия в фильмах, тем хуже для нас. Но есть и противоположный взгляд: а почему бы не показывать детям все? Пусть учатся, как нельзя себя вести.

– Так не бывает.

– Есть мнение, что если мы прячем детей в «парнике» и не даем им узнать, что такое настоящая жизнь, то, столкнувшись с ней, их ждет удар.

– Если мы однажды все это прекратим и начнем через телеканалы, в школе и дома воспитывать детей по-другому, что в этом плохого? А мы что делаем?

Показываем человеческое общество, которое докатилось до зверств и их демонстрирует. Даже в жизни не бывает того, что нам показывают в фильмах. Получается, что мы хотим еще больше увеличить насилие, сделать его нормой жизни.

Вы думаете, что эти дети потом не будут успешными в жизни?

– Они не будут уметь воевать.

– Им и не нужно воевать. Почему Вы полагаете, что умеющий воевать достигает успеха? Покажите такие примеры!

– Я не знаю, насколько ребенок будет успешен, но он, как минимум, сможет ответить войной на войну.

– Ответить? Никто от этого не выигрывает! Никому от этого не лучше.

– Само собой, что обе стороны при этом несут потери.

– Никто не выигрывает! Когда мы готовим ребенка к выходу в жизнь, мы учим его, чтобы он не становился хулиганом и бандитом. Тебя атакуют – уходи, беги. Будь добрым к людям, мягким, отзывчивым. Почему мы не говорим ему: возьми нож, палку, вооружайся? Потому что подсознательно понимаем, что настоящая безопасность возможна в том случае, когда человек хорошо себя ведет. Это всегда гарантирует большую безопасность. Таким путем мы не вызываем на себя огонь. Поэтому нельзя учить ребенка агрессии.

– Подведем итог. Мы говорили о том, как правильно использовать наши склонности: не бороться с ними, а направлять в верное русло – на пользу общества, а не самого себя. Эта маленькая поправка изменит общество. Мы говорили о насилии. Если происходит случай насилия, необходимо остановить его на месте и обсудить, что с ними произошло. Каждый увидит, что сидящий в нем «зверь» вырвался наружу. Не забудем, что правильное отношение к обществу – с любовью к нему – способно дать ребенку недостающую ему уверенность.

Часть первая

Выбор партнера и профессии

— Мы остановились на периоде завершения полового созревания, когда будущие партнеры знакомятся друг с другом. В завершение этой темы мы подготовили вопросы, которые нам хочется обсудить, чтобы помочь родителям справиться с типичными проблемами детей данного возраста.

— В каком возрасте интегральное воспитание рекомендует молодым людям вступать в брак или строить постоянные отношения? Считается, что мужчина и женщина должны сначала попробовать себя. Есть понятие «мораторий», когда люди специально откладывают брак до 30-35 лет и только тогда чувствуют, что готовы создать семью.

— А почему вдруг становится «можно»? Что меняется?

— Они чувствуют, что созрели. Это происходит от желания ничего не упустить в этой жизни, от стремления получить как можно больше впечатлений и жизненного опыта. Вместе с тем, очень сложно понять, чего же я хочу? На это уходит много времени. По моему мнению, вместо внутреннего поиска ответов на вопросы «кто я?», «что я?» и «что мне подходит?», пытаются идти методом проб и ошибок. Это очень долгий и изнурительный путь, и он имеет свою социальную цену. Ведь люди создают большое количество связей, много раз расстаются. Если мужчина и женщина несколько лет живут вместе, то их расставание – настоящий развод. Даже экономически они уже связаны друг с другом, так что развод обходится им очень дорого. При этом количество разводов не уменьшается, а только растет. Что можно посоветовать сегодняшней молодежи вместо многочисленного и длительного поиска?

— Дело в том, что таким образом мы не найдем спокойствия, цели и смысла существования в нашем эгоизме. Он не предназначен природой для того, чтобы мы в нем наслаждались, преуспевали и довольствовались тем, что только здесь происходит. Он существует, и мы существуем в нем, только для того, чтобы побудить нас к объединению и раскрытию в объединении новой формы существования. Ведь существование в эгоизме – самое суженное и ущербное из всех возможных. Как говорят поэты, мы живем «в худшем из миров».

– Этот мир – самое дно?

– Да, это дно, хуже не будет. Мы просто не представляем, что значит «лучше». Если уж мы способны довольствоваться тем, что здесь есть, то представьте, насколько может быть лучше! Поэтому мы должны объяснить молодежи, используя примеры из науки и психологии, – включая все дисциплины и научное объяснение происходящего, – что целью нашего существования является развитие, но развитие не в плоскости этого мира: быть умнее, сильнее, богаче – вплоть до полетов к звездам. Мы чувствуем, что исчерпали себя, и нас ничто не привлекает. Нам хотелось бы закрыть глаза и не видеть этого мира – таков переходный период, в котором мы находимся. Поэтому мы разочарованы и, за неимением выбора, занимаем себя, придумывая разные глупости, лишь бы что-то делать и не размышлять о жизни серьезно.

– Это обнаруживается все явственнее, но к чему это ведет?

– На самом деле мы стоим в преддверии замечательного подъема. Он увлечет нас как ничто другое ранее, ведь мы поднимемся на иной уровень существования, в иное измерение, в новую эру. Это будет мир, который мы раскроем в нашем объединении. Дело в том, что в ощущении человека мир – это «материя, данная нам в ощущении». И если мы воспринимаем мир в себе, в эгоизме, или же в общем чувстве единения как одно целое – мы воспринимаем разные миры. Мы должны готовить детей к новому восприятию мира, к интегральному. Все равно природа нас к этому приведет кризисами. Так уж лучше мы сами заранее к этому состоянию себя приведем!

– В каком возрасте нужно сделать выбор?

– Все будущее человека закладывается в нем с шести до девяти лет. Далее он только развивает свои впечатления о мире, максимум, дополняет их.

– Но в 15-летнем возрасте у человека только начинает появляться ощущение целостности личности. Это касается его предпочтений и способностей, становится ясно, к чему он больше предрасположен.

– Мы определяем общую тенденцию, к каким наукам или виду творчества ребенок предрасположен: рисованию, музыке, медицине, технике или спорту. Мы определяем общую направленность ребенка. Мы выбираем ему не конкретную профессию, а только определяем сферу приложения его способностей. В соответствии с выбранной областью знаний, мы распределяем детей по разным группам обучения. Но воспитание они проходят вместе. В сегодняшних школах так и делают, верно?

– Как выбор партнера, так и выбор профессии можно начать уже в возрасте 17 лет?

– Мне кажется, что это уже поздно. Ребенок должен различать в себе склонности уже к 10 годам. А мы должны ориентировать людей на совершение выбора и тем самым избежим большого количества проблем. Ребенок делает выбор в сопровождении взрослых, на фоне полученного воспитания. В общем-то, он уже не ребенок, это мы его так называем. Но если дом, семья, профессия, окружающее общество, которое дает ребенку все, находятся в движении к интеграции, то мы не обнаружим нашего ребенка в тридцатилетнем возрасте неженатым, сменившим несколько профессий, десятки женщин, без малейшего понятия, что с ним происходит и ради чего он живет.

– Могу сказать, что среди знакомых мне подростков я наблюдаю, что становление чувственного мира и окончательное развитие происходят у них в 16-18 лет.

– Это происходит потому, что они не получают должного воспитания ранее. С шести лет и далее ребенок познает окружающий мир и себя самого. Если он получает правильное воспитание (беседы, обсуждения, посещение предприятий, ему показывают устройство мира), он начинает ощущать окружение и себя, познает основные законы природы, основы общества, которые раскрывают ему управление природы, – он в 15 лет достаточно развит и готов к взрослой жизни.

– А Вы помните себя в 15 лет? Вы тогда уже выбрали себе жену?

– Я не думаю, что выбор супруги – это что-то очень сложное. Я ориентировался на то, что мне близко, понятно, хорошо знакомо, без неожиданностей.

– Иными словами, соответствие. В каком возрасте человек должен создавать семью?

– Я женился в двадцать пять лет. Но почему нельзя было этого сделать на 6-7 лет раньше? Дело не в возрасте, а в развитии.

– Верно. Однако развитие включает и физиологические аспекты. Скажем, мышление развивается и меняется до пятнадцати лет.

– Я повторяю: все зависит от того, насколько мы дадим детям быстро и правильно развиться.

– Вы хотите сказать, что развитие можно опередить?

– По детям моих учеников, которые получают даже не в полном объеме воспитание, о котором я говорю, я вижу, что парни и девушки к 17 годам уже абсолютно готовы к нормальной здоровой семейной жизни. Скажите, чем отличается сегодняшний человек, который развивается и растет гораздо более интенсивно, от человека, который жил 100-200 лет назад, когда брак заключали в раннем возрасте? Я думаю, что таким образом мы позволим нашим детям избежать всевозможных ненужных связей и проблем. В любом случае, они вступают друг с другом в связи... Зачем же давать всему проявляться бесконтрольно? Самое лучшее – дать детям хорошее воспитание и организовать их жизнь так, чтобы они знали, что для них действительно важно. Я вижу, что дети, которых мы воспитываем в методике интегрального воспитания, никуда от нас не «сбегают». Они готовы к браку, готовы быть среди нас.

– В них действительно видна зрелость, я наблюдаю это сама. Без сомнения, они понимают то, о чем мы с вами говорим. Их телесные желания не являются для них главной проблемой и смыслом жизни, как для обычных детей. В подростковом возрасте обычные дети слабо развиты в сфере отношений между полами. А наши дети обладают внутренней зрелостью. Он подготовлен к здравому восприятию половых отношений. Он знает, что им движет, чего именно он хочет и почему. Он, конечно же, ищет половые связи, но понимает, что не это наполнит смыслом его жизнь. Он пойдет, попробует и вернется. Не за этим он должен гоняться все свою жизнь.

– По сути, вечный поиск чего-то вне себя можно заменить духовным поиском. А у тела есть потребность в семье и женщине (для женщины – в мужчине), и этим его необходимо обеспечить.

– А в каком возрасте можно создавать семью?

– Я не вижу проблемы, если мы поможем нашим детям создать семью в 17-18 лет. Все устроится. Я не вижу необходимости тянуть дальше. Наоборот, отсрочки приводят к таким последствиям, что лучше бы они женились еще раньше – только бы не потеряли ориентиры. Не забывайте, что дети остаются в своем окружении. Человечество всегда заботилось о детях в рамках общины. Подрастающее поколение всегда ощущало, что кроме родителей есть еще некая среда, большое количество людей, похожих на них и родственных им. Окружение помогает молодым создать семью.

– В наши дни это совершенно утрачено.

– Это ясно, ведь мир стал интегральным.

– Он просто разваливается на части...

– Нет, все происходит ради того, чтобы мы начали строить его заново, над эгоизмом, в единении, как вся природа. Иначе нам не выжить. Мы не понимаем этого, не чувствуем, поскольку совершенно не ощущаем природу как единую силу, не знаем, как она действует. Мы также не чувствуем, каковы потребности человека, какая среда ему необходима, из скольких сфер она должна складываться: человек, его семья, близкие, дальние. В нашей жизни мы это утратили. Мы не знаем, что такое поддержка и забота окружающих, большой общины.

– Вы указываете на различные уровни социальной поддержки.

– Понятия деревни, местечка, рода не такие уж простые. Они лежат в основе нашей природы. Если мы от них отдаляемся, то что нас тогда защитит? Невозможно просто отключиться от природы и заявить, что я все ломаю. Чем все это восполнить? И получается, что сегодня человек стоит один в пустом пространстве, не зная, что с ним происходит.

– Вы как-то говорили, что если учить ребенка правильно относиться к его окружению, группе, большой семье, то это дает ему правильный подход к миру.

– Он не может правильно относиться к миру, если не знает, откуда он, кто он, не видит своего окружения, которое всегда на него воздействует. Современному человеку этого очень не хватает. Причем я не имею в виду только родственников. Речь идет об обществе, к которому ты принадлежишь, – именно это мы стараемся дать нашим детям. Поэтому они не хотят от нас уходить. Принимая участие в совместных действиях и собраниях, они чувствуют общую силу и заключенную в ней общность – это их привлекает. Кроме того, они видят пример товарищей, отцов и матерей. Мы их не держим, ведь в этих вопросах невозможно принудить человека. Их держит именно окружение.

– То есть влияние оказывает не столько семья, сколько люди, которых я чувствую близкими?

– Люди, с которыми у тебя одна цель.

– В мире сейчас ищут именно это, причем в виртуальном пространстве.

– Это заложено в природе, нам этого не хватает, мы разрушили этот слой.

– Как разрушается семья, так разрушаются и более широкие семейные связи. Человек остается совершенно один. А как почувствовать такую склонность в ребенке, чтобы помочь ему?

– Для этого есть инструкторы и воспитатели. Надеюсь, что вместе с воспитателями и родителями мы выявим их склонности и обеспечим то, в чем они нуждаются.

– Вы считаете, что это нужно делать в раннем возрасте, не дожидаясь окончания школы?

– Несомненно.

– Но этот процесс должен направляться взрослыми: не ждать, что ребенок будет искать сам.

– Если мы обнаруживаем в нем определенную склонность, то должны ее развивать, проверяя, действительно ли она важна. И тогда поддержать. Мы всегда так действуем.

– В начале беседы Вы сказали, что обществу нужны все профессии. То есть не обязательно быть врачом, юристом или психологом, чтобы получить признание общества. На самом деле профессий намного больше, чем тот спектр, который пропагандируется сегодня.

– Если мы освобождаем ребенка от расчетов относительно престижности профессии и показываем, что в жизни есть нечто кроме денег, то тем самым ограждаем от многих проблем. Он следует за велением сердца. Вполне возможно, что он будет простым человеком, и это его удовлетворит.

– На этом мы сегодня закончим. Говоря о двух важных выборах – партнера и профессии, мы отметили необходимость правильного воспитания. Если уже с 7-8 лет ребенок будет понимать свою природу и природу мира, то к 15-16 годам сможет выбрать профессию. Воспитатели помогут раскрыть его способности и склонности, развить их и проверить. Это даст ему возможность правильно выбрать специальность и спутника жизни. Кроме того, мы говорили о важности окружения, в котором находится ребенок. Важный совет – ввести ребенка в общество, в котором он будет развиваться. Сегодня этого нет, а потому человек чувствует себя в пустоте. Чтобы не упустить ребенка, ему нужно создать поддерживающее окружение. Если он почувствует, что находится в хорошем окружении, он не захочет из него уходить.

Проблемы молодежного периода

— Относительно этого возраста у родителей возникает вопрос: как вести себя с молодежью, не теряя своего авторитета? Подростки хотят большей свободы и самостоятельности, и если их правильно научить и направить, они способны взять на себя определенные функции и отлично их выполнять. С другой стороны, в предыдущих беседах Вы говорили, что для сохранения с ними связи необходимо быть для них воспитателем-другом и родителем-другом.

— Этого недостаточно. У отца относительно сына не будет авторитета, если над ними нет высшего авторитета. Ведь отец должен дать ребенку пример отношения к авторитету. Ребенок учится на примерах. Показываю ли я ему, что сам признаю чей-то авторитет? Если я ему этого не покажу, он не будет слушаться меня. Он видит меня свободным, ни с кем не считающимся, и тоже будет таким: никакие увещевания и давления не помогут. Я должен показать, что тоже склоняюсь перед высшим авторитетом и учу его такому же отношению ко мне, потому что мы оба подчиняемся высшему авторитету.

— Вы не имеете в виду дедушку ребенка?

— Не важно, кто это: дедушка, глава, народный мудрец, к которому обращаются за советом. Но пример авторитета – если я хочу научить этому ребенка – должен быть.

— Что это за авторитет?

— Находящаяся надо мной сила: она все определяет, а я выполняю.

— Это может быть отец, мудрый человек или высшая сила?

— Высшая сила – надежнее всего, потому что она все в себя включает.

— Но она труднее воспринимается ребенком.

— Взрослыми она тоже воспринимается нелегко. Есть понятие, относительно которого все склоняются, и такой пример должен быть у ребенка.

– Родители обычно пытаются ограничить детей, но это у них не получается, и начинается борьба.

– А что можно сделать силой? – Ничего! Ребенок говорит: «Что ты мне сделаешь? Я уйду из дома».

– Так они говорят и родителям, и учителям.

– В нашем поколении это происходит повсеместно. На мой взгляд, это хорошо: мы избавляемся от представления об авторитете, существовавшем раньше: отец, дедушка, соседи, родственники и прочее. Сегодня мы понимаем, что нуждаемся в некоем высшем авторитете. Мы будем вынуждены и ради себя, и ради детей принять за абсолют некую высшую власть природы. Она вынуждает нас к единению. Мы должны показать ребенку, насколько логично и важно в жизни соединиться с другими людьми, чтобы достичь гармонии со всей природой. Это соответствует выводам науки и психологии. Мы говорим о методике приведения себя к соответствию с общей природой, частью которой являемся.

– Хотя мы – часть природы, но не чувствуем этого, не привыкли так себя видеть.

– Мы не поклоняемся, а исследуем и раскрываем высшую силу. Мы передаем детям знание, из которого они получают методику жизни. Более того, мы как товарищи, вместе с ними действуем в достижении высшей силы.

– А разница в возрасте между нами и детьми не является признаком авторитета?

– Нет. Находясь рядом со мной, ребенок становится товарищем и чувствует, что для самореализации должен быть также и сыном. Если мы стремимся к равенству свойств с общей природой, то это наше стремление воздействует на нас на всех уровнях. Ребенок не знает, как расти. Он просто принимает примеры и развивается. От него исходит лишь потребность развиваться, а все остальное дополняет природа. Вдруг в нем проявляется разум, чувствительность, понимание. Нам остается лишь удивляться: откуда это приходит? То же самое здесь. Если мы взаимодействуем с природой, желая достичь с ней связи и понимания, то это влияет на взрослых так же, как на детей.

– Потому что указывает направление?

– Да. А чтобы расти самим, у нас нет разума. Мы же наблюдаем, что происходит с человечеством на протяжении истории.

– Но как это реализовать, если у человечества нет склонности к раскрытию высшей силы природы?

– Понятие «Высшая сила» путает. Лучше сказать, что мы постепенно познаем общую природу, раскрываем, что она управляется одной силой. Ее так стремился раскрыть Альберт Эйнштейн! В принципе, сегодня физики приближаются к ее раскрытию. Но для нашего благоустройства и правильного воспитания детей и их адаптации к новой реальности быть соединенными в интегральной природе, нам главное понять эту, раскрывающуюся нам природу, исследуя и понимая ее разумом, без фанатизма, мистицизма и молитв. Нам известны четыре силы природы: электромагнетизм, гравитация, сильное и слабое ядерные взаимодействия. Сегодня мы находимся на пороге открытия пятой обобщающей фундаментальной силы. Она проявляется в нашем мире как «материнская». Именно ее свойство проявляется сейчас в природе – свойство общего мироздания, управляемого силой отдачи, полного взаимодействия. Поэтому мы вдруг раскрываем в человечестве взаимосвязь, глобальность и интегральность. Это сила, которая реализует общую программу природы: привести человека в его развитии к подобию себе.

– Рядовой человек не исследует силу притяжения – она его не интересует...

– Но исследовать общую силу природы нам необходимо, от этого зависит наше существование. Сегодня, не зная программы природы, мы не можем устранить никакой из наших кризисов. А уж когда речь идет о наших детях, то проблема становиться просто невыносимой. Мы же тем временем достигнем успеха с нашими детьми и юношеством, чтобы на наших примерах суметь убедить сомневающихся.

– Что требуется от рядового человека?

– Прислушаться к нашим советам – у него просто нет иного выбора. Природа показывает нам, что только когда мы ей подобны, наше состояние ощущается комфортным. Поэтому мы должны изучить, что означает «глобальная интегральная система природы» для человеческого общества и реализовать ее условия. В противном случае мы вызываем все большие кризисы.

– Я вижу у Вас замечательные примеры. Во-первых, дети очень самостоятельные, взрослые. Их способность наблюдать, размышлять и высказывать свои мысли намного выше нормы. Отдельные такие примеры можно найти и в других местах, но здесь это касается всех. Уровень способности детей 10-12 лет выражать свои наблюдения просто потрясающий. Кроме того, я вижу в них большое творческое начало, разностороннее развитие и индивидуальный подход, а не механическое выполнение указаний. Они привыкли искать решение, а не ждать, что кто-то придет и поможет выполнить задание. Поражает внутреннее спокойствие подростков, а возраст возмужания никак не назовешь спокойным. Они тоже неугомонные, немного хвастливые и бесцеремонные, но в них чувствуется внутреннее спокойствие, которое мне трудно объяснить.

– Это уже следствия. Кроме занятий с ними, мы даем ребенку то, что есть в нас. Он растет в контакте с взрослым окружением и впитывает то, что видит вокруг. Это обязывает нас…

Правильный подход к выбору спутника жизни – начало

— Как сделать так, чтобы спутники жизни действительно стали двумя половинками одного целого, чтобы совместная жизнь была им не в тягость, а в радость?

– Те же три ступени – муж, жена и высший авторитет – закон природы, которому мы обязаны подчиняться. Вся проблема человечества – в непонимании, что выше нас – природа, ее программа и управление. Поэтому, если мы намерены создать связь между двумя людьми, это не получается, потому что оба – эгоисты. И связь между ними может быть только в случае подчинения их общей третьей силе. Они все равно под ней. Если подчиняются – удачливы, а если нет – несчастны.

– Эгоизм – наша суть от природы?

– Да! И поэтому необходима высшая сила, способная их объединить. Это касается всех людей: мы относимся к одной системе, связаны между собой, но в своем эгоизме противимся этой связи. На протяжении всей истории человечества, пока эгоизм не достиг своего полного развития, мы не испытывали своей полной взаимосвязи. Но как только он достиг своего полного развития, «потолка», мы начали ощущать кризисы во всей нашей деятельности. Потому что глобальная связь между нами начала проявляться, а мы ей не соответствуем. Мы можем достичь связи, только если устремимся к ней – тогда она изменит нас, и мы соединимся в одну систему.

– Это относится и к супругам?

– Это относится к любой связи между людьми: товарищи, муж и жена, подруги и так далее. На неживом, растительном и животном уровнях соединение происходит естественно, а между людьми – из-за их эгоизма, взаимно отталкивающей силы, – необходимы сознательные усилия самих людей. И их стремление к подобию природе вызывает силу роста, как у детей, и люди обретают связь между собой и подобие природе.

– Но как привлечь общую силу природы к связи между мужем и женой?

– Двум эгоистам надо показать выигрыш, который они получат от правильного соединения между собой. В соединении людям раскрывается интегральная глобальная система природы – ощущение совершенной и вечной реальности, как сама природа, возможность подняться над проблемами этого мира, достичь счастья в семье.

– Но как это сделать? Что от них требуется?

– От них требуется немного понять эту глобальную систему, в которой мы сегодня существуем. Человек должен это знать, иначе кризисы со страданиями все равно приведут нас к необходимости научиться новому миру. Мы же 20 лет учим ребенка пониманию, в каком мире он родился и как в нем ориентироваться. А здесь речь идет о новой системе природы. Без этих знаний нам не выжить...

– А разве не важно, кого я выбираю в супруги?

– Нет, это могут быть люди с противоположных концов мира. Если они хотят достичь мира в семье, то сегодня это возможно лишь при условии, что они притягивают интегральную силу природы, которая связывает всю реальность в единую систему. Ведь сейчас человечество испытывает глобальный кризис, потому что проявляется система полной взаимосвязи, а мы не умеем в ней существовать.

– В современном мире человек хочет найти самую лучшую, подходящую, красивую пару.

– И это у него не получается! Прежде всего, потому, что мы получаем эталон от СМИ и телевидения. Я ищу жену, согласно тому, что вижу в кино! И она так же!

— Как правило, сегодня люди ищут красивую внешность и богатство: максимальная притягательность и максимальное удобство. Как объяснить молодежи, что это неверная методика принятия решений?

— Очень просто: способен ли человек себя продать? Ведь если я женюсь на женщине потому, что она богата, а я беден, то, в сущности, иду в рабство: она платит, а я себя продаю. То же самое касается красоты. Разумеется, человек должен быть приятным, но красота?! Что происходит после родов, через 10-15 лет после свадьбы? — От былой красоты ничего не остается. Мотивация же быть вместе должна быть длительностью в жизнь: я знаю, что с этим партнером, которого оцениваю не по внешнему виду и не согласно кошельку, мы внутренне соединяемся таким образом, что получаем выигрыш, которого нет ни с кем в мире. Тогда эта связь сохранится. С современным эгоизмом иначе не получится — люди просто перебегают от одного к другому.

— Как это можно знать в возрасте 16-17 лет?

— Не нужно никого искать. Если девушка и юноша воспитаны в том, чтобы найти партнера, подходящего для достижения внутренней цели жизни, если они оба знают, что собираются согласно этому соединиться, то нет никаких проблем. Не должно быть лишь физического отторжения, а притяжение должно быть между ними исходя из их общей цели.

— Значит, физическая переносимость все-таки важна?

— Животные ищут по запаху, — известно, что большая часть клеток нашего мозга предназначена для распознавания запахов. Поэтому мы говорим о телесном соответствии. Отсутствие взаимного отторжения — достаточное условие для брака.

— На внешнем уровне?

— Да. Если могут держаться за руки, обняться, если чувствуют, что нет телесного неприятия, то этого достаточно. Все остальное относится к внутреннему соответствию: есть ли у них цель в жизни, ради которой они удерживают свою связь.

– Но внутреннее соответствие – это также свойства характера, стремления...

– Нет. К внутренней части относится лишь то, что мы вместе постигаем, то, что невозможно достичь порознь. Мы друг от друга зависим и взаимным соответствием привлекаем глобальную силу, чтобы она связывала нас. Мы возбуждаем на себя ее действие только при условии, что мы требуем его вместе.

– Люди часто ищут противоположность себе. Эта связь представляется интересной и увлекательной, но очень быстро разрушается.

– Конечно, лучше найти пару в своем кругу. Это удобнее, меньше трений, но не является главным – при условии, что два человека хотят между собой раскрыть высшее сосуществование.

– Как обычный человек может это понять?

– Дети поймут это даже лучше, чем взрослые. Они почувствуют, какой перед ними выигрыш: все время парой быть в духовной лаборатории! Ей не нужно изображать фотомодель, а ему – супермена. Они будут играть в то, чтобы раскрыть систему связи всех людей, ощутить в этой связи управляющую силу мира. Это тоже вид игры: я хочу раскрыть управляющую силу, и поэтому смотрю на жену как на помощь, которую мне специально для этого дали. Поэтому я отношусь к ней особенно, через исправление себя, ведь между нами находится Творец. И тогда я вижу, что она полностью мне соответствует.

Правильный подход к выбору спутника жизни – продолжение

— В предыдущей беседе мы подошли к возрасту 13-18 лет и остановились на вопросе выбора пары. Как выяснилось в разговоре, эта тема очень многолика, глубока и влияет на всю последующую жизнь, в значительной степени определяя все последующие проблемы. Поэтому мы обсуждали, как в подростковом возрасте заложить правильный подход к выбору спутника жизни и предотвратить проблемы в будущем. Разговор получился интересным, и сегодня мы его продолжим. В каком возрасте, на Ваш взгляд, можно начинать говорить с подростками о сути мужчины и женщины и о выборе спутника жизни?

— Я хотел бы спросить у вас: в каком возрасте они сами начинают об этом говорить?

— До третьего класса дети не хотят об этом слышать, а вот начиная с четвертого и дальше, то есть где-то с 10-11 лет, уже появляются интересы между группами девочек и мальчиков.

— То есть первый гормональный всплеск происходит в возрасте 10-11 лет.

— Да. Вдруг, совершенно неожиданно и непонятно для них самих, противоположный пол начинает их привлекать. Вы сравнивали это с «принюхиванием«. И, действительно, это так. Они начинают постоянно искать внимание противоположного пола. В 5-6 классе уже очень трудно работать в смешанных классах, так как дети все время заняты только друг другом. Достаточно, например, чтобы какая-то девочка засмеялась, и уже весь урок мальчики будут искать повод снова ее рассмешить, то есть идет постоянный поиск, как привлечь к себе внимание. Это соревнование за внимание явно прослеживается. Вопрос в том, можно ли уже в этом возрасте начинать говорить с ними о различиях полов, и если да, то как?

– Пример, который Вы привели, абсолютно точен. На мой взгляд, смешанные классы вредны, особенно в этом возрасте. Они портят учебную атмосферу, не дают детям сосредоточиться. Мы помещаем детей в среду, которая путает их и не дает возможности правильно сориентироваться. Дети боятся потерять себя и вынуждены «держать позу«. Это создает для ребенка такие проблемы, что можно его только пожалеть.

– На Ваш взгляд, раздельное обучение в этом возрасте будет полезно детям?

– Вне всякого сомнения. Они получат покой хотя бы на время занятий. Это очень непростой возраст. Ведь ребенок не понимает, что с ним происходит, он как будто загипнотизирован, а влияние гормонов, как известно, одно из самых сильных. При этом он должен скрывать эти импульсы от других, играть какую-то роль. В общем, очень непросто. И здесь, опираясь на исследование природы, мы однозначно против совместного обучения мальчиков и девочек в одном классе. Представьте себя в этом возрасте, со всеми мыслями и побуждениями, им свойственным, в каком состоянии непрерывного соперничества они находятся. А мы говорим о создании между ними связи, дружбы, интеграции. Представьте, что Вы находитесь в их состоянии в течение многих часов ежедневно. Разве бы Вы не чувствовали себя уставшей после такой школы?

– Совершенно верно.

– Можно ли говорить после этого о каком-то тихом чтении, покое и мечтательности, без давления, путаницы и нервозности, навязываемой внешней обстановкой?

– Нет внутреннего покоя. Но все-таки они как-то должны общаться друг с другом...

– Пускай общаются, но без излишнего давления, не во время уроков и обсуждений. Пускай будут встречи, знакомства, клубы – но вне школы.

– То есть Вы предлагаете не идти наперекор природе, так как совершенно естественно, что подростки хотят встречаться и общаться. Вы предлагаете разделить их только в школе, чтобы дать возможность учиться в спокойной обстановке.

– Вы ведь сами говорили, что когда они находятся в одном классе, то учёбы практически нет...

– Напряжение, связанное с половым созреванием, очень сильное. Уже в десятом классе подростки намного более спокойные, в них меньше максимализма. Это можно выразить кривой линией, которая сначала идёт на подъём, а затем постепенно опускается вниз. Подростки как бы привыкают к своему повзрослевшему состоянию.

– Получается, что в течение четырёх лет – с пятого по девятый класс – они проходят сложный период в своей жизни. Мы остановились на том, что, обучаясь отдельно, дети могут встречаться вне школы.

– Конечно, мы не отделяем их от мира, и от противоположного пола, и не впадаем в крайности. Мы хотим, чтобы наши дети были современными людьми, но развивались гармонично и правильно выстраивали свои отношения друг с другом.

– Как бы Вы объяснили 16-летним юноше и девушке коротко и понятно отличия между мужчиной и женщиной?

– В чём отличия, они уже сами знают.
– Имеются в виду внутренние свойства.

– Нужно объяснять и внутренние, и внешние отличия. Я помню, как на втором курсе университета наш преподаватель...

– Привёл вас в роддом для того, чтобы вы посмотрели, как проходят роды.

– Да. Кроме этого, он водил нас и в морг, и в психиатрическую больницу, и в другие «нестандартные» места. Я до сих пор помню, насколько мы, молодые ребята 18-19 лет, были потрясены увиденным. Ведь никогда раньше мы не видели, как препарируют трупы, как моют только что рожденного ребенка и так далее. Я помню, как стоял возле роженицы, переживал за нее, сочувствовал, как мне хотелось как-то ей помочь.

— Сколько же человек вместе с вами находилось в родильной палате? Она, что же, рожала в присутствии всех студентов?

— Да, причем среди нас были только парни. Это было тяжелое зрелище. Мы вышли оттуда притихшие, в шоковом состоянии, и оно не отпускало нас несколько дней. И это несмотря на то, что моя мама врач гинеколог, и от меня ничего не скрывала, но, тем не менее, увиденное меня потрясло. Затем он брал и девушек на такие экскурсии, но они, мне кажется, уже смотрели на все это другим взглядом.

— Но это ведь может и напугать?

— Нет, я думаю, что такое впечатление позволяет мальчику обрести чувство ответственности. Именно с этой минуты мы, студенты, стали смотреть на женщину другими глазами, ведь мы увидели всю ее боль и страдания. Не забывайте, что в то время многое делалось без наркоза.

— Это подняло женщину в Ваших глазах.

— Да. И пробудило чувство ответственности. Я хорошо помню, что одно такое посещение роддома просто произвело во мне внутреннюю революцию. Я мгновенно повзрослел, став мужчиной. Поэтому мне кажется, что мы должны показывать детям все, что есть в жизни, объяснять и давать им возможность узнать и почувствовать все ее стороны. Разумеется, все это при условии правильной подготовки. Такого воспитания молодежи сейчас не хватает. Нельзя от них ничего скрывать, в том числе и в отношении полов. Своей открытостью мы снимем нездоровый интерес к этой теме. Нужно объяснять, что все это игра гормонов. Они должны это знать для того, чтобы понимать происходящие изменения в них самих и в других, и научиться ими управлять. Должно быть четкое понимание, что когда нас тянет к кому-то, то это проявление в нас животного начала. А поскольку мы отличаемся друг от друга, то и влечения у каждого свои.

– То есть каждый выбирает то, что ему ближе.

– И при этом мы еще пытаемся скрыть свои влечения от огласки. А выбирая то, что тебе ближе, мы только лишь реализуем закон природы – закон «подобия свойств».

– Но сегодня мы видим противоположное явление, когда все выбирают то, что в глазах общества считается красивым.

– Сегодня мы смотрим на мир через призму голливудских стандартов или тех, которые нам навязывают местные средства массовой информации. Где же здесь можно найти правду? Ведь парень, глядя на девушку, видит не ее саму, а ищет в ней схожесть с какой-нибудь известной актрисой или картинкой из журнала. Какой же это выбор? Мы должны вернуться к нашему естественному вкусу, и тогда не будем ошибаться.

– Реально ли это – вернуться к естественному вкусу?

– Мне кажется, что это возможно, с помощью тех же средств массовой информации, так как они определяют общественное мнение; попытаемся вернуть общество к истинным ценностям.

– Мы говорили о том, что нужно научить детей видеть себя со стороны и понимать, насколько они подвержены влиянию общества...

– Они обязаны быть психологами для самих себя. Для этого мы должны задействовать специалистов, которые будут их обучать психологии и исследованию самих себя. Это совершенно необходимо каждому человеку, иначе каждый будет нуждаться в личном психологе и постоянной поддержке специалистов, а это лишает человека самостоятельности, уверенности. Жизнь – это процесс самопознания.

— Но как объяснить детям более внутренние вещи? С точки зрения внешнего подхода мы можем объяснить половые изменения через действие гормонов. Но как преподнести более глубокие различия между мужчиной и женщиной?

— Только через глобальное обучение и воспитание. Мы должны показать детям, что вся природа и человеческое общество глобальны, что все мы связаны друг с другом. В основе природы заложена единая сила, управляющая всем. Мы не ощущаем ее, так как не находимся с ней в подобии свойств. Но мы можем ощутить ее, если изменим свои свойства и станем соответствовать ей. Так работают все наши органы чувств: мы ощущаем только то, что соответствует нашим рецепторам и воспринимается ими.

— Но где здесь мужская и женская часть?

— В природе и в каждом из нас действуют силы получения и отдачи.

— Притяжение и отталкивание?

— Совершенно верно. Каждый из нас и вся природа в целом также состоят из двух частей. В неживых объектах это проявляется в структуре их атомов и молекул и их соединений. На растительном уровне это начинает проявляться более явно в процессах поглощения полезного и выделения вредного. На животном, и тем более человеческом уровне — проявляется в поведении.

— Говоря о двух частях, Вы имеете в виду мужскую и женскую?

— Да, конечно. Но я говорю не о физической части нашего тела, а о нашем восприятии мира.

— Интересно, что было немало исследований о развитии мозга у мужчин и женщин, о различиях в мозговой деятельности девочек и мальчиков после 13 лет. В 90-х годах был всплеск подобных исследований, но затем они как-то исчезли...

— Есть книга Дж. Грэя «Мужчины с Марса, женщины с Венеры».

— Ее автор утверждает, что мы совершенно разные...

— ...и встречаемся на планете Земля. Это красивая идея. Прежде всего, мы не просто отличаемся, мы противоположны друг другу. Наша противоположность абсолютная, мы не можем понять друг друга, чужды и далеки друг от друга. Посмотрите на подростков, до возникновения в них гормонального притяжения: мальчики и девочки просто не видят друг друга. И гормональное притяжение не соединяет нас, потому что оно развивается только для удовлетворения этой потребности.

— Нет надежды на объединение... А как же идея всеобщей интеграции в глобальном мире? Вы ведь утверждаете, что это цель природы – привести цивилизацию к подобию себе.

— Да, есть нечто, что может нас соединить – это движение к нашему общему корню, к силе, которая нас создала противоположными друг другу. С другой стороны, для продолжения жизни, существования, удовлетворения мы вынуждены быть вместе. Но противоречия выходят наружу и разъединяют нас. Однако если мы поймем, что это разъединение создано природой целенаправленно, и мы противоположны, но одновременно взаимно дополняем друг друга, то мы начнем искать не то, в чем схожи, а то, в чем дополняем друг друга – и это ключ к успеху.

— Дополнение – это внутренняя сила природы или партнер?

— Я ищу то, что меня дополняет, у меня есть потребность – мой партнер это дополняет, и наоборот. Но «потребность» – это не что-то, чего у меня нет, а именно поиск дополнения. То есть я желаю ощущать потребность, потому что она приводит меня к объединению.

— То есть речь не идет о чем-то, чего у меня нет?

— Нет, конечно. Ни у кого нет больше, чем у другого. Каждый из нас – только «половина», и речь идет о правильном дополнении другу друга и достижении целостности, подобно высшей, вечной, совершенной природе. Только при условии, что мужчина и женщина хотят соединиться, чтобы раскрыть между собой совершенство, только тогда они это совершенство раскрывают. Наше разделение и необходимость жить вместе заданы нам природой не случайно. Мы такими созданы именно для того, чтобы научиться соединяться правильно. Нынешнее поколение является переходным в достижении этой гармонии. Тогда и разрешится кризис в семейных отношениях.

– Мы на пути решения этого кризиса?

– Это будет зависеть от готовности людей нас услышать. Мы подойдем к такому моменту, когда люди увидят, что самостоятельно, без подобия природе, они не могут правильно соединиться между собой. А без этого станут невозможными ни семейная жизнь, ни будущее человека.

– Что нужно делать для того, чтобы вызвать эту Высшую силу?

– Человек должен знать, что при этом он приобретает внутри этого мира ощущение полного и абсолютного наполнения и совершенства. Каждое наслаждение, которое есть в этом мире, в том числе и сексуальное, усиливается во много раз. Нам может казаться, что если в отношениях между мужчиной и женщиной появляется соединяющая их третья сила, то это их отдаляет – но все как раз наоборот. Если мы присоединяем к супружеским отношениям основополагающую силу природы, ее основное свойство отдачи и любви, в нас вдруг раскрывается возможность такого внутреннего соединения между всеми нами, что мы, неожиданно для себя, безгранично друг друга наполняем и поднимаемся на совершенно другой уровень, более высокий, находящийся над нашим животным существованием.

– Может быть, мы дадим несколько практических советов? Например, насколько важна уступчивость в отношениях внутри пары?

– Нет, это не работает. Отношения должны строиться на совершенно другой основе. Здесь нет места для мелких расчетов. Должно быть полное понимание, что вместе мы вызываем наше соединение материнской силой природы. Именно это является главным. Мы существуем только для того, чтобы раскрыть в себе эту глобальную интегральную силу природы, стать подобными ей, как все прочие ее уровни – неживой, растительный, животный. Только они находятся в равновесии с природой и подобии с ней неосознанно. Они такими созданы, не в свободе воли, а человек должен осознать, что он создан противоположным природе и сам должен достичь подобия ей. Мы можем это сделать только вместе – это и есть наше единственное приобретение и смысл нашей совместной жизни, рождения детей и вообще жизни человека. Мы для этого созданы.

– То есть Вы говорите о том, что должна быть более высокая цель, чем просто личное удобство и удовольствие?

– Конечно, это цель жизни. И именно она будет скреплять семью.

– Можно ли назвать эту силу природы Любовью?

– Любовью называется такое состояние, когда люди в соединении начинают ощущать и наполнять друг друга.

– Но сначала один человек должен научиться ощущать другого.

– И выйти из ощущения только самого себя. С его стороны необходимо проявление желания, и этим он вызовет ту скрытую силу природы, которая даст ему силы любить всех. Она же и сплотит семью. Любовь – это взаимное наполнение, когда каждый наполняет другого и заботится только об этом. Человек как будто находится не внутри себя, а в другом.

– Может быть, именно поэтому будет больше уступчивости?

– Нет, об этом вообще не идет речь. Уступчивость – понятие из нашего, эгоистического лексикона. А в духовном нет необходимости уступать, так как все желания, достижения и ощущения – общие, нет разделения на «мое» и «твое», а есть общее ощущение.

– Этот подход предусматривает какое-то наполнение для меня самого? Получается, что я наполняю кого-то, а он – меня. Это и есть мое удовлетворение?

– Мы никогда не сможем прийти к полному удовлетворению и наполнению, если делаем это для самих себя. Все наши проблемы в жизни из-за того, что мы ошибочно думаем, что, ухватив что-то для себя, мы можем этим наполниться. Никогда этого не произойдет, а произойдет только в том случае, если мы научимся наполнять других и наполняться от них. Это подобно связи клеток живого тела – каждая выполняет работу по поддержанию жизни всего тела, наполняет его, и поэтому получает все необходимое от других.

– Давайте подведем итоги. Мы говорили о теме, которая имеет очень важное значение как для подростков, так и для взрослых – о подготовке к семейной жизни и о любви. Поскольку период полового созревания характеризуется сильными гормональными воздействиями, то на этом этапе очень важно объяснять подросткам, что с ними происходит и как эта гормональная буря влияет на их поведение и мировоззрение. Затем очень важно углубить объяснение в том, что только через соединение с общей силой природы, сама суть которой – отдача и любовь, можно достичь гармоничного союза между людьми. Само существование разных полов и наше стремление друг к другу предназначено лишь для того, чтобы каждый восполнил себя, так как мы являемся противоположными половинками того единого целого, к которому и стремимся. Осуществить это соединение может та же природа, которая специально нас разделила. В соединении двух противоположностей рождается нечто более высокое, чем каждый в отдельности.

Виртуальная связь

— *После 12-13 лет дети мужают. Родителям следует начинать относиться к детям, как к взрослым?*

— Отношение взрослых к детям зависит от развития общества. Что было 2000 лет назад или будет через 200 лет, мы не знаем. Во всяком случае, именно в этом возрасте у детей происходят большие психологические и физиологические изменения. Мы получили от природы этот возрастной рубеж как начало полного взросления. Но в физиологическом возмужании есть особые явления, на которые необходимо обратить внимание.

Время полового созревания в прошлых поколениях естественно сопровождалось психологическим взрослением, ведь дети не были настолько отключены от жизни школой и семьей. В своем большинстве люди жили в деревнях вместе с животными, у всех детей были домашние обязанности. Сегодня подготовка к зрелой жизни со стороны природы существует, а подготовка со стороны общества отстает. Если бы окружение снабдило детей знаниями, которые современное общество обязано дать этому возрасту, то положение было бы иным.

— *Вы имеете в виду знание о себе?*

— О себе, мире и обществе. Ребенок в таком возрасте должен получить знание, как любой гражданин. Ведь каждый человек, даже если он не заканчивает учебное заведение, к 20 годам обладает суммой знаний о жизни. Такое знание должно быть у подростка в 12-13 лет. Чтобы не делать ошибок, он должен получать объяснение, изучая жизнь. А мы ограничиваем детей отсталой системой: школа, телевидение – и они просто копируют поведенческие нормы из фильмов.

— *Да, они постоянно играют какую-нибудь роль.*

— Так происходит потому, что мы не даем им альтернативы. Мы строим им окружение и виновны в том, что форма окружения, которую мы им создаем, настолько искаженная, что формирует испорченного человека.

– Если я правильно поняла, Вы считаете отсутствие желания учиться и потерю интереса к школе, – а дети сегодня просто не хотят там быть, – явлением естественным?

– Я бы полностью разрушил систему, созданную взрослыми для детей – и со стороны голливудских сериалов, и со стороны школы. И то, и другое ужасно. Мы разрушаем наших детей, не понимая меры наносимого им вреда. Беда в том, что пока люди не знают, что делать.

– В этом возрасте проявляется большая тяга к виртуальной связи.

– Установление виртуальной связи их продвигает. Исследования говорят, что в этом процессе у детей проявляются созидательные свойства. О созидании говорить рано, хотя все находится в развитии: человеку не свойственно статическое состояние. Поэтому и тут, как в любом явлении, есть свой инкубационный период, после которого оно прорывается наружу в своем истинном виде. Я думаю, что пройдут увлечения различными социальными сетями, и желание связи приобретет другую форму. В конечном счете, они сумеют сделать виртуальное пространство добрым. Мы сможем управлять виртуальным миром, отстранив тех, кто наживается на продаже нашим детям всего вредного. И как от физического общества мы перешли к виртуальному сообществу, так от виртуального сообщества мы поднимемся к сообществу интегральному.

– То есть сейчас они находятся в промежуточном состоянии перехода к истинному виртуальному обществу, от которого произойдет подъем к более высокой ступени?

– Да. Они захотят интегрального общения, а виртуальное общество послужит им трамплином для достижения такого единения.

– Выходит, нам лишь представляется, будто они занимаются глупостями, переписываясь друг с другом, а на самом деле за этим стоят глубинные процессы?

— Пока что мы переживаем переходный период, когда и дети не умеют пользоваться этим средством, и само средство неисправно: оно предоставляет возможности, но эти возможности «пустые».

— Родителей часто беспокоит другой вопрос: не мешает ли это обычному общению, ведь дети часами сидят за компьютером? Раньше они играли в футбол, собирались во дворе, а сегодня такого общения и физического движения намного меньше.

— Мы не понимаем, что таково веление времени. Им требуется иной, более внутренний уровень связи. Родители должны понимать особенности развития и помогать детям, а не идти против времени. Лично я возлагаю на виртуальное общение большие надежды. Разумеется, я не согласен с его нынешней формой, но ценю возможность связаться с любым человеком в мире, вне зависимости от физического контакта. В этих сетях можно установить связи, которые никогда не позволишь себе на обычном уровне. И если мы будем знать, как правильно направить возможности, предоставляемые Интернетом и созданными в нем социальными сетями, то сможем воспитывать и развивать хороших людей.

— Взять оттуда понятие связи и научить правильно ее использовать?

— Мы не сможем заставить ребенка общаться там, где он не хочет, а потому должны побеспокоиться о создании для него хорошего виртуального окружения. Интернет должен перейти на ясное и серьезное законодательство. Ведь каков Интернет — таково и молодое поколение.

— Следует ограничить доступ к определенным темам?

— Прежде всего, необходимо дать нечто взамен, ведь ограничить не составляет труда. Ограничили, а что дальше? Проблема в том, чтобы создать для них окружение, которое они захотят. Тогда можно постепенно закрывать области, наносящие вред.

— Они примут нечто новое? Что именно? Более глубокое внутреннее общение, ведь сегодняшняя связь поверхностна и мимолетна.

— Все зависит от мотивации и программы. Можно в те же игры по выживанию включить образовательные элементы.

— По этому поводу есть интересное исследование: зрителям канала «YouTube« предложили написать что-нибудь на ладони и сфотографировать. Клип, составленный из этих кадров, стал самым популярным. Как правило, люди писали: «Я тебя люблю», «Я в тебя верю», «Мы единое целое» и так далее. Это говорит о потребности в связи. Люди хотят истинной связи, но не знают, как ее достичь.

— А как тяга к связи выражается в отношениях между мальчиками и девочками? Как научить их искать пару?

— Открыто говорить о физиологии организма, любви, связи. Отделить одно от другого. Говорить с подростками о сути человека, его психологии, объяснить любовь. Любовью не загораются, ее строят. Таким объяснениям стоит посвятить много времени, чтобы человек научился смотреть на себя критически, а также понимать, что правильные отношения требуют большого вложения.

— Молодежь учится соотносить себя со всей природой, а также смотреть на себя свыше.

— Это снижает напряжение и добавляет к чувству разум.

— Включение логики в этот процесс, безусловно, очень полезно, но задача найти пару все еще остается.

— Но теперь молодой человек иначе относится к задаче определения подходящего спутника в жизни. Он не связывает своего поиска с временной влюбленностью, которая воспламеняет его на некоторое время, а потом угасает. Он понимает, какие именно свойства делают людей партнерами, подходящими друг другу. Ведь он учит и обсуждает на наших занятиях, что вся природа строится на законе равенства свойств, а потому партнеры должны быть подобными — по характеру, воспитанию, культуре, привычкам, внутренним свойствам. Все это мы знаем и понимаем, но нужно объяснить это юношам и девушкам, чтобы они именно таким образом искали пару. Если мы в таком ключе воспитаем родителей, то примеры их отношений будут восприняты в будущем их детьми.

– Он смотрит на внешние признаки, а сходство должно быть внутренним.

– Этим процессом мы должны заниматься, объясняя через СМИ родителям и через школу – детям. Задача трудная, но вполне выполнимая. Вложение в воспитание – дело первостепенной важности, а человечество этого не понимает. Воспитание важнее здравоохранения или обороны, потому что строит жизнь. Формирование счастливого человека должно быть главной целью общества.

– Что делает человека счастливым?

– Прежде всего, знание, для чего он живет и что должен сделать в жизни: не как преодолевать трудности, а как строить счастливую жизнь.

– Можно ли сказать, что если ребенку удастся реализовать себя на всех этапах роста и достичь той внутренней формы, о которой мы говорили относительно возрастов 3, 6, 9, 12-13, 20 лет, то он будет счастливым?

– Счастлив человек, который знает, что с ним происходит, и умеет реализовать себя. Вокруг него должно быть окружение, которое тоже это понимает и с ним взаимодействует. Понимание и ощущение цели жизни приводит к счастью. В ответах на вопросы, почему это со мной происходит, как построить жизнь, получая правильную реакцию от окружения, как обращаться к окружению – эти знания создают в человеке устойчивую опору, отталкиваясь от которой, он может идти дальше.

– В современной психологии появилось новое направление, называемое «позитивной психологией» или «наукой о счастье». Психологи изучают явления, делающие человека счастливым. Пока там много вопросов, но мало предложений.

Часть первая

— Они предлагают дышать по-особому, сконцентрироваться на своих положительных качествах и так далее. Между прочим, курс этих лекций наиболее популярен.

— Это понятно, ведь несчастье — корень всех болезней, а депрессия охватывает весь мир. Но решения они не найдут, ведь сегодня человек пребывает в депрессии потому, что не видит, ради чего стоит жить.

— *В своей практике я часто слышу от молодежи обвинение в том, что взрослые построили плохую жизнь, а потому в нее не стоит включаться. Ничего не поделаешь — они включаются и живут. Но говорят, что можно и нужно быть счастливым. Так говорят от безвыходности, но не предлагают решения.*

— Вы видите проблему не в молодом поколении, а в том, что мы, родители, не показываем детям дорогу, и это совершенно иной подход.

— Безусловно. Ведь обычно ругают детей: какое плохое поколение!

— Мы посвятили возрасту 9-13 лет несколько бесед, ведь это очень важный период. Говорят, что если до 13 лет мы не задали ребенку направление, не успели вложить в ребенка шкалу ценностей, то потом это сделать уже невозможно. Какие цели нужно поставить перед ребенком в этом возрасте, чтобы с их достижением он чувствовал себя счастливым? Какие внутренние требования он должен реализовать? В каком состоянии должен быть?

— В этом возрасте дети находятся в трудном положении, испытывая большой прессинг из-за того, что не знают, как устроены мир и общество, на чем основаны отношения между людьми. Они строят между собой искусственные связи согласно своему желанию или абсолютно нереальным примерам, взятым из фильмов. Привыкая к этим стандартам, они потом не могут от них избавиться. Это подражание очень опасно, так как подменяет жизнь игрой в жизнь. Такой подход необходимо искоренить и в противовес ему дать максимально открытое и простое объяснение всем жизненным сферам. Дети должны побывать везде: от места, где человек рождается, до места, где его хоронят. Они должны знать, что такое университет, завод, больница, банк – все, что создано нашей цивилизацией, – получая реальные примеры. Мы должны быть настолько открытыми, чтобы они могли говорить с нами обо всем, без каких-либо табу. Им нужно позволить установить между собой также прямую виртуальную связь, но позаботиться о создании между ними правильного виртуального общения.

– Мне нечего добавить к этому итогу, кроме того, что виртуальная связь – трамплин к интегральной связи и новой реальности.

– Именно этого они хотят, ощущая внутреннюю потребность. Их отчаяние и пренебрежение является выражением пустоты, которую они ничем не могут заполнить.

– Правильное воспитание и объяснение той части реальности, которая им не знакома, может решить эту проблему.

Часть первая

Старший учит младшего

— Наше обсуждение мы закончили на возрасте 13 лет. Мы также немного затронули более старший возраст, когда говорили о взаимоотношениях между полами. А сейчас поговорим на тему, актуальную для любого возраста. Насколько я понимаю, важный аспект вашей методики – воспитание, при котором старшие дети воспитывают младших. Могли бы Вы объяснить, в чем истоки такой идеи?

– В устройстве природы! Что такое старший брат для младшего? Я помню себя в первом классе. Я смотрел на старшеклассников и думал: неужели это возможно?! Это же вершина всей жизни! Взрослых, учителей я не замечал, но старшеклассники!.. Однако они были для меня слишком большими. Что поделать, я – в первом классе, а они – в десятом! В этом плане второй, третий и четвертый классы были намного ближе. Я естественным образом отношусь к ним с уважением, потому что они старше, готов их слушать, воспринять, понять. Они в поле моего зрения.

Прежде чем что-либо воплощать в жизнь, нужно проверить, как это действует в природе – от нее исходят все законы. В природе все разделено на уровни и ступени. У низшего нет иной связи, кроме как с непосредственно высшим, а через него – с еще более высшим, и так далее по цепочке. Я не могу быть в связи с кем-то, кто выше меня на две ступени, а только с ближайшей ступенью, которая немного выше меня. При самом правильном подходе и подготовке, дети из второго класса должны учить первоклассников. Естественно, я не говорю об учебных дисциплинах. Но если мы дадим правильное воспитание всем, то ребенок, подросший на год, уже сможет помогать и заботиться о младших.

– *Вопрос в том, подходит ли такой метод для всех возрастов?*

– Он подходит для всех возрастов, и мы должны адаптировать данный подход к нашей жизни.

— Связь, о которой Вы говорите, динамичная? Могут ли дети от девяти до тринадцати лет заниматься с шести-девятилетними? Или разница должна быть в точности равной году?

— Все зависит от программ обучения и той степени зрелости, которой мы достигнем в каждом конкретном возрасте.

— В чем преимущества такой связи?

— Она естественна! Маленькие хотят чему-то научиться у старших, потому что они уважают, ценят старших, хотят быть похожими на них. Младшие любят, когда старшие относятся к ним по-дружески, а не с пренебрежением.

— Это вселяет в них чувство достоинства.

— На самом деле это мы, взрослые, не видим, что старший ребенок может чему-то научить младшего. Если же мы зададим направление, то дети смогут научить друг друга всем школьным дисциплинам.

— Дети должны быть частью педагогического коллектива? Они работают вместе с учителем? Как устроить это правильно?

— Естественно, к детям должен быть прикреплен педагог, но сейчас я говорю, главным образом, о воспитании, о подаче примера, о заботе, а не об учебных предметах.

— Роль детей преимущественно воспитательная?

— Да, воспитательная. Но если мы дадим старшим детям быть учителями у младших, то это станет для них хорошим стимулом к учебе! Они будут стремиться к этому, ведь здесь замешаны и гордость, и зависть, и желание почета, которые помогают достичь больших результатов.

— Каждый «воспитатель» занимается с несколькими детьми или с одним?

— Полагаю, что с несколькими. Один на один могут возникнуть неправильные отношения.

— Мы говорили, что в каждый класс из десяти человек рекомендуются включать двух педагогов и одного психолога. Когда ребенок является воспитателем в классе, то класс должен быть таким же или меньше?

— Это надо проверять на практике, в каждом случае. Мы должны видеть в этом стимул — как для детей, так и для взрослых.

— Значит, не все могут или не все должны обучать?

— Желательно в каждом ребенке развивать такую способность.

— А если ребенок не хочет?

— Не может быть такого, что он не хочет. Всегда найдется что-то, что вызовет в нем это желание. В каждом человеке есть зависть, стремление к славе, к уважению, какие-то расчеты с другими: «я лучше их» или «я хуже». С их помощью мы сможем воспитать и «откорректировать» любого без исключения, дать каждому превосходный мотив к учебе и обучению других.

— В той мере, в какой нам важно, чтобы высказался каждый, нам важно, чтобы каждый участвовал в воспитании младших?

— Да. Я говорю ребенку, который не очень успешно учится, ленится: ты можешь подготовиться и выступить перед остальными, провести урок и подать пример.

— У ребенка появляется мотивация. Но может случиться, что ребенок будет бояться?

— Тоже хорошо.

— Преодолением страха мы можем привить ребенку способность отдавать?

— Да. И вообще, в работе с детьми в классе, когда они, например, поют, каждый по одному и все вместе, есть много условностей, которые мы должны сломать.

— Как можно меньше стеснения и как можно больше уверенности.

— Сегодня все прячутся, боятся, стесняются вести себя естественно и открыто.

— В условиях жесткой конкуренции и критики совершенно нелогично выставлять себя напоказ. А как правильно подготовить тех детей, которые будут заниматься воспитанием? Что следует им сказать, чтобы они понимали свою ответственность за другого ребенка, но чтобы не вышло «чтение морали»? Или не надо их готовить? Просто сказать: поговори на такую-то тему, объясни, как сможешь.

— Нет, нужно подготовить ребенка! Каждый учитель готовит урок заранее. Он учился, владеет методикой, знает, сколько времени выделить на объяснение, на вопросы и ответы, на упражнения и так далее. Ребенок должен быть учителем, и его нужно этому научить. Тогда он поймет, что ему нужно извлечь из уроков своего учителя.

— Может быть, он начнет уважать своего учителя, поскольку будет знать, что тот чувствует?

— Естественно. Он познакомится с профессией. Чтобы учиться самому, надо знать, как научить других.

— В действительности лучше всего усваивается тот материал, который ты преподаешь. Во-первых, ты изучаешь его вдоль и поперек. А во-вторых, ты думаешь о другом человеке, которого будешь обучать. На это дети способны уже с 6-7 лет. Вы рекомендуете начинать с этого возраста?

— Да, с самых маленьких. При этом мы не преследуем цели устроить игру или стимулировать детей к учебе.

— Учить их действовать по-настоящему?

— Да. Цель ведь в том, чтобы развить у ребенка правильное желание и правильный подход к учебе и к обучению. Развить это в каждом. Если человек не умеет обучать, учиться он тоже не может.

— Есть связь?

— Он не способен правильно усваивать материал, структурировать его, конспектировать. Это надо уметь. Необходима самоорганизация.

— Есть ли тут место для творчества ребенка? Допустим, я даю ему какой-то план. Может ли он предложить свой способ преподнести материал?

— Тем, что ребенок решает, как провести урок, он строит себя.

— Значит, предоставить ему свободу? Я могу сказать ему, как объяснить тему, а он может сам подобрать подходящие, на его взгляд, примеры и способ, не выходя за установленные рамки.

— Да, верно. А потом, возможно, он сломает твои рамки. Но у него уже будет свой подход.

— Самое важное, что я извлекла из подобных опытов работы детей с детьми, это то, что ребенок, который обучает других, требует обратной связи. Кроме этапа подготовки есть еще и завершающий этап: обсудить, что удалось, что нет.

— Пусть педагоги присутствуют на уроке и пишут замечания, а затем они могут похвалить ребенка.

— Педагоги в данном случае должны быть очень и очень деликатными. А ребенок должен извлечь из своего урока, над чем ему стоит еще поработать.

— Стоит снять урок на видео и затем просмотреть?

— Да, именно это мы рекомендуем.

— Таким способом мы получаем двойной результат: снимаем видеофильм о том, кто учит и кто учится.

— Если ребенок с ранних лет занят обучением других, то это формирует в нем нечто большее: он уже не просто ребенок – по отношению к младшему он уже взрослый. Получается, что таким образом мы развиваем ребенка.

— А будет ли это эффективно в подростковом возрасте, в 13-14 лет? Может быть, это поможет развить способность думать о другом человеке?

— Пройдя путь воспитания до подросткового возраста, эти дети уже не будут знать проблем. Задолго до этого возраста они уже будут понимать все аспекты отношений и жизни. Они получат объяснения относительно всего, что происходит, а также и того, что должно произойти с ними в старшем возрасте. Поэтому я не вижу сложностей у подростка 13-14 лет, если он получил ранее все что нужно – воспитание, подготовку, способность видеть себя со стороны, объяснение происходящего в жизни.

— Такие дети смогут быть учителями?

— Не только учителями. Они будут правильно относиться к жизни, и это самое важное. Я полагаю, что достаточно подготовленные люди смогут затем правильно построить общественные связи между собой. И кто знает, во что это еще разовьется. Мы ведь стоим в преддверии большого качественного скачка в развитии человечества.

— И должно появиться что-то новое?

— Не случайно мы пребываем в депрессии и опустошенности.

— А младший ребенок может учить старшего?

— Не думаю, ведь это противоречит природе. Но он может, задавая вопросы, верно направить старшего.

— Сделать его еще лучшим учителем?

— Я спрошу так: в какой мере Ваши дочери влияли друг на друга в процессе взросления?

— Очень во многом. Между братьями и сестрами устанавливается четкая иерархия. Теоретики психологии, в частности Альфред Адлер, говорят о том, что старший ребенок всегда может чему-то научить младшего, а не только ссориться с ним. Получается, что роли, которыми мы наделяем детей, позволяют им проявить уважение, ценить друг друга, возможно, даже советоваться друг с другом. Ведь интеракция в процессе обучения порождает особенную связь. Ребенок чувствует, что получает от старшего товарища не только пинки! Можно применять это и дома, не только в рамках школы.

– Если в школе приучить детей к такому поведению, они с легкостью перенесут это на отношения дома. Ведь все, что говорят им дома, они воспринимают как обременение.

– Но этот процесс должен быть под наблюдением. Мы часто видим, что у детей нет терпения помогать своим младшим братьям, и они просто делают за них домашнее здание. А мы стремимся совсем к другому!

– Мы должны приступить к непосредственному воплощению этой темы, и тогда сможем развивать ее дальше. Если мы пойдем таким путем, то преуспеем, поскольку это соответствует природе, а любой пример, взятый из природы, успешен.

– *В реализации воспитания «старший обучает младшего», сколько процентов от общего времени уроков нужно на это выделить – двадцать, десять, пять? Раз в день или в неделю?*

– Чего мы хотим добиться тем, что маленькие учатся у старших? – Чтобы младший уважал старшего, хотел быть как он, чтобы тоже хотел быть учителем и учить младших – брать пример со старшего и передавать младшим. Ведь когда он получает пример, он хочет его воплотить. А что старший получает при этом? Гордость, самоуважение, ведь он может научить младшего, быть как учитель, чувствовать, что его уважают. Иными словами, мы достигаем многих результатов.

Мы должны взвесить, в какой мере эти результаты на это повлияют, сколько времени от общего учебного процесса в школе выделить на их достижение. Полагаю, что два раза в неделю по получаса ребенку будет достаточно. Это уже создает благоприятное впечатление. Ведь ребенок должен подготовиться, спланировать урок: как уложиться вовремя, что будет в начале, что в конце, какие вопросы задать в завершение урока. Педагог вместе с ребенком должен составить план. Поэтому я не думаю, что нужно больше двух раз в неделю.

– Могу лишь добавить, что в своих наблюдениях я замечаю, что подростки 13-15 лет очень любят заботиться о маленьких, учить их, и делают это как бы с высоты своего взросления. Они любят повозиться с маленькими, чему-то научить их. Старшие видят, что это непросто. То есть процессы, о которых мы говорим, происходят и при большей разнице в возрасте. Но в данном случае происходит не обучение в чистом виде, а некая практика взаимоотношений.

– Это уже похоже на отношения между родителями и детьми.

– Попытка узнать, как это – быть родителями.

– Здесь стоит совсем другая задача: как детям в возрасте 14-16 лет преподать пример, что такое быть родителями. Я боюсь пока еще открывать данную тему, но это очень непросто. Ведь мы должны продемонстрировать им, что такое обязательства на работе и в быту, научить взаимодействовать с банками, врачами, страховыми компаниями.

– Полагаете, что это нужно делать как можно раньше?

– В 15-16 лет это не рано. Скоро они заживут своей жизнью! Сегодняшние дети должны знать, как работает банк, страховая компания. У каждого должен быть свой небольшой условный банковский счет, и он обязан учиться правильно с ним обращаться. Скажем, в течение двух последних лет в школе они должны на своем опыте изучить все аспекты взрослой жизни, не исключая семейных отношений. Нужно обучать всему. Они должны вникать в объяснения, судить, что верно, а что нет. Необходимо познакомить подростков с окружающим миром так, чтобы они подготовились к жизни в тех условиях, которые предоставляет им общество. Мы должны прививать им правильные реакции и примеры поведения на будущее.

Часть первая

Один и общество

— В прошлой беседе мы говорили о создании школы, в которой высшей ценностью будет считаться вклад в общество. Поскольку в современном воспитании главным является личный успех, причем за счет использования ближнего, то способность к связи у детей плохая: процветает эксплуатация и насилие. Не могли бы Вы расширить понимание вклада ребенка в общество? Что именно Вы имеете в виду под вкладом? Что может сделать ребенок?

— Я имею в виду, что никто не рассматривается отдельно, а только вместе с обществом. Самый наглядный пример – альпинисты, связанные между собой веревкой. Если падает один, то падают все. Поэтому успех у них может быть только общий, всей группы.

— Кроме группового действия там есть лидеры, «звезды».

— В том-то и заключается проблема, исказившая в последнее время понятие игры. Она перестала быть командной: каждый хочет личных достижений, а потому готов за большие деньги продать себя, не важно, какой команде, стране. В результате каждый играет сам, но не в команде. Мы же должны с самого раннего возраста формировать у детей коллективную ответственность, ощущение группы, когда никто не имеет веса и ценности сам по себе. Мы не смотрим на него лично, а только на его умение возвысить группу, поднять ее, привести в действие, извлечь силы и быть вместе со всеми единым целым. Необходимо учить ребенка искать это единство инстинктивно, автоматически. Этот инстинкт есть у животных, речь не идет о явлениях, отделенных от реальности. Известно об особой подготовке команд для подводных лодок или других закрытых мест, где от сплоченности коллектива зависит вопрос жизни и смерти. Человек буквально теряет свое «я», воспринимает и оценивает все только через всех. Разумеется, для этого его специально готовят, но мы видим, что это возможно.

— Член команды подводной лодки полностью аннулирует свое желание, ведь если он не выполнит необходимое, никто не выживет — не только он. Ощущение связи с группой в них сильнее, чем индивидуальная жизнь?

— Разумеется, это крайний случай, когда особыми тренировками людей превращают в коллектив. Я же говорю о необходимости воспитать человека нормальным членом общества, способным считаться с другими людьми. Он должен понимать, что обязан вкладывать в общество: не потому, что иначе не выживет, а потому что социум — место, в котором он должен быть постоянно. Это фундамент, без которого он не может существовать, его семья, о которой он обязан заботиться. Мы можем воспитать так своих детей и за одно поколение достичь состояния подобия природе.

— Что Вы имеете в виду под выражением «ради общества»?

— Как ценное отбирается только то, что относится к объединению, а прочее отбрасывается. Нам кажется, что в нашем мире мы достигаем успеха за счет действий. Но это иллюзия. Сейчас, когда мир становится интегральным и погружается в кризис нашего несоответствия интегральности, весь успех зависит только от нашей способности объединиться вместе.

— Нас к этому вынуждает природа, но Вы говорите, что это необходимо воспитывать, ведь само по себе это не получится? Значит, это нечто сверх природы эгоизма? Как это должно проявляться в школе?

— Школа должна быть другой. Прежде всего, ребенка нужно обучать не предметам, а умению быть частью общества.

— Что это значит? Например, поставить стул не только себе, но и другим?

— Не только. Должен быть общий подход: каждый рассматривает себя, получает примеры, воспитание и руководство только в связи с другими. Маленький человек с момента осознания себя внутри социума — буквально с 3 лет — должен включиться в состояние жизни вместе с другими, когда он зависит от всех, а все зависят от него. Такой инструктаж должен войти в него естественно, инстинктивно: привычка становится второй натурой во всех его общественных отношениях.

Это относится и к обучению: мы должны изменить к ним свой подход. Мы смотрим на природу с эгоистической, индивидуальной точки зрения, и так про нее обучаем. А если увидим природу как единое целое, в котором все взаимосвязано и сбалансировано, то и детей научим пониманию всеобщей связи: мы должны быть связаны между собой и с природой в одной глобальной системе. Тогда изучение биологии, физиологии, географии и так далее станет единым учением, ведь мы существуем в единой природе и сами ее разбиваем на дисциплины. Мы разделили природу на куски и изучаем их, как друг с другом не связанные. Но ведь мы живем в едином, круглом мире. Если бы наш подход к природе был глобальным, мы бы обнаружили иные формулы: как неживое, растительное, животное и человек связаны вместе, в какой гармонии они между собой пребывают. Тогда все дисциплины изучались бы иначе – как один предмет, раскрывающий единую природу.

– *Возможно, в такой школе будет предмет «Как создать гармонию»?*

– Да, ведь именно это мы должны сделать.

– *Есть мнение, что такое воспитание избавляет ребенка от кризисов, поскольку он изначально смотрит на реальность иначе и видит ее более глубокий уровень. Сегодня ребенок изучает каждый предмет глубоко, детально, но никто не связывает их вместе. Необходима другая программа воспитания, которая обязывала бы связывать явления.*

– По сути, мы изучаем не природу, а ее части, смотрим на нее узким взглядом и специализируемся изучать ее в искаженном виде как нечто несвязное.

– *Интересно, что воспитательная система в США ставит перед собой задачу сформировать ребенка, готового к конкуренции в XXI веке. А методика достижения успеха в 21 веке, предлагаемая вами, совершенно противоположна той, которую пытаются реализовать в США. Там говорят ребенку, что его способ-*

ность выдержать конкуренцию в XXI веке сделает страну сильнее, и к этому все стремятся. Однако их подход к достижению этой цели разрушительный и приводит к противоположному результату.

– Я бы не хотел говорить об их будущем, однако это будет примером для всех. Америка собрала у себя лучших ученых и передовые технологии. Так они представляют свое будущее: мощная технологическая держава, лидирующая в разработке технологических и научных достижений. А производство перетекает в Азию. Но я полагаю, что вскоре мы станем свидетелями большого кризиса этой схемы.

Если наука не занимается природой в целом, она рушится в кризис. Сегодня мы видим, как мир становится «круглым», и не знаем, как с ним справиться, не знаем связей между его частями.

– Предлагаемые решения лежат в плоскости технологий: обучим детей современным методам коммуникации – достигнем успеха. Но это абсолютно неверное направление. При этом в ребенке затрагивается лишь одна грань, и не учитываются его социальные потребности, о которых Вы говорите.

– Тем, что ребенок видит целостную картину мира, мы решаем все проблемы его и общества, а главное, нашего равновесия с природой.

– Нужно повысить в его глазах важность общества?

– Нет, он просто должен чувствовать себя и общество единым целым. Так в древних племенах не существовало разделения на «я» и «они». Невозможно, чтобы я обманул другого человека, ведь он мой брат. У нас такого понятия нет, мы обманываем брата чаще, чем постороннего!

– Мы говорили о системе в целом. Перенесем обсуждение в плоскость семьи, дома. Должны ли родители говорить об этом с детьми?

– Необходимо согласие всего общества идти этим путем, потому что у нас нет выбора. Мы обязаны изменить общественное мнение, и постепенно, действуя через различные системы, внедрять этот подход. А если нет, то кризисы и удары природы вынудят нас.

— Но как можно дома начать воплощать глобальную идею, о которой мы говорили? Школа работает иначе, но их привлекает единение, и они хотят хоть как-то начать.

— Я думаю, что и в школах не будет духа соревнования. Если мы меняем свой взгляд на общество, класс или группу, а также отношение к успеху, то все будет совершенно по-другому. Мы уже говорили о том, что в школе нельзя ставить оценки и проводить экзамены. Оцениваться должна только степень участия ребенка в совместных действиях, мере его помощи и поддержки. Когда он вместе со всеми изучает природу с точки зрения ее глобальности и интегральности, то его поведение и оценка будут едины. Скажем, отношение к друзьям и отношение к предмету будет рассматриваться как одно целое.

— Выходит, что нам как воспитателям наиболее важна способность ребенка ощущать общество так, как он чувствует себя, не разделять между собой и окружением.

— Ребенок должен чувствовать, что без группы он не может достичь успеха, что только через связь с остальными, через согласие и взаимную поддержку, когда никто не остается один, он может прийти к успеху.

— Мы наблюдаем это в школе. Есть исследования, показывающие, что в классах с дружелюбной атмосферой уровень успеваемости учеников более высокий. Они не работали вместе в группе, но личный результат каждого повысился. Иными словами, когда на эмоциональном уровне нам плохо, мы плохо учимся.

— Окончательный вывод всех исследований за последние сорок лет таков: обучение в дружественной группе более эффективно, чем в обычном классе. Но до сих пор этому нет применения.

— Верно, это применяется в минимальном объеме. Но дело в том, что через группу ребенок получает большую силу, и это может быть также опасно и страшно – отрицательный опыт в этой области известен. У себя в практике я многократно сталкивалась с людьми, получившими воспитание в интернате. Многие из моих пациентов чувствовали, что абсолютно не соответствуют обществу, и они даже перенесли социальную травму, потому что не могли ужиться в своей группе. В результате их жизнь в той или иной степени оказалось разрушенной. Поэтому то, о чем мы говорим, автоматически вызывает во мне страх: если мы используем силу группы, то группа должна действовать очень правильно. Как этого достичь? Как гарантировать, что не будет подобных эксцессов?

— Мы говорим о равновесии. Глядя на природу и на свое состояние, мы понимаем, что выбора нет — мы должны быть связаны вместе, а иначе пропадем. Поэтому мы обязаны объяснять детям необходимость объединения. Этим мы соблюдаем законы природы. Но важно воспитание, а не подавление человека, его желаний. Мы хотим приучить его участвовать в жизни общества.

— А как сохранить индивидуальность, чтобы не стерлось «Я» ребенка?

— Его «Я» не пострадает, поскольку мы объясняем ему, как достичь успеха за счет того, что он находится вместе с остальными. Сегодня даже в науке невозможно чего-то добиться без команды, исследовательской группы.

— Совершенно верно. Все происходит в группе, и успех зависит от степени объединения ее членов, их желания быть вместе в мыслях, стремлениях, склонностях. Раскрывающаяся сегодня глобальная природа обязывает нас. Поэтому я не вижу здесь сложности. Главное — извлечь урок из провала кибуцев и коммунизма в российском варианте, где применялась сила подавления.

— Найти способ быть вместе.

— И чем лучше мы подготовим детей в школе, тем легче будет им в жизни.

— Мы отметили, что важнейшим элементом воспитания является окружение, общество, в которое мы постепенно вводим ребенка. Наша цель состоит в том, чтобы ребенок воспринимал себя частью общества, а не как нечто отдельное, и измерял свой успех успехом общества. В результате он начнет воспринимать себя и окружение, как единую семью. Привив детям глобальный подход, мы дадим им правильный подход к новому исследованию природы. Таким образом, из их среды выйдут новые ученые и исследователи, о каких мы даже не мечтали. При этом индивидуальность ребенка не стирается. Наоборот, он получает возможность найти свое место в обществе и обрести понимание, что объединение и группа приводят к большему успеху, чем личное исследование. Успешность такого воспитания заложит в ребенке плодотворную основу, которая в будущем даст максимально высокие и добрые результаты. Дело лишь за реализацией!

ЧАСТЬ ВТОРАЯ
ИНТЕГРАЛЬНОЕ ВОСПИТАНИЕ – ЗАЛОГ ПРОЦВЕТАНИЯ

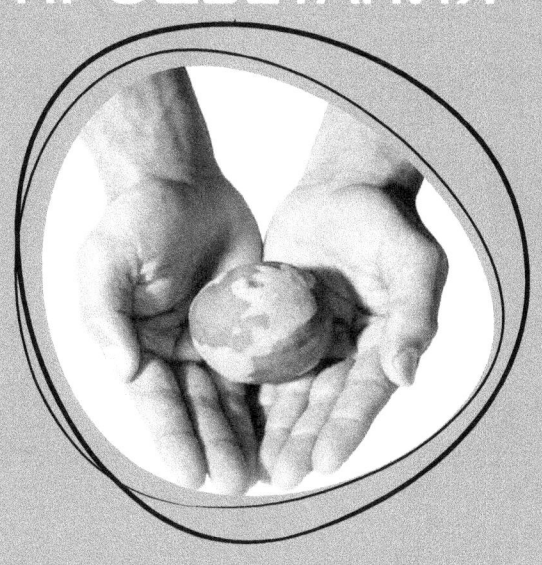

Источник страха

— Тема нашей сегодняшней беседы волнует всех – это страхи и тревоги. Каждый чего-то боится в своей жизни. Взрослея, мы уже знаем, как это скрыть от других, но у маленьких детей это очень раскрыто явно. У них есть множество сомнений, вопросов и совершенно непонятных проблем. Мы будем обсуждать проблему страха, с чем он связан, его корень, источник. Нет человека, который бы ничего не боялся. Примерно у каждого пятого человека развивается не просто страх, а даже какой-то патологический страх. Эти показатели во все годы развития человека и все тысячелетия развития человечества постоянно растут. Страх постоянно растет. Существуют методы, с помощью которых мы помогаем нашим пациентам как-то справиться с этими страхами. Вопрос в том, как можно понять корень этой проблемы? Такое ощущение, что мы не совсем его понимаем, мы все время чего-то боимся. Почему?

— Это оберегает нас. Это не дает нам делать глупости, причинять себе вред, помогает нам сохранять нашу жизнь, наше существование. Мы так и говорим своим детям: «Поберегись, посмотри, будь хорошим мальчиком, не ходи туда, чтобы тебе не навредили, он плохой мальчик, не приближайся к нему, там полицейский» – и так далее. Мы все время учим наших детей бояться.

Мы видим это так же и в природе, у животных. Допустим, какая-то львица берет своих детенышей на прогулку, чтобы научить их мудрости жизни где-то в саванне, и обучает их всем необходимым вещам. Прежде всего, это вещи неприятные и опасные для жизни. А уже затем она обучает их, как добыть пропитание, но пока они маленькие, и она добывает им пропитание, она обучает их только тому, как бояться, бояться реальных вещей и не бояться иллюзорных опасностей.

Страх находится в основе природы человека. Он делится на несколько видов. Страх перед этим миром, то есть что мне или близким может быть плохо – источники данного страха находятся вокруг человека в этом мире. Страх перед загробным миром, судом и наказанием. Страхов и тревог в нашем мире насчитывается более 700 видов.

Поскольку мы эгоисты, состоим из желания наслаждаться, наше желание наслаждаться все время боится, сможет ли оно насладиться, будет ли у меня все, что я хочу, хотя бы частично, хоть как-то, буду ли я страдать. У меня всегда есть страх, буду ли я ощущать себя плохо. То есть данное ощущение основополагающее, и на этом фоне разворачиваются все наши действия, планы, программы, поступки. И люди очень страдают.

– На уровне взрослого понятно, как Вы объяснили, что существуют разные виды страха из-за того, что моему желанию наслаждаться может быть причинен какой-то вред – это самый обычный страх. И это страх самого низкого уровня. И далее есть страхи все более высокие. Но откуда есть страх у ребенка, ведь он не знает, что будет в этом мире или что будет дальше?

– Можно смело говорить о передаче информации из поколения в поколение, вместе с каплей семени и материнским внутриутробным питанием. Ведь видно всем, как последующее поколение более развито и готово к новому миру, доже больше чем его породившее. Таким образом, если мы не исправляем свои страхи и проблемы, то переводим их из поколения в поколение, и они повторяются в наших потомках. И более того, эти проблемы, очевидно, накапливаются из поколения в поколение. Мы находимся во все более неисправленном времени, в восприятии мира и жизни еще худшем, чем прежде. Поэтому мы видим, что молодое поколение убегает от жизни. Оно развивает для себя разные искусственные оболочки, оно не желает быть связанным с пропитанием, детьми, деньгами, промышленностью. Оно убегает в более искусственные области. Не случайно мы изобрели Интернет – не случайно молодое поколение развило для себя такое искусственное окружение, такую среду, в которой можно находиться, убежать не только от страха, а вообще от чего-то неизвестного. А там они ощущают себя так, как будто они там живут. Они не просто подключаются к Интернету, чтобы его использовать, а просто уходят туда, как в другой мир. И это результат страхов и тревог, которые, иначе, овладели бы ими.

— Существует несколько психологических причин страхов. Один из страхов — поведенческий, говорит о том, что человек рождается, как чистый лист, и все, что он проходит, все, что мы пишем на этом листе в течение жизни — это то, что из него получится в конечном итоге.

— Я бы сказал, что существует комбинация двух причин. Когда человек рождается, то в нем, как в капле семени, есть вся информация о будущем человеке, который начинает развиваться. Конечно же, есть вещи, которые находятся в основе, которые мы не можем изменить, они так и будут развиваться. Но многое зависит и от общества, от окружения, насколько и какие вещи разовьются больше, в какой связи между собой, и сможем ли мы выявить эту связь. Имеется жесткое строение, человек выходит в свет, как оттиск от печати. Но как разовьется в нем каждое свойство и связь между этими свойствами, зависит от общества, от окружающей среды. Поэтому если мы сможем организовать для человека правильное окружение, мы не увидим людей с такими проблемами фобий, которые есть сегодня. Я уверен, что правильное воспитание в подходящем окружении поможет нам от них избавиться.

— Что такое правильное воспитание?

— Окружение, которое дает ребенку ощущение уверенности и поручительства. Человек — создание общественное. Он настолько зависит от общества, что нет никакой проблемы в том, чтобы общество восполнило ему все недостатки, которые он ощущает, испытывая страхи. Это касается даже таких страхов, как страх закрытых помещений или страх высоты. Общество может своими примерами дать человеку такие модели, что он получит от окружения его отношение к этим страхам и перестанет бояться.

– А что делать, если речь идет о родителях, которые очень страдают от того, что не могут помочь своему ребенку? Я пришла в поликлинику со своим ребенком, и там отец кричал на своего трехлетнего сына, чтобы он перестал бояться. Я посмотрела на это с профессиональной точки зрения и подумала, что этот отец не понимает корня проблемы, страданий ребенка. Что ему можно сказать, чтобы он проникся этим пониманием?

– Вы, психологи, должны проводить уроки по телевидению, откройте телеканал и транслируйте программы, обучайте родителей, сделайте это хорошо, приятно и привлекательно, обучайте, как воспитывать детей. Я себя спрашиваю, почему мы должны смотреть по телевизору разные ужасы и слушать то, что там говорят? Разве это важнее, чем стать хорошими родителями? И учителя, и психологи, и адвокаты – организуйте свой канал. Ведь тот отец, который страдает от того, что его ребенок испытывает страхи, конечно же, включит канал, где он сможет получить объяснения. На этом канале также должно быть объяснение, что делать с детскими страхами, как жить в обществе.

– Какой правильный подход к страхам мы должны развивать у ребенка, какое объяснение мы должны ему дать?

– Родители не способны на это. Мы должны организовать для детей хорошее окружение, поместить ребенка в группу, спортивную команду, чтобы там, в поддержке своих товарищей он обретал уверенность.

– Есть дети, которые больше подвержены страхам по сравнению с другими. В чем причина?

– Мы сказали, что страхи находятся в основе творения, в нашем желании наслаждаться, которое является материалом творения. У людей чувственных в детстве заметны отклонения, ведь чем больше желания развиты, тем у людей больше восприимчивость, а потому и опасения в остром ощущении окружающей реальности. Известно, что большие люди в детстве страдали от некоторых отклонений. Ощущение реальности всегда приходит вместе с подсознательным или осознанным страхом о том, что я ощущаю: «Хорошо это или плохо? Не принесет ли это вред?»

Нужно уважать этот страх, ведь без него мы бы себя немедленно разрушили. То есть мы должны лишь знать, как с ним работать. Нет плохих страхов. Нет таких страхов, которые мы должны изгнать или усыпить. Мы делаем это от неумения их правильно использовать. Если есть какой-то страх, какая-то проблема, то человек должен подняться над ней.

Я должен подняться над страхами, увидеть что расту, благодаря страхам, проблемам, недостаткам, опустошенности, беспомощности – именно над ними. Я поднимаюсь над ними, потому что важность подняться над своей природой привлекает меня и становится самым главным. И тогда в этих страхах я увижу помощь.

– Это можно объяснить ребенку?

– Нет. Но нам нельзя подавлять страхи напрямую. Мы должны их только компенсировать с помощью общества.

– А что делать с теми детьми, которые ничего не боятся, это действительно, крайность?

– Да, это действительно страшно. Это еще большая проблема, чем страх. Я видел, как такой ребенок бросает сумку на дорогу, и бежит за ней. И пусть будет, что будет. То есть он знает, что его могут задавить, но в этом он желает испытать судьбу. Здесь другая проблема, более глубокая: поиск своей судьбы и ее испытание. Внутри нас есть такое стремление, происходящее от отсутствия контакта с чем-то высшим, и таким поступком ребенок бросает вызов судьбе.

– В психологии существует такая тема, когда говорят о детях, которым сложно принять общественные рамки. То есть это связано с этим явлением.

– Возможно, они не желают принять общее отношение к жизни. Они желают ощутить ее программу управления, отношение жизни к себе.

— В одной из бесед Вы говорили, что страх развивает человека. Меня это очень удивило. Я искала в литературе, но не нашла этому причины.

— Дело не в самом страхе, а как мы к нему относимся. Зависть, ненависть, честолюбие, обман – все, что есть в нас – всеми этими свойствами, склонностями, хорошими или плохими, мы можем управлять правильно и хорошо, потому что ничто не создано в нас напрасно или для того, чтобы причинить нам вред. Это все для того, чтобы мы научились ими правильно управлять.

Поэтому мы должны управлять страхом, не подавляя, а направляя его в нас, мы должны подниматься над страхом. Он будет становиться выше, а мы поднимемся еще выше над ним.

— Вы говорите, что нужно подняться. Я не понимаю, что такое подняться. Как правильно сказать человеку, что значит «подняться»?

— Все свои свойства человек учится правильно реализовывать. Он ими управляет, а не они им. И тогда он понимает, для чего они в нем созданы природой.

— Подведем итоги. Мы говорили о страхе, о том, что надо научиться его правильно использовать. Мы боимся на материальном уровне, когда не умеем правильно пользоваться страхом, но если сможем «играть» с ним, то обнаружим в нем инструмент управления нашим эгоизмом. На практике, детей, которые боятся, надо помещать в группы, спортивные кружки, чтобы они, играя, могли получать уверенность от окружающих. И так же нужно окружать их теплом и любовью дома. А чтобы помочь подняться над страхом, нужно говорить с ребенком о том, насколько страх нас развивает. Не концентрироваться на том, чего я боюсь, а пытаться понять, что у этого ощущения есть ключевая роль в моем развитии, и оно должно поднять меня в лучшее состояние.

Часть вторая

Виды страха

— Сегодня мы поговорим о разных видах страха, выясним, где они коренятся, в чем их суть. Я бы хотела начать нашу беседу с обсуждения вопроса, который волнует многих родителей. Почему дети боятся темноты?

— А Вы разве не боитесь темноты?

— Ну, не так, как мой сын.

— Такого не может быть. Нет человека, который бы не боялся темноты. Вопрос в том, что это за темнота. В предыдущей беседе мы говорили о том, что страх заложен в основе наших внутренних свойств, и что мы должны не уничтожать его, а приподняться над ним. Страх превращается в трепет: трепет перед этим миром, трепет перед будущим миром. Так вот, боязнь темноты — это основной вид страха, самый первейший.

— Почему именно этот вид страха является основным? Что такого есть в темноте?

— Потому что темнота — это само творение.

— Творение — это тьма?

— Да, творение — это темнота. Сказано: «Я — свет и творю тьму». И именно это нас страшит. То есть на уровне подсознания в нас затаен страх оказаться вне чего-то. Это подобно ребенку, который не может отойти от матери. Чем он становится старше, тем способен более отдалиться от нее. Но поначалу он хочет быть к ней как можно ближе, — ведь вначале он даже находится внутри матери — в материнской утробе.

И то же самое происходит с нами. Поэтому боязнь темноты, в сущности, означает страх перед отсутствием света, неизвестностью. И справиться с этим я смогу только при условии, что изнутри этой темноты, разовью ощущение, понимание, раскрытие тьмы.

Отсюда мы должны понять, что темнота очень важна, что она необходима, что мы не должны ее стирать, потому что иначе не захотим из нее выйти и двигаться к свету – свету наполнения, разума. Ведь темнота является обратной стороной света и тянет нас к свету.

Следовательно, темнотой для меня уже будет не отсутствие вещей, а недостаток чего-то большего, я буду чувствовать темноту не от обычной жизни, от телесного существования, нехватки денег, славы и даже знаний, а от отсутствия духовных приобретений. Ведь темнота – это утрата чего-то. Так если уж мне будет темно, то пускай это ощущение возникнет из-за каких-то высоких вещей!

– Ребенок боится темноты. Как на основе Вашего объяснения можно научить его родителей с этим справляться?

– Из этого мы можем прийти к такому заключению: прежде всего, темнота – это хорошо, и хорошо, что ребенок ее боится. Представьте себе такую картину: маленький ребенок ночью выходит из дома и спокойно себе разгуливает повсюду. Так лучше уж пусть боится. То есть все зависит от того, как это используешь. Если он боится темноты, то это хорошо.

Вопрос в том, как нам относиться к этим его страхам, чтобы он захотел правильно развиваться. Значит, нам нужно его обучить соответственно его возрасту, то есть объяснить, что нет ничего страшного в темноте, – настолько, насколько это может помочь, ведь мы и сами ее боимся. Если я нахожусь в темном и незнакомом месте – это очень страшно! И не может быть, чтобы человек чувствовал себя хорошо в подобной ситуации.

Когда ночью я встаю, а потом возвращаюсь в постель, то, даже не открывая глаз, знаю, как мне нужно идти. И тогда я не боюсь находиться в темноте. Я даже не зажигаю свет. Ведь место мне знакомо! А значит, страх возникает у меня не из-за темноты, а из-за незнакомого места. Именно в этом проблема. И если ребенку незнакомо место, пусть он его узнает!

– Что он должен узнать?

– Он должен знать, что стоит за этой темнотой! Он должен понять, что темнота всего лишь подталкивает его вперед, чтобы он узнал, что это такое. А тогда темнота перестанет быть темнотой. И снова я повторяю: когда я встаю ночью, то знаю, что меня окружает, что находится в моей спальне. И потому у меня нет никаких проблем, я не ощущаю, что это темнота, я даже не включаю свет. Почему? Потому что мне это не мешает. Я знаю! И это знание заполняет мне место темноты. И то же самое должно быть со всем тем, с чем мы сталкиваемся в жизни.

– Так, все-таки, что же должен знать ребенок? Ведь он играет в своей комнате, он ее знает. Но когда наступает ночь и нужно идти спать, бежит к маме с папой и хочет спать с ними.

– Снова и снова включать там свет, снова и снова объяснять. Только путем объяснения.

– Может быть, спать с включенным светом в комнате?

– Можно немного света, это не помешает.

– Но не убирать полностью темноту?

– Нет-нет! Не нужно, чтобы он пытался самостоятельно справиться со своими страхами. Или мы помогаем ему, давая знание, либо помогаем каким-то другим путем. Но оставлять его преодолевать свой страх самому – это плохо. Это означает, что мы не даем ему решения.

– Я хочу поговорить о страхе неудачи. С взрослыми все понятно, но когда трехлетний ребенок боится, что ему что-то не удастся, – это мне не ясно. Как это можно объяснить?

– С трехлетнего возраста ребенок начинает ощущать необходимость в поддержке окружения. До этого дети вообще не чувствуют, что находятся в обществе. С этого возраста ребенок уже знает, кто его друг, а кто нет, с кем он играет, с кем находится вместе, и так далее. В нем уже возникает ощущение окружения.

Поэтому все страхи, возникающие у детей от трех лет и выше можно решить с помощью окружения. Только надо знать, как это сделать. Возьмем, к примеру, ту же боязнь темноты. Пусть его товарищи сначала зайдут в темную комнату, пускай он зайдет вместе с ними. Пусть начнут там бегать, прыгать, «сходить с ума». Это разрушит их страх темноты.

– Я занимаюсь подготовкой игр для детей. Какую методику Вы мне посоветуете, чтобы я смог помочь ребенку преодолеть страх перед неудачей?

– Это другой вид страха. И здесь нужно проверить, отчего он возникает: от заниженной самооценки, от оценки окружения или оценки родителей. А может быть, ребенок боится потерять приз? А тогда это страх не просто потерпеть неудачу. Ведь сама боязнь неудачи – это нечто обобщенное, это причина тому, что он может что-то потерять, не добиться успеха. И тогда этот страх превращается уже в другие виды страха.

Ведь неудача в игре – это причина, а следствие может быть весьма отдаленным. Скажем: «Когда мы летом приедем к бабушке, и она узнает, что где-то, когда-то мне что-то не удалось, я буду этого стесняться». Ребенок способен надумать целую цепочку таких следствий, и это может его сломать.

– Как же все-таки помочь ребенку преодолеть страх сравнения себя с другими? Что скажут мама, папа, друзья, если я окажусь хуже кого-то?

– Это не происходит в таком возрасте, о котором Вы говорите. И уж, конечно, не в три года. Здесь уже идет соперничество, борьба за лидерство.

– Это уже в начальной школе.

– С пяти лет начинается. Дети выясняют, кто сильнее, кто имеет большее влияние среди сверстников. И здесь нужно уже работать в этом окружении. Мы должны понять, что человек – это часть общества, и ты не можешь изъять его оттуда и заниматься им отдельно. Этот принцип – источник удач или неудач в воспитательном процессе. Мы приводим ребенка к психологу, платим деньги, получаем 20 бесед, и на этом все заканчивается. Это не приносит никакой пользы, это скорее помощь родителям, а не детям. Они-то считают, что дали своему ребенку все, что только возможно, что из бесед с психологом поняли, в чем его проблема. Но ведь ребенок остался в том же состоянии.

Мы не понимаем, что для детей окружение – это все. Их страхи, боязнь, успех или, наоборот, демонстративное поведение наперекор всем, когда им ничего не удается, – все это зависит от окружения. Поэтому привести ребенка к психологу одного, без всего класса – это неверно.

– Значит, это должна быть работа в группе?

– Я думаю, что к каждому классу необходимо прикрепить психолога, который понимает детей, знает их, знаком с их родителями, играет с ними, участвует в их ссорах и драках, – становится, как они. Он обязан быть, как они, он ведь профессиональный психолог! Он обязан стать их другом, они не должны ощущать его выше себя. То есть он такой же, как они, равный со всеми. Это должен быть, на самом деле, профессионал. Но без такой работы мы не сможем правильно воспитать следующее поколение.

– Не так давно в прессе появилось сообщение о ребенке, который обставил собственное похищение только потому, что хотел избежать экзамена, которого очень боялся. Как можно ему объяснить, что с ним произошло?

– Возможно, было намного легче сдать этот экзамен, чем выдумывать все эти хитрости, мучиться и страдать, боясь, что все раскроется. Но такие вещи происходят потому, что мы не учим их правильно относиться к различным жизненным ситуациям. Мы совершенно не помогаем им проанализировать и дать правильную оценку всем происходящим с нами событиям. Ну, провалил ты экзамен. А что в этом такого страшного? Ну, не станешь отличником, и о тебе плохо подумают. Или пусть он даже что-то украл, – ну и что? Конечно, за это платят штраф, а кто-то, возможно, сидит в тюрьме, но мир-то на этом не заканчивается!

На кражу способен любой человек. Давайте положим перед кем-то миллиард, перед другим – миллион, а перед третьим – сто рублей. Совершенно очевидно, что у каждого существует свой предел, но если что-то его превысит, – человек обязательно украдет. Нужно объяснять ребенку все эти вещи.

Ведь человеку не рассказывают о его природе, и он думает, что подобное случается только с ним, но не с другими. Он не понимает, что он – один из многих, что у всех все одинаково. Ему не ясно, как ведут себя другие. Он считает, что те, кого он уважает, – небесные ангелы.

И то же происходит в отношениях между мальчиками и девочками в переходном возрасте. Они абсолютно ничего не знают о поведении противоположного пола, и поэтому впоследствии у них возникают огромные трудности общения. Каждый устраивает такие «игры», что это искажает восприятие противоположного пола и вызывает неправильное поведение с его стороны.

Короче говоря, мы не занимаемся психологической работой в классе. А каждому классу необходим свой прикрепленный психолог. Причем это должен быть настоящий профессионал, знающий, что из каждого ребенка нужно построить человека. И пока этого не будет, мы ничего не добьемся. Я думаю, что это гораздо важнее всей их учебы и всех этих экзаменов.

– Итак, Вы дали каждому родителю методику того, как говорить с ребенком. Нужно объяснить, что такова его природа и природа всех остальных, что не страшно, что он так поступил. А что же дальше? Ведь как-то же нужно заниматься этим вопросом! Ведь плохо, что он украл! Или этого достаточно?

– Достаточно. Нет наказания. Главное, чтобы он понял. Ему нужно объяснить: «Ты вел себя так в силу своей природы. Давай вместе разберемся, почему у нас такая природа, почему ты родился с такими качествами, присуще ли это другим, чего требует от нас природа, как нам вести себя с этим».

– И что же она, природа, от нас потребует?

– Очевидно, что раз уж в нас заложены такие свойства, то они должны нас к чему-то привести. В человеке нет ничего плохого. А что касается таких наклонностей, так, может быть, если я их преодолею, то достигну чего-то хорошего. «Давай посмотрим, что я получу, если не буду красть, если не буду драться, если соединюсь с другими. Давай разберемся, почему мои плохие свойства существуют во мне именно так, что мне все время приходится их преодолевать. Что я от этого выигрываю?». Мы должны это объяснять и при этом обеспечивать поддержку окружения.

– То есть что я выигрываю, преодолевая эти свойства?

– Да, разумеется. Ведь мы, взрослые, просто так не деремся друг с другом и не оскорбляем один другого, потому что понимаем, что так нам спокойнее жить. Я ведь не хочу все время бояться, чтобы кто-то сзади ударил меня палкой? Я просто знаю, что все мы более-менее заинтересованы построить для себя комфортное окружение, – насколько мы на это способны. И если мы правильно воспитаем своих детей, они уже построят для себя намного лучшее общество.

– Сейчас во многих семьях существует тенденция вообще не говорить о страхе. Родители полагают, что благодаря этому они смогут изгнать из ребенка его страхи. В этом есть хоть какая-то логика, или же это совершенно неверно?

– Я думаю, что весь этот подход неверен. Мы, прежде всего, должны построить правильную систему. Нужно, чтобы взрослые знали, как правильно работать с детьми, причем не просто с детьми, а с группами детей. Ведь неспроста наш мир – это интегральный, глобальный мир, «маленькая деревня», в которой все мы связаны друг с другом.

Нам нужно работать не с одним ребенком, а со всеми детьми и их родителями, всем тем окружением, в котором он находится. Мы должны заниматься всеми вместе. Зачем «изгонять» какие-то вещи? Дайте в конце каждого дня устроим обсуждение – и каждый раз в роли судей выступает кто-то другой.

Скажем, у нас в классе 30 учеников, которые учатся пять дней в неделю. Так вот, пускай каждый день новая пятерка ребят будет судьями. Они будут отчитываться перед нами о том, что в течение дня происходило в классе. К примеру, последним уроком будет такой суд, и эти пятеро детей будут судить остальных. Давайте посмотрим, что они видели, как они будут говорить, почему произошло то, что произошло, и так далее. Те итоги, которые они подведут за день, услышат все, и все смогу высказать свое мнение: согласны или нет.

– С точки зрения класса?

– Да. И тогда они смогут сами себя рассудить. И так они будут меняться, – каждый день пятеро других.

– Чего мы этим достигнем?

– Прежде всего, мы сможем проанализировать, проверить, выяснить. А психолог, который находится среди них, должен им помочь, сориентировать их, как правильно все это увидеть. А в конце каждого такого суда они смогут написать для себя своего рода книгу законов – свою, для класса.

– Что-то вроде устава?

– Устав, «конституция», согласно которой они теперь себя будут вести. И тогда ребенок начинает видеть, что тем самым он строит себя и свое окружение. И когда они все вырастут, то захотят создать общество, основанное на законах правильного общения. Вопрос лишь в том, как их реализовать. Наука о высших законах природы может много рассказать, но, к сожалению, человечество еще, очевидно, не достаточно настрадалось, чтобы пожелать это осуществить.

– Мы говорили о работе в классе. Можно ли то же самое делать в семье? То есть в конце дня собираться с детьми и подытоживать день?

– Даже в семье это возможно, если в ней несколько детей.

– Завершился день, и назавтра мы устанавливаем какие-то законы.

– Только при этом родители должны опуститься на уровень детей.

– Что это значит? Что я тоже в этом участвую?

– Конечно, ты участвуешь! Точно так же, как маленькая девочка, твоя дочка. И твой муж тоже.

– И оба они могут нарушить закон?
– Да, разумеется. Все мы участвуем в этом, спустившись на уровень детей.
– А разговаривать с ними, как с детьми или как будто с взрослыми?
– Как со всеми.
– Все могут ошибаться, все могут чего-то бояться.

– Скажем, мама рассказывает, что сегодня не смогла удержаться и съела пирожное, нарушила свою диету, и ей до сих пор это неприятно. Так как же ей избавиться от этого ощущения? Может, дети посоветуют ей что-то. Это совсем не игра. Здесь внутри заложена большая глубина: как человеку справиться с какими-то проблемами, должен ли он заниматься самоедством, как ему себя успокоить и завтра стать сильным. Из этого можно сделать большие выводы.

– Итак, сегодня мы коснулись многих тем. Мы говорили о боязни темноты и пришли к выводу, что бояться темноты – это хорошо, что нужно рассказать ребенку о том, что его окружает. Чем больше он будет узнавать реальность, начиная от своей спальни и дальше, – тем меньше будет бояться. Кроме того, нельзя оставлять ребенка с его страхами, вынуждая его самого с ними бороться. Как раз наоборот – нужно прийти ему на помощь. А если хотим найти способ побороть его страхи, то нужно, чтобы он вошел в темную комнату с группой детей, и вместе они смогут совладать с этим страхом.

Мы также говорили о страхе перед неудачей, о том, что примерно с 3-летнего возраста ребенок начинает чувствовать отсутствие или наличие поддержки окружения, ощущает отношение окружения к себе. А до этого он вообще окружения не чувствует. Поэтому, начиная с трех лет и далее, можно начинать объяснять ребенку, что он – часть общества.

Когда ребенок совершает и плохие, и хорошие поступки, все это проявляется как часть его природы. «Ты сделал сейчас что-то плохое, – не страшно, это не плохое, такова твоя природа, с другими это тоже случается. Ты должен это понять, не переживать и не убегать от этого». Мы вместе с ним это обсуждаем и понимаем, что это нормально. И само такое обсуждение заменяет наказание, в наказании уже нет нужды.

А в конце мы говорили о том, что к каждому классу необходимо прикрепить психолога, который поможет организовать суд и обсуждение группы. Такой же суд можно устроить и дома, и обсудить происходящее за день, сделать выводы на завтра, вместе написать правила, чтобы завтра не повторить ошибок, которые, возможно, были сделаны сегодня, чтобы правильно суметь справиться с различными проблемами. И мама может ошибиться, и учитель может сделать ошибку – это нормально. Главное, чтобы все это было направлено на развитие каждого.

Часть вторая

Фантазии и волшебство – начало

— Сегодня мы поговорим о детских фантазиях, об их месте в нашей жизни, о том, как правильно с ними работать, где могут быть скрыты проблемы и как их избежать. И с другой стороны, как правильно развивать фантазию у детей. Во всех наших беседах Вы говорите о том, что ребенку нужно говорить правду о той реальности, в которой он существует. А как относиться к фантазиям, воображению?

— Отрицательно. Потому что то, что мы называем фантазиями – это либо сказки, где животные или растения разговаривают человеческим языком, либо фильмы, в которых появляются инопланетяне и прочее. Возможно, их можно использовать в некой философской форме или в качестве аллегории, но когда мы даем ребенку такую картину, преподносим ему жизнь в таком виде в фильмах, играх, спектаклях, он воспринимает их реально, серьезно. Это словно впечатывается в его мозг, откладывается у него в памяти. Он принимает это, как стереотипы нашего мира, не отличает реальность от фантазии, для него все является правдой.

— Но это зависит от возраста.

— Дети бывают 30 и 40-летнего возраста... И я говорю серьезно: все, что человек получает от своего окружения, воздействует на него, и в чем-то он воспринимает это как реальные явления. Поэтому в воспитании запрещено рассказывать фантазии, явления, не имеющие реальной основы.

— Но Вы говорите не о воображении, а о фантазиях, о том, чего не может существовать в реальности.

— Я хочу сказать, что нам не позволено вносить в мир ребенка нереальные формы.

— Формы мышления или какие-то несуществующие вещи?

— Да, и всяческие образы, будто Солнце разговаривает с Луной, или растения и животные — друг с другом. Такого не происходит и не нужно это представлять ребенку!

— И это не разрушит все его развитие?

— Это ложное развитие, которое приводит к различным фантазиям, к тому, чего нет в реальности. Потому-то сегодня мы и живем в иллюзиях, верованиях, боимся каких-то мистик: то ли ходят тени, то ли в доме живет приведение, и нужно очистить его перед тем, как там поселиться. Мы должны подняться над этими представлениями, в которых путаемся уже тысячи лет.

— Вы говорите, что это порождает иллюзии?

— Это порождает такие иллюзии, что сами того не осознавая, мы принимаем все эти вещи и действия за реальность. В чем-то внутри себя мы играем с этими образами и даже вносим их в отношения друг с другом. Мы видим, как разговаривают наши дети, подражая различным сценическим персонажам. И то же самое происходит, когда ты рассказываешь ребенку о том, как волк разговаривает с овцой, или человек — с деревом. Он так и воспринимает: ему кажется, что можно разговаривать с волком. Он помнит, что так ему рассказывали. И это остается в подсознании на всю жизнь.

— И что же с ним происходит, когда он сталкивается с истинной реальностью?

— Для него не существует истинной реальности, — для него это правда, он думает, что все так и есть.

— Но ведь он видит, что это не так?! Большинство пяти-шестилетних детей активно живут в существующей реальности, и у них нет никакой проблемы ее восприятия.

— В них все-таки есть это противоречие. Я вижу, как люди приводят своих детей в зоопарк и рассказывают им все эти глупости.

– Возможно, это своего рода разочарование?

– Это не разочарование, а обман!

– С точки зрения ребенка. Ведь он ожидал, что обезьянка заговорит с ним...

– Как раз обезьяна кажется единственным, кто может с нами поговорить, она больше всех похожа на нас. Но ребенок видит, что зайцы не разговаривают, и мыши не помогают Золушке. И это проблема...

– Да и сама Золушка – это проблема.

– Почему?

– Потому что мы должны разговаривать с ребенком о реальных вещах, как с взрослым. А иначе это создает в нем всяческие иллюзии. Вы видели фильм «Красотка» (о проститутке, повторившей счастливую историю Золушки)? Так вот психологи утверждают, что этот фильм привел к увеличению проституции в Европе на 13% среди несовершеннолетних.

– Потому что это такой романтический фильм!

– Это психологи утверждают, что 12-13-летние девочки, посмотревшие этот фильм, увидели в нем красивый и легкий путь к успеху. И поскольку фильм был необычайно популярным в то время и его посмотрели миллионы людей, он привел к таким катастрофическим последствиям. Иными словами, мы должны понять, что человек воспринимает все, что ему показывают, как правдивую историю.

– В любом возрасте?

– Даже если это взрослый человек – он тоже, как ребенок. Вы знаете, как взрослые любят смотреть мультфильмы...

– Это большое удовольствие, будто игра...

– Это игра. Но мы не понимаем, до какой степени это строит в нас ложные представления. Только не подумайте, что я хочу убрать все красивое и приятное из нашей жизни. Вовсе нет. Но мы должны найти новое наполнение, не основанное на обмане.

– Готовясь к беседе, я немного проанализировала все эти вещи, и мне кажется, что сегодня происходит своего рода «инфляция» волшебства в детских сказках. Ты берешь какую-то книжку, и она вдруг начинает сверкать и переливаться у тебя в руках... Это происходит на всех уровнях, все время говорят о чудесах. И я думаю, что тем самым родители ищут способ показать ребенку, что он живет в чудесном мире.

– Нам еще многое необходимо исправить в переходе от индивидуального, эгоистического мира к общему, альтруистическому...

– Я хочу обсудить с Вами одну из теорий психологии. На многих курсах я изучала, что с помощью народных сказок можно показать всевозможные внутренние конфликты, которые свойственны абсолютно всем детям. В основном эти сказки повествует о том, как главный герой преодолевает различные препятствия. Причем в большинстве случаев их герой – это антигерой, это самый маленький мальчик, или самый неуспешный. Но он справляется со всем, несмотря на трудности, и находит решение. И работая с детьми, я вижу, как косвенным путем это их развивает. Я пока что читаю им сказку, потому что еще не могу говорить с ними об этом напрямую...

– Но в такой сказке нет никакого обмана. Такие примеры существуют. Ну, может быть, почти такие же: чуть менее успешные и выдающиеся.

– Но ведь в этих сказках существуют различные драконы...

– А вот это уже нехорошо – ведь это выдумка.

– То есть Вы говорите, что должна быть какая-то граница...

– Если этого явления не существует в природе, нам запрещается использовать его в воспитательных целях.

– То есть это может быть рассказ о каком-то геройстве, но...

— Скажем, если речь идет о человеке, который на своем пути преодолевает различные препятствия и добивается успеха, – то сколько угодно. Мы должны давать ребенку такие примеры. Но не нужно привлекать сюда драконов.

— Ну а если использовать их в виде символов? Скажем, дракон олицетворяет некое препятствие, которое сложно преодолеть?

— Мы должны полностью исключить такие примеры из воспитания. Это приводит к «поклонению идолам» – вере в такие силы и образы.

— Что это значит?

— Змей разговаривает с человеком, уговаривает его съесть яблоко с дерева! Нам запрещено в таком виде представлять ребенку этот рассказ. А если уж мы читаем его, то сразу же должны пояснять, что говорится аллегорически о наших свойствах, заложенных в нашей природе. А иначе он так и останется с представлениями, что этот змей действительно существовал, и у него было две ноги.

— А как насчет развития творчества у детей? Ведь для этого они должны уметь фантазировать, что-то себе воображать.

— Но воображение – это реальное представление о возможных объектах или событиях! Я ведь представляю себе то, что может произойти. Это будущее, которое случится через мгновение или через несколько лет. Это то, что происходит в мире. Нужно только дать время для развития, и мы к этому придем.

— А как же развивать воображение у ребенка?

— Нужно давать ему примеры из жизни: «Смотри, он был маленьким, вырос и стал летчиком. А тот стал большим ученым, или выдающимся спортсменом».

— Но как я могу научить ребенка вообразить то, чего он никогда не видел? Ведь Вы говорите, что нужно не отрываться от реальности? Творческое мышление основывается на том, что ты берешь какие-то шаблоны из этого мира и строишь из них что-то совершенно другое.

— Именно так!

– Но как мне это сделать, если я не учу ребенка выйти из стереотипов? Скажем, есть животное, и есть человек. Я вижу, что человек умеет разговаривать, и тогда соединяю это вместе. Выходит, что и животное умеет разговаривать.

– Но это оторвано от реальности!

– Тогда как мне научить ребенка выйти из этого шаблонного мышления? Научить его думать не только о том, что существует в реальности, но и о чем-то нереальном? Ведь и сегодня, когда я пытаюсь думать о мире, полном любви, и о связи между всеми, я должна представить себе то, что никогда не видела!

– Есть обман и правда. Существуют вещи, которые в нашем мире не имеют места. Животное – это животное, а человек – это человек. И если я пойду по пути, который Вы предлагаете, то просто создам несколько ложных историй, сказок. Тогда как если я дам ребенку правильные определения, то он, действительно, будет представлять себе реальные вещи и прекрасно развиваться. А иначе его развитие будет основано на обмане.

– Но когда говорят о реальном, то все это представляется каким-то серым и скучным. Мне гораздо интереснее воображать себя летающим на драконе, чем врачом.

– Поэтому все мы живем в иллюзиях, сами себя запутываем, не способны решить ни одной конкретной проблемы в своей жизни. Мы требуем какого-то определенного поведения друг от друга, от своих детей, каких-то действий от правительства, – сплошные иллюзии. Мы – не реалисты! А ведь все как раз наоборот! Радость и счастье находятся совсем рядом, но мы не можем их достичь. Потому что «не пересекаемся» с этим, потому что действуем в плоскости, которая далека от реальности. Мы неправильно судим о себе и других людях, о своих супругах и детях, правительстве, врачах. Мы смотрим на всех сквозь свои фантазии. Так давайте же очистим себя от иллюзий и фантазий! И тогда увидим, как можно избавить мир от страданий.

– Откуда в человеке возникает это желание и потребность придумывать, фантазировать?

— Из древних культур.

— А разве фантазии – это не часть природных свойств человека?

— Потребность фантазировать пришла к нам от нашей человеческой природы, она помогает нам развиваться. Но фантазии должны быть как видение реально возможного будущего, а не несбыточного. Сегодня одни предлагают фантазии, чтобы заработать, а другие готовы платить за них, чтобы отключиться от жизненных проблем.

— Но, с другой стороны, способность воображения развивает человека.

— Мы спорим только о том, чего не существует в природе! Нам необходимо приблизить к себе все, что есть полезного в природе, и отдалиться от всего нереального, потому что это запутывает нас в жизни.

— Вы сказали, что одна из форм, которую можно использовать, – это аллегории. Можете ли Вы остановиться на этом подробнее? К примеру, в этой истории с Адамом, Евой и Змеем, – достаточно ли сказать, что Змей – это внутренний голос человека? А что Вы скажете о басне про льва и мышь? Лев сначала пренебрегает ею, считая самой слабой из всех, но когда она спасает льва из клетки, он видит, что и мышь важна?

— Но ведь мы говорим о детях…

— То есть мы не должны их запутывать?

— Да. Можно использовать эти примеры как символы двух форм природы: самой сильной и жестокой (огромного хищного льва) и самой слабой (маленькую мышку), чтобы показать, как слабый все-таки, может оказаться полезным сильному. Но и это позволительно только в определенных случаях. Я думаю, что не такая уж большая проблема согласиться со мной, если начать относиться к жизни более реально. Чем больше человек очищается от всяческих фантазий, тем более верно он начинает видеть свою жизнь. Ведь так многому можно научиться из того, что существует на самом деле.

— Как Вы относитесь к играм, развивающим фантазию и воображение? Такие игры очень свойственны детям возраста 4-5 лет. Ребенок представляет себя полицейским, или врачом, или пожарником. Это ведь можно, – верно?

— Несомненно, и даже если бы мы сейчас вообразили себя находящимися на воздушном шаре.

— Но иногда они воображают себя такими героями-победителями, силачами. Ведь и тогда они представляют себе какие-то нереальные вещи... А разве есть разница между рыцарем и суперменом?

— Да, разумеется, есть разница. Потому что рыцари известны нам из истории, а суперменов не существует. Но воображать себя героем-суперменом, который перелетает через различные препятствия или выполняет еще какие-то нереальные трюки...

— По-моему, супермен – это вообще опасно! Были случаи, когда насмотревшись таких фильмов, люди прыгали с крыш. Один из психологов, Юнг, утверждал, что на уровне подсознания в человеке находятся некие символы, скажем, олицетворяющие силу. И часто это животные. Так может ли ребенок, играя, представлять себя, например, львом?

— Нежелательно, потому что в жизни этого не происходит, и это приведет ребенка снова, как в начале нашей беседы, к искаженному представлению о действительности. Недавно в Швейцарии взрослая женщина спрыгнула в яму к белым медведям, потому что она с детства считала их добрыми, ведь они такие пушистые и красивые, а значит доброжелательные. В результате ее чудом спасли!

— Итак, подведем итоги. Мы должны говорить с детьми только о реальных вещах, и это железное правило. Мы должны рассказывать им только о том, что может произойти в жизни, – все остальное искажает ребенку восприятие реальности. Именно когда мы говорим с ними о том, что существует на самом деле, а не о том, чего нет, мы тем самым открываем им возможности глубоко познать существующую действительность. И это именно то, что мы сегодня упускаем, рассказывая им всякие небылицы.

Фантазии и волшебство – продолжение

— В прошлой беседе мы говорили о фантазиях и из обсуждения поняли, насколько этот вопрос революционный. Вы говорили, что иллюзии, которыми мы питаем детей через рассказы о феях и волшебниках, буквально безграничны.

— Мы питаем ими не только детей, но и взрослых – это приятно и хорошо продается. Посмотрите, что происходит с рассказами о Гарри Потере! Сегодня их автор – писательница Джоан Роулинг считается самой известной и влиятельной женщиной в Англии. Мы видим, что на фантазии есть спрос.

— Я читала все ее книги.

— В самом деле? В рамках профессии?

— Не только. Я люблю фантастику.

— Как это можно вытерпеть?!

— Мне было интересно, чем люди восторгаются. Повествование очень напряженное, но в нем есть много понятий, касающихся связей между людьми, оказания помощи и добра. Вместе с тем там много зла и даже страха. Эти книги и поставленные на их основе фильмы очень пугают, и когда их дают детям младших возрастов, то это вызывает проблемы, так как им удается создать ощущение иной реальности.

— В том-то вся проблема!

— С другой стороны, желание волшебства так реально и естественно для человека – и для детей, и для взрослых! Как же преподнести ребенку мир, в котором столько трудностей, если хочется показать ему добро и связь между нами?

— Я думаю, что сейчас мы переживаем такой период, когда должны освободиться от всех этих фантазий и чудес.

— От фальшивых чудес?

— Вообще от всех чудес и всевозможных фантазий, которые сопровождают человечество с его самых ранних этапов развития. Мы будем вынуждены признать, что это пустые и вредные развлечения, так как провоцируют в нас ложные представления о действительности. В результате подобных развлечений мы начинаем путаться между действительностью и фантазией, и это мешает нам принимать правильные решения в реальной жизни. Мы смотрим на людей и на жизнь идеалистически, оторвано от жизни. Образуется разрыв между идеалами и истинным положением вещей. Человека это путает, раздражает, толкает на необдуманные и ему самому непонятные поступки. Он живет в выдуманном мире, с которым реальная жизнь никак не совпадает. Зачем нужно рисовать перед человеком какой-то несуществующий в реальности мир?

— Вы говорите о взрослом человеке?

— Да. Но это начинается в детстве. Сначала он читает сказки, в которых животные и неживые предметы говорят человеческим голосом. Затем это продолжается в книгах о Гарри Потере и «розовых» голливудских фильмах, где вдруг кто-то кого-то любит.

— Там любят все! И сама любовь — иллюзия! Скажем так: бесконечная романтика.

— Все это ложь! Это ведет только к неудачам и неприятностям в жизни человека.

— Действительно, сегодня все, о чем пишут в журналах, показывает жизнь абсолютно идеалистически, даже по такой теме как беременность и роды. Я полностью согласна с Вами в том, что много пустого в подобных фантазиях. Но способность к фантазии можно использовать в процессе развития ребенка. Например, если он хочет почувствовать себя сильным или быстрым, то может представить животного, обладающего этим свойством.

— Когда мой отец хотел, чтобы я стал музыкантом, он водил меня в кинотеатр смотреть фильмы о великих музыкантах.

— Но я вижу, что ему не удалось осуществить свою мечту...

— Нет, я человек технического склада. Но мне приводили примеры из жизни и тем самым хотели привлечь, а не просто рисовали фантазии. Мы должны изменить подход и четко отделить полезную фантазию, которая помогает планировать жизнь, процесс развития и цель.

— Вы могли бы подробнее разъяснить, что такое хорошая фантазия?

— Явления, которые существуют в этом мире и, вне всякого сомнения, могут быть реализованы — мной или кем-то другим.

— К этому относятся рассказы и фильмы о достижениях?

— Именно. Но это реальные достижения. Хочешь быть таким, как Александр Македонский или Наполеон — фантазируй, это возможно. О таких фантазиях нельзя сказать, что они беспочвенны. Поэтому они достижимы. Человеку стоит представлять себе некое высокое достижение, чтобы к нему тянуться. А что мы делаем такими фантазиями, как Гарри Потер, супермен и другими сказками?

— А как быть с такими явлениями, как фокусы?

— Обязательно затем объяснить, как их делают. Это развивает.

— Сначала показать фокус, удивить, а потом раскрыть?

— Да. Таким образом можно объяснять многие физические законы.

— Сам фокусник объясняет, как он это сделал, и ребенок, который сначала представлял себе волшебство, понимает, что в мире все реально.

— Это очень интересные и сложные вещи. Их можно изучить и показывать в школе с последующим объяснением. Тогда все с радостью будут изучать естественные науки.

– Сплошное удовольствие: физика и фокусы вместе! Это настоящая школа волшебства, в отличие от школы Гарри Поттера. Психология различает еще один вид фантазии: представить, что произойдет с неживым предметом после какого-то действия или приобретения некоего свойства. Это считается основой для развития способности почувствовать другого. Если мы это отменяем, то разрушаем у ребенка чувство, которое хотели бы в будущем развить и обострить.

– Это нечто вроде отождествления себя с окружающими нас предметами.

– Сначала дети, как правило, отождествляют себя со всем, что видят, но постепенно мы их направляем на то, с чем действительно нужно себя отождествить. На Ваш взгляд, этот процесс естественный, он не уводит в сторону?

– Этот прием естественный: человек должен отождествить себя со всем существующим в мире и почувствовать за все ответственность.

– А как объяснить ребенку общую силу природы?

– Вопрос в том, как это объяснить не только детям, а всем, ведь взрослым воспринять это даже труднее, чем детям! Объяснить силы природы, их связь с одной силой, ее направленность, цель, ведь она нас развивает, – а в природе все идет по плану, это мы его не понимаем. Если мы эту общую силу природы поймем, раскроем для себя, то одно это уже нас изменит. Эта общая сила природы создала всю вселенную и нас, людей, управляет нами, создает все окружающее. Можно называть ее творящей силой природы, потому как она все создает. Вопрос только в том, чтобы не приписывать ей человеческих свойств, а оставлять такой, какой она проявляется перед нами – как сила.

– Мы ее, силу не видим?

– Не видим, но чувствуем ее проявления, анализируя происходящее с нами, из действий этой силы на нас. В раннем возрасте развитие абстрактного восприятия происходит легче, и у нас есть этому примеры. Ребенок воспринимает объяснения естественно и привыкает анализировать и обобщать, синтезировать свои наблюдения.

Часть вторая

Детям не хватает книг об интегральных отношениях между детьми, о взаимной зависимости и связях между людьми, о глобальной форме мышления. Надо писать об этом, но без фантазий. Дети любят различные обсуждения. Особенно надо постепенно вводить понятие «Природа». Иначе они станут приписывать ее свойства человека. Как это может быть человек, если наша Вселенная создана до рождения человека?

– Ребенок, да и взрослый человек, пытается облечь каждое явление в форму, потому что нам очень трудно представить силу. Мы понимаем электричество как силу только в старших классах.

– Согласно исследованиям, Вселенная образовалась 15 миллиардов лет тому назад. Через 10 миллиардов лет образовалась Солнечная система и планета Земля. А мы существуем на ней несколько миллионов лет. Как же природа может иметь ограниченный образ человека?

– Не может. Но ребенку кажется, что взрослый может все, и если природа может все, он овеществляет силу природы.

– Поэтому мы говорим, что природа – это сила, включающая всю реальность. Эта сила поддерживает все ею созданное и управляет ею. У нее, как и у других ее частных сил в мире, нет формы. Разве у силы гравитации есть форма? Мы чувствуем лишь результаты ее действий. Неживая, растительная, животная природа и человек являются следствием единой силы природы. Сила – понятие неуловимое, как электричество, которое мы можем опознать только там, где оно проявляется в материи.

– Но ведь есть связь между мной и этой силой? Какова эта связь между нами?

– Чтобы ответить на этот вопрос, необходимо объяснить вначале закон равенства свойств: мы ощущаем только часть природы, только те свойства, которые генерируем сами. Это подобно радиоприемнику: он генерирует определенную волну и именно поэтому улавливает такую же волну вне себя. Вокруг меня существует множество явлений природы, но если во мне этих свойств нет, то я этих явлений не ощущаю.

— Могу ли я приписать природе человеческие свойства, представляя, что она вместе со мной плачет, смеется или сердится на меня? Или она все прощает и уступает? Как же мне лучше объяснить ребенку, что у природы есть план нашего развития, что она выше нас? Как мы можем развить в себе недостающие нам свойства, чтобы ощутить всю природу, во всем ее многообразии, если, как Вы считаете, мы ощущаем ее небольшой фрагмент?

— Здесь мы приходим к фундаментальному выводу! Все наше ощущение природы ощущается нами в себе, в желании получать, поглощать. Мы называем его также эгоизмом. А есть иной способ ощущения – вне себя. Его нам надо в себе развить. Природой заготовлено средство, развить в нас возможность ощущать вне себя. Это чувство развивается подъемом над нашим эгоизмом, в развитии чувства единения другими, вплоть до любви к ближнему. Поэтому мы сегодня входим в глобальное интегральное человечество – это приведет нас к постижению всей природы.

— Я люблю своего товарища, но не природу вне себя...

— Это не просто, и нельзя дать ответ в двух словах. Эту идею внедряют в человека постепенно, предварительно объяснив его природу и нынешние чувства. Постепенно он начинает осознавать зло, заключенное в эгоистической природе, и как его можно изменить на отдачу и любовь вместо ненависти и зависти.

— Это целый процесс.

— Разумеется.

— Говорить с ребенком о том, что его природа плохая, нужно очень осторожно.

— Дети принимают это просто и естественно. Когда им объясняют правду, они легко ее принимают.

– Ребенок не хочет, чтобы ему было плохо.

– Ему плохо относительно отдачи и любви. Ты любишь кого-нибудь? – Давай, проверим на примерах относительно товарищей. Почему ты его любишь? Потому что он тебе что-то дает или потому что ты его боишься? Так постепенно мы углубляемся в психологию, и ребенок начинает видеть свою истинную природу: он никого не любит и хочет только выгоды для себя. В этой природе он родился, поэтому не должен отождествлять себя с ней.

– *В этой природе есть нечто хорошее?*

– Нет. Откуда оно возьмется, если написано, что «сердце человека злое с рождения»? Но относительно чего оно плохое? Тут мы начинаем раскрывать перед ним реальность: в плоскости этого мира существуют одни ценности, а относительно абсолютного добра они противоположны.

– *Но можно ему сказать, что у него есть начальное хорошее свойство отдачи и любви, только его надо развить.*

– Если мы преподносим это как правду, то ребенок воспринимает просто и естественно: такова природа. Такое объяснение принять легче, чем ту фантазию и ложь, которыми мы их пичкаем.

– *Это и будет итогом нашей беседы.*

Гиперактивность

— Сегодня поговорим о проблеме гиперактивности, ставшей всеобщей. Врачи и воспитатели ищут варианты решения этой проблемы: от лечения с помощью животных и занятий спортом до приема лекарственных препаратов. Однако проблема по-прежнему остается серьезной. Что об этом скажут постоянные участники нашей беседы?

– Если проблема становится всеобщей, то это уже не явление, а реальность, и к ней следует относиться не как к болезни. Больны мы, если считаем эту ситуацию временной или преходящей.

– На данный момент это явление определяют как нарушение, помеха.

– Конечно, если что-то мешает, то является помехой.

– Можно смотреть на это и так. У этого явления есть различные симптомы и широкий спектр проявлений. В основном они относятся к проблемам поведения – об этом говорят все. Эти проблемы возникают еще до страданий ребенка, его родителей и воспитательной системы. Несомненно, что страдают все: достаточно одного такого ребенка в классе, чтобы страдал он и все окружающие. Согласно статистике, до 10% обследуемых определяются как гиперактивные, и этот показатель растет. У взрослых этот процент ниже, то есть со временем людям удается приблизиться к норме. В среднестатистическом классе есть, как минимум, четверо детей, у которых официально определяется гиперактивность. Но опыт учителей показывает, что таких детей в классе 40, а у четверых из них – это крайние проявления. Проблематичное поведение проявляется не только в классе, но и в обычных ситуациях. Этим занимаются различные специалисты, и все говорят о том, что случаев поведения, вызванного отсутствием спокойствия и неспособностью сосредоточиться, становится больше. Как правило, спокойствия нет и у родителей.

– Это ясно, поскольку исходит из корней нашей природы, а мы живем в особый период. Закончилось время линейного роста эгоизма из поколения в поколение, и сейчас в человечестве начинает раскрываться его глобальная взаимосвязь. Эгоизм из просто большого стал интегральным, то есть представляет собой огромную сеть вместе связанных семи миллиардов эгоистов. В течение многих тысячелетий жизнь людей была достаточно спокойной. Как правило, они жили в том месте, где родились, не стремились в другие страны, женились на дочери соседа, наследовали специальность отца. Даже одежда переходила от поколения к поколению, не говоря о доме и хозяйстве. А сегодня мы не находим себе места, мы летим в отпуск подальше от дома. То есть взрослые тоже страдают от гиперактивности, но у них есть возможность разрядиться самостоятельно. 100 лет назад футбольные болельщики не устраивали таких явлений, как сегодня: сто тысяч человек бегают, кричат, калечат друг друга. Люди ищут возможность разрядить нервы, успокоить растущее желание насладиться. Избивают манекен начальника. Явление гиперактивности появилось в последние 50 лет, и многие взрослые и дети от него страдают. Сейчас оно приобретает иную форму: беспокойство проявляется не столько в движении, как в поиске внутреннего наполнения. Им мешает нечто изнутри, а не снаружи. Только 10% гиперактивных детей успокаиваются с помощью движения – поэтому мы их видим, а остальные впадают в депрессию.

– Нам, психологам, это хорошо знакомо.

– У детей есть игры, кино, Интернет – мы им даем все, что можем. Вместе с этим усиливаются депрессивные состояния, которые тоже исходят от гиперактивности: они хотят больше, но не могут себя наполнить. Преувеличение активности относится не к движению.

– Вы понимаете этот термин как усиление?

– Усиление эгоистического желания, которое должно получить наполнение, но не способно: ему нечем себя наполнить, хотя мы даем детям все! Посмотрите, что сегодня есть у ребенка!

– Целый мир!

— Путешествия, игры, средства связи. И всего этого недостаточно, все это их не наполняет. Так что проблема не в том, что гиперактивность нам мешает. Если принять во внимание все проблемы усиления эгоистического желания, которое не находит наполнения, а потому пребывает в удрученном состоянии – или под воздействием лекарственных препаратов, или из-за различных нагрузок, – то мы увидим явление, охватывающее всех.

— Вы говорите об общем явлении, и я это понимаю, так как вижу много примеров отсутствия спокойствия. Это проявляется и у детей младших возрастов. Раньше дети играли в игру год-два, а сейчас они моментально теряют к ней интерес и требуют новую. Но есть особая группа, в которой это проявляется крайним образом. Таким детям тяжело справиться с возбуждением и рвущимися изнутри импульсами.

— Мы различаем в человеке четыре уровня развития эгоизма: неживой, растительный, животный и человеческий. Эгоизм растет и демонстрирует себя по-разному на каждом из этих четырех уровней. Если он находит способ себя наполнить, то спокоен. На самом деле он не спокоен, а просто разряжает себя явлениями, которые не проявляются в движении.

— Вы хотите сказать, что движение происходит внутри, а не снаружи.

— Именно. В других случаях он наполняется только в движении, и ему не важно, куда направиться и что делать, главное – запутать себя и всех. Именно это явление мы видим.

— И называем гиперактивностью.

— Все это касается огромного желания насладиться, которое в нас развивается. И мы не найдем ему решения предлагаемыми методами. Подавляя детей, мы вызываем в них очень глубокие и нежелательные явления. Если есть затор, то вода поднимается выше и выше. Ей необходимо дать выход, иначе взорвется вся система. Если мы не исправляем проблему, то она проявляется на более высоком уровне. Тем, что мы кормим детей лекарствами, мы поднимаем проблему на более высокий уровень. В конце концов, мы получим людей с различными отклонениями, поскольку в свое время не дали им возможность разрядиться естественным образом, подходящим требованиям их эгоизма. Это может выразиться в психических заболеваниях, половых извращениях, жестокости.

– Гиперактивность чаще проявляется у детей со склонностью к правонарушениям. Но есть случаи, когда удается использовать это свойство положительно: ребенок может одновременно выполнять несколько действий, у него хватает энергии на весь день. Есть действия, которые другие люди не могут выполнять, а они могут. Но в период до совершеннолетия у них возникают проблемы не только со школой, но и с товарищами. Они не могут сосредоточиться на чем-то одном, эгоцентричны – больше думают о себе, меньше способны понять другого. Из-за их непоседливости с ними трудно играть. Как к этому относиться и как им помочь? Как дать наполнение, и о каком наполнении идет речь?

– Здесь, несомненно, проявляется запущенность воспитания. Мы должны каждого из них сделать психологом самому себе: объяснить, что им движет, что с ним происходит, почему он постоянно вскакивает и взрывается. С детьми необходимо говорить обо всех этих явлениях. Мы не объясняем им природу человека, ее эволюцию и процессы, происходящие в наше время. Они должны знать жизнь, а о жизни, к сожалению, мы с ними не говорим.

– Интересно, что я как психолог должна это делать.

– Вы как психолог можете это делать в частных беседах. Но в школе ребенку не объясняют жизнь. Его пичкают знаниями, его обучают специальностям, а не воспитывают, то есть не формируют из него человека. Он должен знать, что с ним происходит, а его этому не учат. Поэтому он не знает, как правильно относиться к себе и другим. Ему нужно объяснить, откуда и почему к нему приходят эти проблемы, как с ними справиться. Помогает преподавание им актерского мастерства, как выйти из себя и играть другого... Он должен быть партнером в работе с явлениями, которые чувствует, причем видеть это вместе с товарищами. Как они относятся к нему, и как он – к ним? Ладят ли они между собой? Что вообще происходит в классе и почему? Дети должны быть более самостоятельными, лучше понимать, пытаться справляться с жизнью своими силами.

– Несомненно, это будет для них трудно.

– Но без объяснения, без основы они не понимают причину своего поведения – и страдают. Подчас мы раздражаемся на кого-то, а когда понимаем причину, то относимся с пониманием к проблеме и к человеку. Так следует учить детей.

– Если объяснить тем детям, которые отличаются гиперактивностью или отсутствием внимания, причину их поведения, они будут спокойнее, или изменимся мы как общество? С ними ведь вообще трудно говорить, потому что они не способны сосредоточиться на чем-то больше трех минут.

– Если ты будешь говорить именно об их проблеме и дашь им возможность объяснить и высказаться, то увидишь иную картину.

– Способности беседовать у них не меньше, они просто не способны сидеть.

– Но в классе можно стоять! Пусть стоят...

– Относительно класса нужно подумать. Ведь если ты не сидишь, то не учишься – в школе движение не предусмотрено. Но если у детей есть потребность в движении вместе со способностью к беседе, может ли способность говорить о проблеме и понимать природу человека успокоить их изнутри?

– Безусловно. Человек, знающий источник проблемы, может лучше себя подготовить, организовать, понять, как относиться к другим людям. Он страдает из-за того, что не знает, как себя преподнести. Ему все-таки придется разрядить себя, но уже другим образом – как это делаем мы. Дети – маленькие люди, и к ним следует относиться соответственно. Это касается и тех, кому трудно учиться. Дислексия – это тоже вид гиперактивности. Дети не способны усваивать с той скоростью, с которой работает их мозг.

– Но как объяснить ребенку, что он отличается от других?

– Когда Вы говорите с ребенком, разве Вы не чувствуете необходимость объяснить ему, почему он так себя ведет?

– Я поддерживаю его в том, что его желание двигаться легитимно, ведь кому-то нужно больше двигаться, а кому-то меньше. Он по-другому думает, по-другому понимает, а нам трудно принять, что не все в классе одинаковы.

– Получается, что Вы подчеркиваете различие между ним и другими детьми.

– Но он так себя чувствует! Я не подчеркиваю его отличие, а показываю положительную сторону его свойств, ведь все считают их отрицательными.

– Нехорошо так говорить со всем классом, ведь каждый чем-то отличаются от других. Если мы объясним ситуацию, исходя из ее общей причины, то они легче ее примут, отнесутся к ней естественно. Они поймут, что, в конечном счете, развиваются нормально. Даже если их поведение не рационально и отличается от общепринятого, они воспримут его правильно. А если человек растет удрученным, поскольку его считают отрицательным исключением, то он просто несчастен.

– А как объяснить детям, почему не все одинаковые? Почему в классе есть несколько человек, которые мешают всем учиться? Почему они постоянно вскакивают?

– У них такой вид желания, которое ни на мгновение не успокаивается. Они пытаются наполниться разными вещами и постоянно ищут разрядку. А другим это не надо, так как их желание развивается медленнее.

– Выходит, гиперактивные дети развиты больше, чем остальные?

– Несомненно, ведь их эгоизм больше. Поэтому они могут достичь в жизни больше, чем другие, если научить их уравновешивать себя самостоятельно, без предлагаемых подавляющих лекарств, ведь общество не выработало к ним правильного подхода. С возрастом гены и гормоны сбалансируются, а внутреннее стремление к достижению самореализации останется больше обычного. Такие люди, в конечном счете, будут более успешными. Что об этом говорит статистика?

– Эти данные нужно проверить. Но уже сейчас известно, что многие успешные врачи по природе гиперактивны, а также программисты: компьютеру их непоседливость не мешает, а скорость восприятия у них особенная.

— Почему же не использовать это в пользу общества? Я столкнулся с такими людьми в процессе работы с нашим архивом — они работают замечательно.

— У них действительно особые способности, но нужно помочь их раскрыть.

— Именно об этом я говорю. И начать надо с раннего возраста.

— На Ваш взгляд, они должны учиться отдельно или вместе с другими детьми? Раньше их отделяли, а сейчас включают в группу, добавляя воспитателя или помощника, ведь нужно создать условия для всех.

— Сегодня есть школы, где с раннего возраста практикуется разделение не только по направлениям: техника, биология, языки, искусство. Классы набирают не только согласно специализации, но и по уровню восприятия: для более успешных детей, для менее успешных и так далее. Возможно отделение и здесь, ведь человеку легче ужиться в таком обществе, в котором у большинства такие же свойства, как у него.

— Как правило, они отличники в спорте. Наверное, среди спортсменов много гиперактивных людей. Отсутствие спокойствия со временем проходит очень незначительно. Среди детей гиперактивностью отличаются 5-10%, а среди взрослых — 6%. То есть это проходит не у всех.

— Просто у взрослых гиперактивность не проявляется в движении, а переходит в другую форму — во внутреннюю тревогу.

— Человек учится использовать это свойство с пользой, не чувствует в нем вечной помехи. Но это также зависит от отношения к нему окружающих. В тех семьях, где ребенка приняли таким, каков он есть, полученная уверенность дала ему силы понять свою особенность и правильно ее использовать.

— Ему нужно помочь найти себе правильное занятие. Тогда он будет знать, как погасить импульсы и перевести гиперактивность в другую форму. В этом смысле спорт не очень подходит, так как требует физических усилий.

— Большинство футболистов не учились в школе, не сидели в классе. Но спорт действительно требует постоянства и внутренней дисциплины.

– Мы еще не обсудили вопрос применения лекарственных препаратов для снижения гиперактивности.

– С этим я совершенно не согласен. Мы не понимаем сути явления: речь идет о желании наслаждаться, которое нельзя подавить лекарствами. Мы боремся со следствием, не доходя до корня проблемы. Тем самым мы разрушаем человека, ведь затем это прорвется в нежелательном поведении в других областях.

– Но если ребенок все-таки должен пройти школьный период, как помочь ему физически вписаться в систему?

– На это пока ответить трудно, но я не думаю, что мы должны работать с гиперактивностью с помощью лекарств. Я вижу, с какой легкостью их назначают: против любой проблемы прими таблетку. Это очень плохо. Бедные родители не соглашаются, но выхода нет, так как ребенку грозит исключение из школы. Подход очень жестокий. Необходимы особые классы и новый подход: говорить с детьми об их проблемах.

Родители справедливо опасаются лекарственного лечения. Оно не помогает, если к нему не добавить другие методы.

– На этом мы сегодня остановимся. Мы говорили о том, что должны рассматривать гиперактивность не как явление, а как реальность. Это не проблема, а зеркало нашего состояния, к которому мы пришли в результате развития эгоизма, который требует нового, интегрального наполнения, но не получает его. Попытки заглушить его приводят к тяжелым последствиям. Мы также говорили о том, что гиперактивные дети более развиты и в будущем могут прийти к большим достижениям. Но чтобы они чувствовали себя частью общества, следует говорить с ними о явлениях, которые они чувствуют, объясняя причину. Если они будут открыто об этом говорить, то будут лучше понимать друг друга. Тема гиперактивности очень широкая, и мы продолжим ее обсуждение в следующих беседах.

Депрессия

— Сегодня мы хотим коснуться очень важной и обширной темы, которой в последние десятилетия уделяется очень много внимания. На эту тему проводятся различные симпозиумы, ей посвящены целые учебные программы в школах, ее пытаются решить правительственные и общественные организации в мире. Эта тема – депрессия. Всемирная организация здравоохранения утверждает, что как минимум 80% людей в мире в той или иной мере сталкивались с этой проблемой. 20% всего населения испытали состояние клинической депрессии. Уже сейчас это второе по распространенности заболевание в мире и частота его возникновения только растет. Эти тревожные показатели вызывают вопрос «Почему?». Почему это происходит именно сегодня, почему – в таком масштабе и как с этим бороться? Мы попробуем это выяснить и понять, что можно сделать.

Мы действительно наблюдаем рост клинической депрессии, которая охватывает все больше возрастных групп – это принимает масштабы эпидемии. Я обратила внимание, что конференции стали открыты для широкой публики, чтобы люди могли получить информацию и помочь тем, кто находится в депрессивном состоянии, но не может заставить себя обратиться за помощью. Это стало очень болезненным явлением, с которым не просто справиться. Оно называется «тихой эпидемией», поскольку многие из тех, кто страдает от этого заболевания, не могут или не хотят об этом говорить.

Обычно человек стесняется этого состояния. Кроме того, существуют два вида депрессии. Первый проявляется в снижении активности, а второй выражается в агрессивности, в повышенном возбуждении и гипертрофированной активности, вызванной страхом остановиться и ощутить боль.

— Если мы обратимся к художественной литературе, то увидим, что двести лет назад депрессия была излюбленной темой аристократии, было модно находиться в некоторой меланхолии... Это должно было показать, что ты выше других, что ты пренебрегаешь всей этой жизнью... Но всем остальным слоям населения это было абсолютно не свойственно, народ работал и умел радоваться тому, что есть. Сегодня все обстоит совершенно иначе. Причиной этого является развитие нашего эгоизма, желания наслаждаться, которое лежит в основе нашей жизни. Поскольку наше эгоистическое желание растет не только количественно, но и качественно, мы требуем большего, и с середины прошлого века мы стали искать себя... Это началось одновременно почти во всем мире. Появились «дети цветов» – хиппи, поиски религий, верований, увлечение востоком, мистикой, Нью-эйдж... Появилось и стало расти желание нового типа – желание найти Создателя. Есть сила, которая нас создала, чего она хочет от нас?! Что есть у меня в этой жизни?! Для чего или для кого я существую?

– Это поиски смысла?

– Это поиски более глубокого смысла, а не просто замена одного вида деятельности на другой. Это уже не просто развитие индустрии развлечений, путешествий и современной культуры, которое в то время началось и чему способствовало развитие кино... Основной вопрос: «в чем смысл моей жизни?» – это поиск не внутри жизни, а над ней. Поэтому мы стараемся занять себя. Мы понимаем, что если бы у нас не было всего этого, мы бы впали в депрессию, и вопрос о смысле жизни стал бы очень болезненным и острым. Люди были бы погружены в отчаяние и все видели бы в черном свете. Это страшно, может привести к насилиям, войне. Именно развитие индустрии развлечений и возможность заполнить свободное время как-то облегчает ситуацию, но, несмотря на это, 20% людей страдают от депрессии. В течение второго десятилетия 21 века эта болезнь займет первое место. Причем от депрессии страдают не только люди, но и домашние животные, и существуют лекарства не только для людей, но и для животных.

– Если говорить о лекарствах, то сегодня, как показывают опросы, для их получения гораздо больше людей обращаются к семейным врачам, а не к психиатрам.

– Эта проблема стала настолько распространенной, что вышла за пределы психиатрии.

– Это очень больно. Люди, которые приходят ко мне на прием, говорят, что эта боль сопровождает тебя повсюду. Это ужасное ощущение, и я понимаю желание человека принять любое лекарство, чтобы перестать ощущать страдания.

– Кроме того, люди используют всевозможные энергетические напитки, которые тоже не помогают. Вопрос о смысле жизни... Мы не понимаем, что кроме этих 20% людей, которые страдают от депрессии, отдают себе в этом отчет и признают это, существует еще много болезней, являющихся следствием депрессии.

– Депрессия однозначно вызывает дополнительные болезни, как душевные, так и физические.

– Есть врачи, которые считают, что многие физиологические проблемы стоит лечить антидепрессантами. У человека улучшается настроение, он возвращается к нормальной деятельности и остальные симптомы тоже исчезают.

– Среди подростков это явление ощущается особенно остро. Они употребляют большое количество алкоголя, чтобы заглушить ощущение пустоты.

– Алкоголь, наркотики – все это является результатом ощущения неудовлетворенности.

– Что же предлагает интегральное воспитание?

– Интегральное воспитание говорит, что для нашего поколения характерно возросшее эгоистическое желание, которое требует от нас ответа на вопрос о смысле жизни. Наше поколение – особенное, у него особые желания и особые стремления, и вследствие отсутствия наполнения и отсутствия ответов на тревожащие их вопросы у людей развивается депрессия. Если мы будем знать, в чем заключается проблема, если у нас будут средства для удовлетворения и наполнения растущего желания и ответы на животрепещущие вопросы, мы не будем в депрессии. Мы увидим счастливое поколение, которое осознает свое предназначение, знает, что его ожидает, понимает, почему желание пробуждается в такой форме, почему смысл жизни так важен для них, несмотря на то, что они не хотят этого признавать. Вместо поколения инвалидов мы получим поколение, которое будет правильно развиваться, раскроет для себя совершенный мир и почувствует, что стоит жить в гармонии с совершенной и вечной природой. Ведь подобие природе приводит нас к ощущению ее вечности и совершенства.

– То есть они смогут превратить отчаяние в расцвет?

– Конечно, ведь для этого оно и раскрылось. Мы живем в переходный период и поэтому предлагаем интегральное воспитание в качестве лекарства. Она является не целью, а средством наполнения всех желаний человека!

– Человек, начавший осваивать интегральное воспитание, должен почувствовать себя лучше? Я это спрашиваю как практик...

– Да, почти с первой минуты. Я вижу это на своих учениках и помню себя в процессе поиска, в какой депрессии я находился, в каком состоянии беспомощности. Я искал себя в науке, в религии и ни в чем не мог найти удовлетворения и успокоения, пока не нашел эту методику.

– Когда человек приходит с ощущением депрессии, а ты предлагаешь ему методику подъема над его эгоизмом, он не слишком охотно хватается за эту возможность. Он не видит в ней спасения...

– Вначале надо объяснить ему, что данная методика должна наполнить желание человека, именно сейчас, когда желание переросло материальный уровень, когда в нашем мире для него нельзя найти наполнение. Мы видим, что люди не могут найти себе наполнение, кроме как оглушить себя лекарством, наркотиком или алкоголем. Это свидетельствует о том, что желание приходит с более высокого уровня. Поэтому мы не можем предложить человеку ничего в этом мире, чтобы его удовлетворить.

– Значит это не вопрос философии. У человека есть все, но во всем этом он не видит смысла.

– Философский вопрос – это вопрос, о котором мне достаточно иногда поразмышлять, а здесь говорится о наполнении моей жизни, без которого я не могу двигаться. Это не любопытство, без этого наполнения у меня нет жизненной энергии.

– Но обычный человек не находится в этом состоянии постоянно, это приходит и уходит, если это не клиническая депрессия. Клиническая депрессия, это очень тяжелое состояние, из которого невозможно выйти самостоятельно. Есть разные уровни депрессии. Более распространенный вариант – когда человек ведет активный образ жизни, но при этом чувствует неудовлетворенность.

– Мы не можем лекарствами восполнить человеку потребность наполнить желание, мы просто замалчиваем проблему. Человек не чувствует вкуса к жизни, вкуса наполнения. Я хочу быть счастлив, я хочу чувствовать себя хорошо!

– Очень часто люди чувствуют опустошение, но не готовы это признать. Особенно это касается людей «благополучных» в социально-экономическом плане. А как насчет послеродовой депрессии?

– Это совершенно другое явление, связанное с гормональными изменениями. Хотя не исключено, что оно тоже в большей степени свойственно нашему столетию и является частью общей депрессии и нашего общего эгоистического желания. Когда-то у женщины не возникал вопрос, должна ли она рожать...

– Существует противоречие между желанием реализовать себя и необходимостью посвятить себя ребенку, семье. И возникает сильный конфликт, который парализует женщину. Несмотря на то, что природой женщина призвана посвятить себя ребенку, в ней возникает определенное сопротивление...

– Сегодня женщина считает, что она может всего достичь, и ребенок ее ограничивает. 200 лет назад ее жизнь ограничивалась семьей и детьми, а сегодня семья и дети занимают в ее жизни второе, третье или четвертое место. Все виды депрессии возникают на фоне усиления нашего общего эгоизма, требования не просто как-то просуществовать, а достичь более высокой реализации. Мы должны найти возможность объяснить, что методика интегрального воспитания призвана наполнить желание человека и дать ему то наполнение, которое он желает. Человек в состоянии депрессии хочет настоящего наполнения, он не терпит лжи. Сегодня еще люди используют лекарства, наркотики, алкоголь, чтобы подавить депрессию, но скоро они придут к такому состоянию, когда не смогут принимать этих «заменителей», они оттолкнут их как лживые...

— Как раз сегодня психологам совершенно ясно, что наркомании или алкоголизму обычно предшествует тяжелая депрессия.

— Через несколько лет выяснится, что алкоголики и наркоманы не могут больше использовать алкоголь и наркотики.

— Они перестанут чувствовать пристрастие к этому?

— Они просто почувствуют, что это ложь, и не смогут использовать это как средство успокоить себя. Желание получить наполнение вырастет настолько, что оно не сможет удовлетвориться тем наполнением, которое дают наркотики или алкоголь. И тогда к этим 20% добавится еще 30-40% населения.

— Это будет ужасно! А что дает именно ваша методика? Почему именно она, а не иная?

— Форма нашего желания, эгоизма, принимает глобальную и интегральную форму, то есть мы, все люди, становимся полностью взаимосвязанными, а ведем себя как индивидуальные эгоисты. Своим желанием мы сегодня противоположны природе, которая проявляется с каждым днем все более как единое целое. Наше противостояние природе все больше увеличивается. Решение все кризисов — только в достижении нами подобия природе. В таком случае мы достигнем наполнения. В противном — опустошимся, пока не погибнем. Когда мы опустошаемся, мы спрашиваем себя о цели жизни. Если же мы наполнены, этого вопроса не возникает. Наполнение требуется не материальное, а моральное, духовное. Потому что депрессия и вопрос о смысле жизни возникает у материально устроенных людей.

— Можно ли сказать, что в противоположность пустоте, одиночеству и отчуждению мы предлагаем соединение, связь с другими и смысл, а не просто «вкус к жизни»? Человек, находящийся в депрессии, находится внутри замкнутого круга неудовлетворенности и отчаяния... Групповая работа очень помогает, это действует лучше, чем многое другое. Общество дает человеку силы...

— Но, в конечном итоге, мы видим, что это не решение, это попытка примириться с действительностью.

– О каком наполнении идет речь? Когда мы говорим о наполнении, я представляю себе наполнения, известные мне в этом мире. Какое особое наполнение предлагает ваша методика и этим отличается от других?

– Она приводит человека к такому состоянию, что он начинает видеть цель в жизни. Он обнаруживает, что жизнь не заканчивается вместе со смертью, он поднимается выше времени, движения и пространства, начинает видеть свое движение в потоке вечной жизни. Он это чувствует!

– Можно сказать, что это вечная часть в нас? И поскольку она вечная, ее невозможно наполнить временным и преходящим наслаждением? Это особый, иной вид желания.

– И мы обнаруживаем его в огромном количестве людей, среди широкого круга населения, которое задает вопрос о смысле жизни, о том, как подняться над этой жизнью и перейти на иной уровень существования – то есть не находясь под прессом эгоизма.

– Давайте подведем итоги нашей беседы. Мы говорили о депрессии и о том, что она является следствием роста эгоизма в человеке. В отличие от всей остальной природы, желание человека растет, развивается и приводит его к состоянию, когда он начинает требовать больше, чем этот мир может ему дать. Согласно возникающему в нем желанию, он ищет чего-то более возвышенного и вечного, но не находит этого среди временных и преходящих наслаждений этого мира. Поэтому он чувствует себя плохо и обращается к лечению или лекарствам, чтобы забыться и убежать от этого ощущения. Его желание ищет и не находит наполнения, от него нельзя убежать. Проблема решается в том, чтобы привести желания человека в подобие природе. То есть в изменении желания с получения на отдачу. В таком случае он обнаруживает возможность наполняться безгранично и, кроме излечения от депрессии, достигает ощущения гармонии вечной природы.

Добро и зло

— Сегодня мы продолжим заниматься вопросами, касающимися периода взросления и становления человека, а тема, которую я хотел бы сейчас затронуть, называется «Добро и зло». Что означают эти понятия и как разъяснять их детям? Вы часто рекомендуете объяснять понятие, что «сердце человека злое с рождения». Однако у психологии как раз противоположный подход: работать с ребенком над тем, что он — не плохой, а может лишь плохо себя вести. То есть психология подводит родителей к такому разграничению, чтобы они почувствовали, что у них дома есть не кто-то плохой, а кто-то, который плохо себя ведет. Но нужно учиться находить путь изнутри, чтобы извлечь что-то хорошее.

— В сказанном Вами уже есть явное противоречие.

— Верно. Но у родителей должно быть разграничение между понятиями «ты — не плохой» и «плохое поведение».

— Возникает вопрос: «Кто ты вообще?» Получается, что здесь есть «ты — плохой» или «ты — хороший», или же «ты — нейтральный». И есть в тебе добро и зло.

— А что такое добро и зло? Разобраться в этом совсем не просто. Есть теории, говорящие о том, что человек — хороший, а есть теория Фрейда, который характеризовал человека как «злого от рождения». Конечно, этому способствовали события второй мировой войны, доказавшей, какое зло может случиться в мире. И, разумеется, есть точки зрения, характеризующие человека как ищущего связь, доброго и действительно находящегося в поиске добра. Несомненно, существует некий конфликт, и я не просто так поднимаю этот вопрос.

— Наше отношение к категориям добра и зла на самом деле не должно зависеть от времени. Человек — не хороший и не плохой, а две силы: добро и зло находятся в каждом из нас. И мы должны видеть человека как некое нейтральное место, за которое воюют природа добра и зла: кто из них захватит управление, власть.

– Это превосходно! Хорошая сторона этого в том, что есть возможность выбора.

– Верно, именно человек выбирает, кто будет властвовать над ним. Ему не удастся сбежать ни от одного, ни от другого. Он также не сможет подняться над обоими проявлениями природы и просто выбирать, что это я хочу, а этого – не хочу.

– Он не может быть только хорошим или только плохим.

– Здесь, на самом деле, есть целые системы, которые он сможет привлечь к себе, чтобы по праву властвовать. Силы добра и зла хватаются за человека. И тогда он принимает решение. В конечном счете, ему дают силу подняться над своим желанием и над добром и злом – и определить, что будет управлять этим его желанием. Иначе говоря, он сам – это точка над обеими силами и над самим желанием.

– По сути это то, что ребенок сделать не может, верно? Он лишь начинает учиться этому.

– Этот процесс происходит постепенно, но нам нужно начинать готовить его к нему. Мы должны психологически подготовить ребенка к тому, что один человек считает так, а другой – иначе. Но нам необходимо подкрепить все это хорошей основой и привести объяснение в какую-то общую плоскость, где говорится о твоем желании, о твоем эго, о хороших и плохих вещах. И те и другие побуждают тебя к поступкам, так давай поднимемся над ними. Значит, можно объяснить это ребенку, и можно с легкостью сделать из ребенка психолога самому себе. Ведь ребенок очень хочет быть похожим на взрослых. И если он поймет, что взрослый считает так, то тоже захочет так считать.

– Правильно, но часто его восприятие намного уже. Он не может видеть выше того уровня, который он видит, и на котором он живет.

– Верно. Но мы даем ему примеры хорошего и плохого, взаимоотношений между ним и кем-то другим: одна ситуация, другая, третья. Тем самым мы обеспечиваем его моделями для исследования, и затем он впитывает их и с их помощью сможет решать более серьезные проблемы. Он также сумеет разобрать каждый случай.

– Это значит, что, используя речь, мы начинаем определять ему разные возможности. Существует более чем один, вариант поведения, верно? И выходит, что у тебя есть выбор. Когда ребенок ведет себя агрессивно, он чувствует, что это действие было единственно правильным в тот момент. Но когда на практике мы с ним разбираемся в этом, то показываем ему, что если бы он попытался подумать или сделать вдох, на минуту сдержать свои эмоции, он смог бы поступить иначе. Это не тот случай, когда кто-то меня ударил, а я дал ему сдачи.

– Я не думаю, что мы сможем увидеть существенные результаты этого. Объяснить все это ребенку мы сможем, и пусть он даже согласится и поймет. Но сможет ли он это сделать, когда наступит такой момент? Мы полагаем, что дети все время растут, а их желание растет еще быстрее. И поэтому, когда они получают от Вас назидательный совет, этическое поучение...

– Это не назидательный совет, а скажем, стратегия.

– Пусть стратегия, но она опирается на примеры из прошлого. Разве она поможет, если это возобновится на более высоком уровне?

– Хорошо, а как бы Вы объяснили это ребенку, если он нервничает все больше и больше?

– Прошлое состояние для него уже не является примером – это слабый пример. Ребенок скажет: «В прошлый раз я тоже хотел, но не так сильно, как сейчас. Но сейчас, когда у меня было такое большое желание, он обидел меня...»

– Ну и как же это сделать правильно?

– Только при помощи влияния окружения. Окружение покажет ему примеры того, что оно не принимает его таким, каков он сейчас, что оно не согласно.

– Но и сегодняшнее окружение не согласно с этим.

– Какое окружение? Дети? С чем они не согласны?

– Не согласны с агрессивностью, с насилием, и все же...

– Не может быть, что дети из окружения не приемлют эти вещи, а ребенок так себя ведет. Тогда он должен быть сумасшедшим или абсолютно оторванным от среды. Такого не может быть, чтобы окружение не могло даже не объяснить, а дать почувствовать, что оно не принимает его таким, и не согласно с его присутствием.

– Из-за того, что он так реагирует.

– Они покажут ему, что не принимают его, что он не желателен в их среде. Вы знаете, что такое удар по самолюбию?

– Это самое худшее, что может быть. Остаться одному, отвергнутым всеми...

– Это я и имею в виду. А общество должно стать важным для всех. Поэтому нам вообще не нужно работать с ребенком, мы не должны к нему прикасаться.

– Но Вы же советовали проводить обсуждения и беседы с ребенком. Так для чего же мы делаем это, если он не может думать наперед, а может только использовать прежний опыт?

– Только лишь для того, чтобы подготовить в нем основы, примеры, модели для лучшего понимания среды, возможности находить общий язык. Но за всем этим мы как будто объясняем ему шепотом: «Если ты будешь так себя вести, знай, что они не будут тебя любить. Ты хочешь это увидеть? Посмотри на то, обрати внимание на это». Ведь, возможно, на самом деле он этого не видит. Он все еще думает, что он – сильный, что он еще всем покажет. Но мы говорим ему, как голос за кадром: «Ты знаешь, они тебя не любят, они не хотят с тобой дружить. Они хотят от тебя уйти, потому что не желают принимать тебя в свою компанию». Мы объясняем ему язык окружения, чтобы он стал более чувствительным к нему. Потому что, в конечном счете, только общество сможет привести его к правильному состоянию.

– Но как же среда, состоящая из индивидуумов, из таких же, как он, детей, может создать такое окружение?

– Ничего не поделаешь, – это работа группы, и ее нужно делать только через воздействие среды. Действуя фронтальным методом, против отдельной личности, ничего не добьемся, как по отношению к взрослым, так и к детям. Результат будет одинаковым как в возрасте 40 лет, так и в возрасте четырех.

– Человек сразу же сопротивляется и не принимает.

– Нет иного пути, когда человек находится под властью эго, внутренних побуждений, проявляющихся добра и зла. Он не может в такой ситуации стать судьей самому себе. Это произойдет лишь при условии, если он будет связан с обществом, которое сможет удержать его в своих руках. Тогда он сможет судить себя, исходя только из этого принципа своего окружения. А иначе, как он сделает это сам? На основании чего? Как он удержит себя, какими силами? Чем он сможет себя обуздать?

– Все мы – продукты общества и желаем ему принадлежать. Если общество сигнализирует нам, что «это в нем не принято», то мы меняем свое поведение. Но до сих пор мы наблюдаем в обществе много агрессии и насилия.

– Поймите, мы не способны с этим работать, причиной всего происходящего с нами в этом мире является стыд.

– Что это значит?

– Все очень просто. Стыд – это сжигающее пламя ада.

– Да, это – тяжелое чувство.

– Если бы мы использовали его правильно, то не нужно было бы ни предостережений, ни объяснений, никаких философских рассуждений, ни действий, определяющих наше отношение к кому-то. Нам необходимо лишь только немного пробудить стыд в ребенке. И относительно чего? – Только относительно среды. И по отношению к людям в этом мире, только так я могу дать оценку себе. Иными словами, стыд и окружение – это две основы. Зная, как управлять ими, каждый человек сможет управлять собой и изменять себя под влиянием общества. Зависть, почет, власть заложены в нас природой специально. Используя правильно общество, мы сумеем заставить себя подняться над своим эгоизмом, желая подать себя как «что-то стоящее». Используя эти потребности человека, можно лепить из него альтруиста, – как из взрослого, так и из ребенка.

– *Получается, что, в сущности, нам нужно формировать не человека, а его окружение? Среда – это более взрослые люди?*

– Это те, с кем он считается. Те, кто ему важен.

– *Но нужно быть осторожным в использовании такого свойства, как стыд, ведь испытывать его действительно тяжело.*

– Нет, мы подходим к нему с осторожностью, только чтобы помочь. Я подхожу к нему, как товарищ... Он должен чувствовать меня товарищем, а не выше его. И тогда я объясню ему, что с ним происходит, и чего ожидают от него товарищи.

– *Но это происходит уже после того, как что-то случилось. Вы тихо разговариваете с ним...*

– Если он ощущает общественное давление, я уже могу его учить. И он станет внимательно меня слушать, ведь он не желает опозориться и сам чувствует, что в чем-то провинился.

– *Выходит, что он испытывает стыд не в отношении какого-то своего качества? У него есть стыд по отношению к окружению.*

— На него влияет лишь отношение общества к нему. С помощью этого мы можем привести человека к любви к ближнему, а не только остановить его агрессию.

— Можно также сказать, что ты не должен стыдиться, потому что есть в тебе такая сила, которая дает повод так себя вести.

— Конечно, но я не думаю, что даже взрослые способны принять это объяснение.

— В наших беседах Вы все время возвращаетесь к одному понятию, которое в психологии называют «зеркалом». То есть приглашают человека все время смотреть на себя как будто со стороны. И этого придерживаются самые современные психологические теории, например подход, основанный на работе с жизненными ситуациями, рассказать о них и посмотреть на все это со стороны, а не жить с этим внутри себя. Как бы все время выкладывать эти факты на стол и смотреть, что с нами было.

— Снимать видеофильм и вместе обсуждать.

— Но когда Вы сказали, что будете ребенку объяснять, у меня возник вопрос: «Что происходит с авторитетом?» Как же Вы сделаете это в группе, если хотите оставаться товарищем ребенка? Вы считаете, что не потеряете свой авторитет? Мне кажется, что в таких случаях теряется авторитет, возможность определять того, кто решает. Есть это и в желании помочь каждому ребенку. Если, предположим, мы находимся в группе, в которой наставник такого возраста, как я, или старше. Что случится, если кто-то должен будет установить границу или остановить кого-то, если случилось что-то плохое, а в группе все равны?

— Должен существовать некий более высокий первоисточник, по отношению к которому существует общепринятое признание. И это должен чувствовать сам ребенок, и его учитель, и члены его семьи. В нашем случае — это выводы наших исследований, изложенные в Интернете, подтверждаемые многими авторитетами. Нам нужно ввести в воспитание элементы этих источников, рассказывающих нам об раскрытых основах мироздания. Эти понятия дети должны получить не от учителя.

– И Вы выводите это из полномочий ребенка и учителя и говорите, что существует нечто третье.

– Верно. Выходит, что ребенок видит в учителе также пример самого себя. Но кроме этого, необходимо учить с детьми материалы, затрагивающие эту тему, психологию такого состояния. Очень важно, чтобы ребенок видел, что это изменение под влиянием окружения почитаемо его товарищами и в его семье.

Я могу дать примеры. Наши дети читают вместе статьи, которые затем им объясняют, и видят, что их отцы тоже изучают эти статьи. Я вижу, что все принижают себя по отношению к этим принципам, а не хотят, чтобы только я принизил себя.

– Здесь есть нечто более высокое – система законов, согласно которым учитель относится ко мне. Ребенок не придет жаловаться к учителю, потому что тот покажет ему, как себя вести.

– Но проблема этой методики состоит в том, что здесь нам нужно заниматься совокупностью всех проблем – как самим человеком, так и всем его окружением. Я не могу вырвать ребенка на несколько часов из школы и работать с ним, а затем возвратить в то же общество или в ту же самую семью, как будто ничего не было, и при этом еще требовать с него, чтобы он изменился. Мне необходимо заниматься им через общество. Человек, в конечном счете, – производное от общества. И если мы изменим только само общество, то изменится и человек.

– Проблема в том, что когда говорят такие вещи, то человек сразу же становится покорным: «Что я могу сделать с таким большим механизмом? Что я могу предпринять против средств связи и информации?»

– Он прав. Но мы знаем, что каждые 15 лет подрастает новое поколение. Давайте начнем сейчас, и через 15 лет получим новое человечество. Нет в мире ничего более ведущего, более динамичного, чем человек. Давайте прямо сейчас начнем работать с детьми. Определим возраст, скажем, начиная с первого класса школы и старше. Мы обратимся ко всем через средства массовой информации и начнем оказывать влияние.

– Вы видите это прямо как организацию совета родителей?

– Это должно стать самой большой государственной проблемой. Ведь это – проблема общества, страны, мира. Если это превратится в проблему граждан, тогда это станет интересовать государство, поскольку ему важны голоса избирателей.

– Я считаю, что это – источник всех проблем, и надеюсь, что, в конце концов, в правительство придет человек, который сможет именно на этом фоне проблемы системы воспитания прийти к власти и определять порядок вещей. Это должно произойти на фоне новой глобальной системы воспитания в обществе. Такое изменение можно сделать в обществе, ограниченном рамками страны.

– Это не должна быть общемировая система? Достаточно, чтобы это осуществилось в рамках страны?

– Даже в масштабе меньшем, чем страна.

– Даже только в одном городе?

– Самое главное, чтобы общество излучало такое чувство на помещенных в него детей или взрослых.

– Нужно, чтобы чувствовалась важность этих ценностей и желание сделать изменение. Ребенок должен чувствовать это в каждом месте: в СМИ, в детском саду, в школе, дома, от родителей и друзей. Одним словом, он должен быть окружен такой средой.

– Я считаю это возможным. Все зависит от того, сколько кризисов, страданий мы еще вытерпим, прежде чем решим и начнем воплощать это в жизнь.

– Меня беспокоит один вопрос о любви к ближнему и о любви к самому себе. В психологии есть разные точки зрения на это, но все они сходятся в одном, что в процессе развития ребенка есть начало, когда он видит свое отражение в глазах матери и понимает, что она его любит, восхищается им, рада ему и заботится о нем. И тогда он, в сущности, учится чувству «я – хороший», а из его любви к себе развивается некая возможность любить ближнего. Но у Вас описывается другой процесс перехода к любви к ближнему. Психология утверждает, что исходя из того, что я могу любить себя, я могу полюбить ближнего. Есть много таких психологических подходов, говорящих, что если я не люблю себя, то никогда не смогу прийти к любви ближнего.

– Мне это знакомо. Красивый эгоистический подход. Прежде дайте мне полюбить себя, а затем, исходя из этого, я полюблю и вас. Красиво!

– Существуют также направления, говорящие, что на определенном этапе общество для ребенка – это проблематичная вещь. Нужно дать ему развить собственное «я», отношение к самому себе, а затем он сможет снова вернуться в общество. Это направление не особенно показательно, верно. Но все же, когда я смотрю на него с точки зрения развития ребенка, мне кажется, что он, в самом деле, изучает себя изнутри среды. Сначала с помощью своей мамы. И лишь потом он учится сближаться с другими людьми, а не наоборот.

– Значит, мать ведет себя неверно.

– Почему? Как раз таки мать ведет себя правильно.

– В чем? В том, что все время показывает ему разными способами, что он желанный и хороший? Почему это хорошо? Мать должна говорить с ним, то есть показывать ему хорошие и плохие стороны в его поведении и все время поправлять его и развивать. Должны быть две вожжи, две силы.

Часть вторая

— Но я говорю только о том важном процессе перехода от любви к самому себе или принятию себя как хорошего человека — к любви к ближнему.

— Если я думаю о себе, что я — хороший и мне хорошо, то, исходя из этого, я буду только наказывать и обвинять ближнего.

— Если я хороший, то очевидно, что они — плохие, раз случилось что-то плохое.

— С того момента, когда человек появляется на свет, мать обязана растить его в диалоге: указывать ему на то, что он делает правильно и что нет, в чем он поступает хорошо и в чем плохо. Ей нужно все время говорить с ребенком с учетом двух сторон, из двух направлений, и объяснять ему, что это можно делать, а это — нельзя, даже если перед ней лежит пока еще несмышленый младенец.

— Да, но как же из этого развивается любовь к ближнему?

— Он начинает чувствовать, что нужно открыть отношение к людям через два канала: добро и зло. И тогда таким же образом он станет относиться к среде, потому что мать — это тоже среда, относящаяся к нему хорошо и плохо. И тогда ему будет легко войти в любое общество.

— Значит, нужно уже сначала установить границы дозволенного?

— Я не считаю, что зло и добро — это ограничения. Если мать ведет себя таким образом, она дает эгоизму ребенка развиваться в правильной, а не искаженной форме. Почему нужно говорить ребенку, что все хорошо, и ни в чем его не ограничивать? Мы же тем самым не даем ему модель поведения. Ее дают с помощью двух противоположных сил, и тогда ребенок, находясь между ними, начинает понимать и чувствовать, что ему можно, а чего нельзя, что есть добро, а что зло. Он смотрит на мать, чтобы понять, стоит это делать или не стоит, можно или нельзя, — и так он растет.

— И это способствует тому, что он начинает вырабатывать отношение также и к среде, а не только к самому себе. Это уводит его от мысли, что я — хороший, к мысли, что есть среда, из которой приходит добро или зло, и ему нужно определить свое отношение к ней.

– Если мать желает подготовить ребенка к жизни, она должна вести себя с любовью, но подобно среде.

– Вы высказывали свое мнение о слишком добрых матерях.

– Это – глупые матери. Извините, что я их так называю.

– На этом мы закончим. Ключевой момент сегодня – это добро и зло. И как бы то ни было, нужно создать такие чувства в самой среде и произвести изменение в обществе. И тогда это изменение поможет человеку правильно относиться к реальности и понять, что всегда имеются две вожжи: добро и зло, которые управляют им, и между ними он должен построить самого себя.

Воспитание девочек

— Мы обсуждаем тему «Мальчики и девочки» и их воспитание. В рамках проекта, в котором исследовалось поведение мальчиков и девочек, выяснилось, что они ведут себя по-разному. Например, в группе, где вели беседу мальчики, можно было развивать обсуждение с 15-20 ребятами, каждый из которых высказывал свое мнение. Когда же мы наблюдали за группой девочек, оказалось, что активное участие в обсуждении происходит в группе, включающей пять-шесть участниц. Если количество девочек в группе было больше, обсуждение протекало вяло. Могли бы Вы объяснить, почему это так?

— У девочек потребностей больше, поэтому они ощущают большую пустоту и меньшее наполнение, чем мальчики. Да и от природы мальчики не очень многословны и не любят дискутировать. Женщины больше любят говорить. Раскрытие природы происходит в женщине, а разговор – это раскрытие. В нашем мире она постоянно говорит со своими детьми, а мужчина больше занят работой: умственной или физической, и меньше разговорами.

— Тогда почему девочкам легче дискутировать в маленьких группах?

— Потому что потребности девочек в чем бы то ни было в жизни, заметны больше, чем у мальчиков. Мужчины могут сидеть молча и почти не разговаривать.

— Так если я спрошу мужа, почему он не говорит со мной, он ответит, что такова его природа? Не то чтобы он вообще не говорит со мной, – просто отвечает односложно, с трудом.

— А женщина все равно обижается, что с ней не говорят.

— У женщин это не называется «разговаривать». Этого им недостаточно.

— Ну, конечно, у них есть потребность сидеть с мужчиной и «говорить о наших отношениях».

— Интересно, что если мальчикам дать какой-то стимул: сыграть в игры или проползти через подземный ход, то они просто несутся выполнять задание, а девочки не очень это любят.

— Это связано с работой нашего мозга, а не потому, что мы желаем этого или не желаем. Ведь у девочек и мальчиков за речь и за действия отвечают совершенно разные участки мозга.

— Действительно, есть различие. Имеются исследования, доказывающие такие отличия в развитии мозга, и есть результаты, подтверждающие, что женщинам лучше даются гуманитарные предметы. Однако не нужно думать, что эти свойства противоположны, как черное и белое. На самом деле есть женщины, которым присуще действовать, а не разговаривать, то есть они говорят меньше среднего показателя для женщин. И есть мужчины, профессиональная деятельность которых связана с речью: продавцы, психологи, а также учителя, которым все время приходится говорить.

— Но их разговоры направлены на цель, на реализацию больше, чем у женщин, находящих наслаждение или удовлетворенность в самом процессе разговора.

— В том, чтобы поговорить о чем-нибудь? Даже если это не приводит к конечному результату?

— Нет, но Вы же видите, как это происходит: разговоры женщин могут тянуться часами.

— Мы беседуем о воспитании, и хотелось бы узнать, как правильно подходить к воспитанию. Наша цель — построить человека, и не важно, кто перед нами: девочка или мальчик.

— Конечно, но каждый должен пройти исправление по-своему.

— Так, может быть, следует объяснять, что цель воспитания — быть человеком и прийти к полному совершенству? И это относится в равной степени как к девочкам, так и к мальчикам.

– Мы видим это на примере жизни древних племен, а также людей, живших в недалеком прошлом: мальчики и девочки играли раздельно, одних притягивает одно, других – другое. А почему бы нам не идти в соответствии с природой? Сказано: «Воспитывай отрока согласно пути его». Ну, зачем это нужно делать насильно? И вдобавок, за одну парту нарочно сажают мальчика и девочку. Но зачем их сводить «лбами» вместе, вопреки природе? Они должны встречаться в ином месте и для иных целей...

– Существует точка зрения, что у первобытных племен на самом деле такое разделение было верным, а сегодня – этакий унисекс (универсальный стиль), мол, все мы одинаковы.

– Верно, потому что древние следовали законам природы, а не насаждали порядки насильно. А сегодня люди уже не могут найти друг друга.

– *Ведь мы не одинаковы?*

– Нет, и точно так же у нас есть различие в восприятии. Даже принимая во внимание, что мы не воспитываем, а даем образование. Почему же мы сажаем их вместе на уроках математики, физики, географии? От этого есть какая-то польза? Ведь при совместном обучении не дают правильно выразить себя ни девочкам, ни мальчикам.

– *Идея общества, я думаю, состоит в том, чтобы произвести знакомство и сближение. Но Вы говорите, что это не приводит ни к знакомству, ни к сближению?*

– Нет, это приводит к пренебрежению.

– *Потому что это не позволяет каждому полу развить свою индивидуальность?*

– Конечно! Если взять их раздельно, то все примеры и методы можно было бы передать им по-другому. Пусть одни рисуют автомобили и самолеты, а другие – платья и кукол.

– *Они и так это делают.*

– Да, но нужно идти в соответствии с тем, к чему они привыкли. Таким путем ты разовьешь человека, а не сделаешь из него что-то искаженное и механическое.

— Получается, что идея состоит в том, чтобы дать им развиваться, согласно их наклонностям. И мы обнаружим, что их интересы, в сущности, естественны для них. И это вовсе не какие-то сложившиеся у нас предрассудки.

— Дело не в предрассудках, а в нашей глупости, в том, что мы не прислушиваемся к природе и делаем что-то, считая себя более умными, чем она. Теперь мы видим результаты этого.

— Существуют исследования, говорящие, что есть различия в игре, но только лишь в самом раннем возрасте. А для более старшего возраста проверок уже не проводится, ведь бытует мнение, что мы одинаковы.

— Как такое может быть, что мы одинаковы?

— В самом деле, нет анализа информации о детях старшего возраста. Мне удалось найти хорошее исследование, проведенное год назад в Великобритании, где испокон веков было принято раздельное воспитание. Это даже являлось частью английской культуры. Постепенно там прекратили воспитывать детей раздельно: из трех с половиной миллионов детей раздельно воспитываются лишь двести тысяч. Однако проверка показала, что девочки, учившиеся раздельно, добились гораздо большего успеха по сравнению с теми, кто учились вместе с мальчиками. Есть в этом, как видно, какое-то преимущество. Ученые пытались объяснить это их сознанием или методикой преподавания. Они допускают, что, возможно, девочки действительно нуждались в иной методике. И был там очень тонкий намек на то, что девочки как раз желают больше совместных действий и меньше соревнования, которое вынуждает их молчать и больше пугает.

— Тем, что есть соревнование полов, мы вообще вводим их в напряженное состояние: какой из мальчиков лучше, какая девочка красивее в сравнении с остальными? Это занимает их больше, чем учеба или что-то другое. Для чего это нужно?

— Мы видим из исследований, что в возрасте шести-семи лет девочки предпочитают общество девочек, а мальчики — мальчиков.

– Так почему бы не воспитывать их в соответствии с этой наклонностью? Выходит, что сначала мы насилуем природу, а потом понимаем, насколько это безуспешно.

– Нам как-то пришлось наблюдать, что когда освободился какой-то этаж, на который мы должны были переезжать, несколько девочек зашли туда. Они вошли в какую-то комнату, убрали ее, навели там порядок и превратили в свой дом. Все это произошло в течение очень короткого времени без чьей-либо просьбы. И сделали они это естественным образом. Может быть, нам надо просто дать им строить дом?

– Это присуще ей от природы, а мужчина должен принести туда наполнение. У каждого из них своя роль, и, соединяясь вдвоем, они приносят совершенство. Поэтому женщину легче воспитывать, и природа наделила ее почти всем, что ей нужно, кроме намерения достичь высокой цели. Мужчине необходимо пройти большие исправления, более обширные и тяжелые. Вот почему мы естественным образом больше вкладываем в юношей.

Мужчине нужно произвести больше исправлений, а женщине меньше. Ее нужно меньше ограничивать. Ведь она, по сути, больше готова к исправленной жизни. Но оба они должны достичь взаимного дополнения.

– Мы наблюдаем за коллективом детей, которые получают интегральное воспитание, и отмечаем, что мальчики с удовольствием проводят здесь целый день. Они адаптировались и любят находиться весь день в больших группах. А если мы помещаем девочек в большие группы в том же месте, постепенно они создают из них маленькие подгруппы. Это свойственно их природе?

– Это имеет отношение к их природе. Женщине нужны свои границы, то есть она желает знать, что это ее место, ее уголок или ее дом и стены, – здесь она находится. А вот мальчики лучше себя чувствуют на открытой местности, на вольном просторе, где есть больше возможности для игр. Поэтому они не очень любят играть вдвоем, а девочке, наоборот, больше нравится играть со своей подругой.

– Мы все время предъявляем девочкам претензии, что они не хотят соединиться со всей группой, и просто разговаривают друг с другом. А получается, что этим мы им вредим.

— Значит, нужно воспитывать наставников.

— Общение друг с другом доставляет им удовольствие, так зачем же отнимать его у них? И зачем проявлять недовольство тем, что для них на самом деле хорошо. Это означает, что мальчики физически должны больше воспитываться не в помещении, а на природе? А девочкам это нужно меньше?

— А девочки больше должны быть в помещении. И выходит, что мы возвращаемся к тем естественным рамкам, в которых человечество существовало всю жизнь.

— Интересно, что и это мы наблюдали в нашей системе воспитания. Мы установили, что раз в неделю выходим на природу. И в какой-то момент часть девочек сказали, что они предпочитают остаться в классе и закончить свои задания, вместо того чтобы идти в парк. А мальчики только и ждали того дня, когда мы пойдем на прогулку, потому что для них – это самое большое удовольствие.

— А обратных явлений там не наблюдалось? Например, девочек, желавших идти в парк, и мальчиков, захотевших остаться в классе?

— Нет, этого не было. Мы, собственно, и не заставляли никого идти на прогулку, хотя очень приятно выйти на природу, не так ли?

— Женщине присуще от природы не выходить из дому на протяжении месяцев, а, может быть, и лет. Если у нее есть дом, семья и дети, а также устроенная жизнь, она почти не чувствует потребности выйти на улицу.

— Я знакома со многими женщинами, которые, услышав это, взорвались бы.

— Но я говорю о том, что присуще женщине от природы, – это же не моя идея. Разве это говорит об ограниченности женщины? Это не хорошо и не плохо.

— Да, но я знакома с очень энергичными от природы женщинами, которые не могут оставаться дома.

— Это не относится ко всем 100% женщин, но женщине в соответствии с общей природой не нужно больше, чем благоустроенный дом с детьми. Именно это дает ей чувство полного удовлетворения. Разве что, кроме этого, у нее есть что-то интересное, красивое, двигающее ее вперед. А мужчине, наоборот, нужно иметь профессию, успех, общество, какой-то простор, размах, цель и лишь после всего этого дом, жену и детей.

— Давайте сейчас подведем предварительный итог тому, о чем мы говорили. Если я желаю организовать воспитательную среду для мальчиков и для девочек, то мальчикам я должен давать чаще бывать на природе, давать больше задач и действий на местности. А девочкам необходимо больше занятий в доме, давать им общаться друг с другом в маленьких группах.

— Сказано: «Воспитывай отрока согласно пути его». Зачем нам быть умнее природы? Нельзя делать насильно то, что нам хочется, и то, что, как мы считаем, будет для них хорошо. Нам известно, что завтра все может быть совершенно противоположно тому, что мы считаем сегодня. Мы уже знаем, насколько мы не понимаем, что происходит с нами и со всем миром. Это видно по результатам, к которым мы привели человеческое общество. Я рад, что в наши дни уже нет таких авторитетов, которым нужно следовать, нет давления и диктата. Так что дайте детям развиваться в соответствии с их природой. Давайте учиться у природы, как достичь равновесия с ней, — и тогда всем будет хорошо.

— Так, может быть, девочкам стоит быть ближе к матери? Пусть будут рядом с мамой и посмотрят, как она себя ведет дома, как она готовит...

— Если бы это было возможно! Тогда нам нужно снова изменить все окружение. Вот если бы наше общество вернулось в уравновешенное состояние, и мы бы производили только вещи, необходимые для обычной жизни, а не тысячи никому не нужных предметов, то большинство женщин предпочло бы оставаться дома или работать на частичной ставке. Мужчины также были бы свободны полдня, и тогда все было бы по-другому. Мы обрели бы иное восприятие жизни, когда есть чем заняться после работы. А сейчас ты с трудом успеваешь посмотреть ужасные новости по телевизору и идешь спать со всеми огорчениями и прессингом.

— Я понимаю, что значимость места работы уменьшилась бы, и семья стала бы более важной.

— Все прежние ценности стали бы менее важными. Семья обрела бы бо́льшее значение в жизни людей. У них было бы занятие, хобби, разные приятные простые вещи. Они наполняли бы себя, реализуя свои задачи, посещали бы парки, приятно проводили бы время. Чем плохо иметь каждый день немного свободного времени? А сегодня человек думает, что если бы так было, он сошел бы с ума. И он еще берет работу на дом. Если на работе он сидит напротив компьютера, то дома — напротив телевизора или компьютера.

— *Вы имеете в виду, что нам нужно больше свободного времени в жизни?*

— Несомненно, нам необходим досуг для детей и для семьи. Ведь мы пришли к таким достижениям технологии, что можем это себе позволить. И что мы делаем? Все наоборот. А если мы говорим о глобальном, комплексном подходе к воспитанию, согласно науке о высших законах природы, то нам необходимо разъяснять все эти вещи, включая новое понятие семьи и новое отношение к работе и досугу.

— *Получается, что если мы будем применять эту методику, то отпадет необходимость в наказании. По сути, для женщины это не плохо и не хорошо — быть дома, но это должно соответствовать ее природе. А что делать, если женщина чувствует, что это не находится в соответствии с ее природой?*

— Не важно. Для каждого найдется занятие. Мы бы развивали досуг вместо излишнего производства.

— *Удовольствие вместо соревнования. Но все-таки, если я предлагаю девочке на выбор: то ли быть дома с мамой, то ли прийти в группу девочек, в воспитательную среду, это правильный подход? Останься с мамой, поучись чему-то у нее, проверь, хорошо ли тебе дома, а если нет, то ты можешь находиться в воспитательной среде с девочками, в маленьких группах и обсуждать то, что вас интересует. Что предпочтительней?*

— Я считаю, что система воспитания в перспективе частично будет виртуальной и частично реализуется в маленьких дискуссионных группах. Желательно, чтобы это было близко к дому, в каждом районе. Нужно, чтобы были воспитатель для мальчиков и воспитательница для девочек. Все, что касается развития природных наклонностей и профессии, они бы получали через Интернет, а то, что относится к учебе и внутреннему развитию, к области воспитания, получали бы в группе.

– Значит, воспитание дети будут получать в группе, в связи между собой.

– С помощью воспитателя или воспитательницы.

– Воспитатели должны будут вызывать обсуждение определенной темы. Нужно чаще затрагивать тему о чувственном восприятии и о взаимоотношениях. О чем, скажем, больше станут говорить девочки в сравнении с мальчиками?

– Это – целое море вещей. Разумеется, они будут говорить о разном. Воспитателям нужно идти вместе с ними, плыть по течению в том направлении, которое детям интересно. Но вместе с тем необходимо немного менять направленность разговора, придавая ему развитие, чтобы он не вертелся по замкнутому кругу, а был целенаправленным. Что мы сейчас выясняем, зачем, что Вы об этом думаете? Обсуждение с девочками происходит точно так же, как и с мальчиками, только тема немного другая, или та же тема, раскрываемая другим образом с иным подходом.

– Каким должен быть иной подход воспитательницы во время беседы с девочками? Чем отличается обсуждение с девочками от обсуждения той же темы с мальчиками?

– Скажем, если бы мы посадили в отдельные комнаты группу мальчиков и группу девочек, и могли бы наблюдать за ними через скрытое окно. При этом в обеих группах обсуждалась бы одна и та же тема. Ну, так как Вы себе это представляете?

– Я считаю, что у мальчиков возникнут несколько идей, и они придут к какому-то заключению.

– У мальчиков будет больше прямых ответов и выводов из сказанного. Они не станут повторяться. А как поведут себя девочки?

– Я представляю себе, что каждая из них пожелает говорить, высказать свою точку зрения, даже если это мнение уже высказывалось раньше.

– Их нужно будет ограничить во времени.

– Замечательная идея! Отвести каждой из них определенное время на ответ и ударять в гонг с приятным звучанием.

– В группе женщин – это делать обязательно.

– У девочек обычно много обид в случае, если им не предоставили возможность высказаться.

– Разумеется, они также не поймут друг друга, потому что подход, срез будет совершенно иным.

– Как, например, срез по прямой линии и по кругу.

– Девочки обменяются между собой мнениями, а мальчики постараются прийти к решению и как можно меньше говорить.

– Иначе говоря, если мы хотим прийти в группе девочек к какому-то заключению, им будет очень тяжело это сделать?

– Мы вообще не ставим это целью.

– Значит, целью является дать им выразить себя?

– Да, и также прийти к ощущению, что у них есть некое общее чувство, общее понимание, сближение в общем ощущении, к которому они пришли посредством обсуждения. А о чем они говорили – не важно. Для мальчиков самое главное – принять решение, вне зависимости от того, поняли ли они друг друга.

– То есть они придут к какому-то заключению.

– Другими словами, у мальчиков нет требования быть в неком эмоциональном соучастии друг с другом. Целью обсуждения является не это, а достижение чего-то конкретного, установленного, не находящегося между ними.

Часть вторая

Раздельное и совместное воспитание

— Мы поговорим о воспитании мальчиков и девочек, попытаемся всесторонне осветить эту непростую тему и ответить на вопрос, должно ли это воспитание быть совместным или раздельным. На самом деле, мы уже давно думаем о том, как воспитывать настоящую личность, пытаемся работать с группами детей. В самом начале этой работы я попросил поискать результаты исследований на тему различий в развитии и воспитании мальчиков и девочек, и к моему огромному удивлению, таких исследований просто не нашлось.

— Да, действительно, их почти нет. Я просмотрела все, что удалось найти. О раздельном воспитании, его преимуществах или недостатках вообще нет ничего. Да и примеров такого воспитания очень немного, ведь в основном дети везде находятся вместе. Есть исследования о личностном развитии девочек и мальчиков, но только индивидуальном, нигде не исследовались группы мальчиков и девочек. Мне кажется, что нет понимания, почему, собственно, необходимо раздельное воспитание.

— А почему нужно совместное?

— Потому что оно соответствует идее равенства.

— Да, но ведь даже если мы все находимся вместе, то все равно есть различия между мужчинами и женщинами: в выборе профессий, в разных склонностях, стремлениях и так далее. В очень многих областях мужской и женский подход сильно отличаются.

— Но сегодня даже это пытаются скрыть, например, на работе...

— Потому что есть интерес в этом, а не потому, что нет различий.

— Мне кажется, что были какие-то исследования о различиях в мозге мужчин и женщин, но результаты как-то быстро скрыли.

– Еще в период моей учебы я слышала об исследованиях развития мозга мужчин и женщин и математических способностей двух полов. Было обнаружено, что начиная с 12 лет, мальчики показывают более высокие результаты в математике. Это пытались объяснить разницей в методах воспитания и обучения, отношением со стороны общества, которое больше поощряет к учебе мальчиков, но очень быстро все это стали замалчивать. Мне кажется, что ученые просто боятся...

– Боятся заглянуть вглубь и раскрыть причины. В этом проявляется вся несерьезность нашего подхода к вопросу. Казалось бы, взрослые люди, понимающие жизнь, должны понимать и разницу между мужчиной и женщиной, и различное предназначение каждого из полов в целом и в воспитании детей в частности. Но вместо этого начинают что-то скрывать.

– Может быть, не совсем понимают, поэтому и играют.

– Дело не в том, что не понимают, а в том, что не хотят понять. Особенность методики интегрального воспитания как раз в том и состоит, что она стремится полностью раскрыть все отличия, а затем эти раскрывшиеся противоположные свойства соединить вместе. Ведь именно в таком соединении противоположностей рождается гармония природы, и именно оно является оптимальным для каждого из свойств, так как в природе вообще все, в конечном счете, сводится к одному единому свойству. Если мы рассматриваем отдельно мужчин и женщин, то, конечно, у каждого есть свои предпочтения и особенности, но если с самого начала наша цель – раскрыть различия для того, чтобы наилучшим образом соединить их вместе, то тогда эта противоположность не будет вызывать в нас страх.

– Из истории мы знаем, что в предыдущих поколениях, даже в семьях наших дедов и прадедов, было очень мало женщин, обученных грамоте. Их образование и воспитание существенно отличалось.

– Да, это было на протяжении тысяч лет, и является результатом такого развития эгоизма, которое ставит мужчину выше женщины. Но если мы хотим идти по пути исправления, то совершенно ясно, что не может быть никакого другого подхода, кроме взаимного дополнения. В такое взаимное соединение каждый должен привнести то особенное, что есть только в нем.

– То есть в любом случае объединение и взаимное дополнение – это основная задача. Что означает это объединение?

– Это такое взаимное дополнение, когда через мужчину женщина и через женщину мужчина могут достичь единения в обществе и ощутить совершенство бытия.

– Давайте объясним поэтапно.

– Мы в нашем воспитании должны привести человека к такому состоянию, когда он осознает свою высокую миссию в этом мире, понимает, что может выйти за пределы животной жизни, подняться на уровень интегрального единения со всей природой и почувствовать другую, скрытую от нас часть действительности. Человек должен знать, что именно этот подъем даст ему ощущение полной и вечной жизни. Все это можно достичь в этом мире, если мы будем правильно использовать те средства, которые нам даны. И основное место, где человек может прилагать свои усилия, это именно в отношениях между мужчиной и женщиной. Так же как в этой жизни через связь между мужчиной и женщиной рождается новое поколение, так и духовное соединение мужчины и женщины рождает новую, более высокую ступень ощущения гармонии, на которую они вместе поднимаются.

– Как воспитывать в мальчике мужчину, который понимает свое мужское предназначение, а в девочке – женщину? Я бы хотела сначала задать еще один вопрос. Мужчины и женщины должны прийти к одной и той же цели?

– Да, но вместе, в единении друг с другом.

– Их высшая цель – одна, и она достигается через объединение в нашем материальном мире?

– Да, только совместно.

– Но сегодня в обществе есть разные взгляды на отношения полов. Например, есть женщины, которые не хотят выходить замуж и даже решают завести ребенка без мужа.

– Их можно понять.

– Они не чувствуют необходимости в мужчине в своей жизни. А Вы говорите о том, что совершенно обязательно, чтобы мужчина и женщина соединились вместе.

– Для достижения духовности это необходимо. Природа не позволит нам развиваться без этого. Мы будем много страдать из-за своего несоответствия природе именно в семейной жизни, то есть там, где должна рождаться новая духовная ступень.

– То есть человек все-таки обязан создать семью.

– Да, но семью в ее исправленном виде. Есть мужской и женские образы, противоположные силы, которые, несмотря на свою противоположность и благодаря ей соединяются вместе, и результатом этого соединения является рождение новой ступени нашего существования.

– Я бы все-таки хотел поговорить о воспитательном аспекте этой темы. Можно ли сказать, что неправильный подход к воспитанию девочек и мальчиков как раз и приводит к таким отрицательным явлениям в обществе, как многочисленные разводы?

– Даже если исключить все неправильное воспитание, все равно мы бы пришли к такому состоянию, как сейчас. Оно обусловлено нашей природой – гордыней, желанием властвовать над другим, особенно над другим полом. А ощущение своей зависимости от него еще больше подгоняет, усиливает желание освободиться и ощутить власть. Все это результат нашего растущего эгоизма. Поэтому правильное воспитание должно начинаться с самого малого возраста. Мы должны привить детям, в особенности мальчикам, понимание, что женщина занимает в жизни очень важное место. Но нужно понимать, что важно не только продолжить род. Понятно, что без женщин человечество просто вымрет. Но ведь женщина – это не инкубатор для вынашивания нового поколения. В нашей сегодняшней жизни, построенной для удобства эгоизма, мужчина действительно не нуждается в женщине. В супермаркете он может купить готовый обед, бытовая техника сделает всю работу по дому. Сегодня мужчина даже может позволить себе быть отцом и не жить вместе со своими детьми, это происходит сплошь и рядом. И получается, что он большую часть суток проводит на работе, а в остальное время продолжает играть в игры этого мира, оставаясь на всю жизнь ребенком. Он даже по-детски остается больше привязанным к матери, чем к жене. И все это – результат неправильного воспитания.

– Но если мы говорим о том, что в воспитании очень важно, чтобы один пол понимал значение другого, то почему Вы выступаете за раздельное воспитание?

– Именно поэтому.

– В чем же его преимущество?

– Мы должны понять одну закономерность: чем больше мы выделяем противоположности и изучаем их, тем легче нам понять, как наилучшим образом мы можем их соединить и что мы приобретаем через соединение. Сказано: «Преимущество света – из тьмы», то есть мы должны поставить противоположности одну против другой, понять, в чем состоит их противоположность и почему они созданы такими. Всегда в одной форме есть нечто, чего нет в другой, а другая обладает тем, что полностью отсутствует у первой, и поэтому ни одна из них не сможет, в конечном счете, ни в чем достичь успеха, если не дополнит свои свойства свойствами второй, противоположной себе формы. Мы еще должны объяснить это людям. Все болезни современного общества – депрессии, наркотики, душевные заболевания – в основном происходят из-за того, что мужчины не получают необходимого дополнения от женщин. Мужчина нуждается в поддержке, одобрении, помощи, в ощущении дома и семьи. А вместо этого он остается до конца своих дней зависимым от матери.

– Вы имеете в виду биологическую мать?

– Не важно, мать это или жена. Он зависим от женщины, которая рядом с ним. Он не столько привязан к Отцу, а именно к матери и женщине. От женщины он получает потребность, желание, передает ей и получает от нее. Мужчина существует между двумя женщинами – матерью и женой, а то и третьей – тещей. Благодаря такому своему положению, он может осуществлять соединение противоположностей, и только таким образом он может существовать и развиваться духовно – между двумя женскими силами. Отсюда становится ясно, насколько и в нашем мире мужчина нуждается в поддержке со стороны женщины.

– Мне непонятно, каким образом раздельное воспитание может способствовать пониманию такого высокого взаимодействия, которое Вы сейчас описали?

– Мы выстроили для себя искусственный мир со всевозможными удобствами и игрушками для взрослых и существуем в нем искусственно. Живя в таком мире, мы много лет накапливали, выращивали в себе огромное внутреннее желание к чему-то высокому – такое глубокое ощущение чего-то недостающего. Сегодня это проявляется в большом количестве депрессий, в уходе в наркотики, во вспышках агрессии, в самоубийствах и других явлениях современного мира. Мы должны понять, в чем корень всего этого. А корень в том, что человек чувствует себя маленькой шестеренкой в огромном механизме, как еще показывал в своих фильмах Чарли Чаплин.

– Маленькой и одинокой шестеренкой, то есть чувство одиночества здесь имеет очень большое значение.

– Находясь в таком состоянии, ни мужчина, ни женщина не могут понять всей важности правильных отношений и высокой цели своего соединения. Мы не воспитаны в этом духе. Сегодня мужчина не может быть с одной женщиной, жить в одной семье, вместе с детьми, хотя по своей природе он именно так и создан.

– Мужчина так создан?

– Человек не создан ни для одиночества, ни для постоянной смены партнеров и семьи.

– *В прошлом были популярны рассуждения биологов о том, что в мужчине от природы заложено стремление к максимальному распространению семени, и это лежит в основе его полигамности. Отсюда все модные теории, которые оправдывают поведение современных мужчин.*

– Это верно, но вовсе не означает, что мужчине не нужен дом. У него есть сильнейший инстинкт иметь свою женщину, свой дом и семью.

– *В дополнение.*

– Да.

– *Интересно, что сегодня есть немало исследований о растущем одиночестве среди женщин и депрессиях, связанных с этим. Можно ли сказать, что то же самое происходит и с мужчинами?*

– У женщин это больше проявляется потому, что предназначение женщины – это семья и дети. По своей природе она хочет быть рядом с мужчиной, и это стремление у нее проявляется гораздо сильнее. Женщина все-таки больше нуждается в семье. Мужчина остается ребенком, даже став взрослым. Он по-детски продолжает играть, и в игре забывает обо всем остальном. В женщине же с самого малого возраста начинает проявляться желание к семье и дому. Несмотря на то, что сегодня общество помогает женщине и настраивает ее на самостоятельность, независимость от мужчины, природу не обманешь, и внутреннее женское стремление быть рядом с мужчиной и создать семью ничем не заменимо. Поэтому женщины гораздо более подавлены, несмотря на все те возможности для развлечений и разнообразных занятий, которые сегодня предоставляет общество. В конечном счете, это все только для того, чтобы как-то восполнить ощущение пустоты, вызванное отсутствием семьи.

– То есть Вы считаете, что оба пола сегодня ощущают внутреннюю пустоту, и именно на это мы должны нацелить воспитание?

– В ближайшее время мы будем обязаны решать эту проблему.

– Решать именно с помощью воспитания.

– Да. Это можно делать уже сегодня, например, через телевидение. Нужны воспитательные передачи, направленные в основном на детей с самого раннего возраста, в которых мы бы объясняли детям, да и взрослым, что правильные отношения – это дополнение друг друга.

– Но все-таки, почему необходимо раздельное воспитание, для того чтобы прийти, в конечном счете, к дополнению друг друга? Каким должно быть воспитание, чтобы не было того ощущения одиночества, которое присутствует сегодня у многих?

– Поскольку сегодня воспитание бесполое, да и вообще это не воспитание, а всего лишь образование, то получается, что у мужчины нет никакой ответственности, он меняет женщин и не чувствует необходимости в постоянной спутнице жизни.

– Так же, как меняются его учительницы в классе.

– Возможно, и так. Он не чувствует разницу между разными женщинами. И такая недооценка и пренебрежение к женщине рождаются именно из совместного пребывания мальчиков и девочек в школе. Если бы они были разделены, то больше ценили бы противоположный пол, тянулись бы к нему, ощущали бы его особенность и отличие от себя. А сейчас это как-то привычно...

– То есть как бы само собой разумеющееся и неинтересное?

– Уровень интереса зависит от воспитания, но само нахождение вместе стирает особенность противоположного пола...

– Считается, что при совместном обучении дети могут лучше изучить, понять друг друга. Я, например, слышала как девочки-пятиклассницы, говоря о мальчиках в своем классе, отзывались о них уж очень отрицательно, но, тем не менее, были увлечены обсуждением, как мальчишки себя ведут, как они выглядят, что говорят, какую реакцию вызывают и так далее. Считается, что это дает им возможность изучать друг друга.

– Ну, и что они выносят из этого? Что толку от такого изучения, если потом они не могут построить семью, если мужчина в возрасте 30 лет не перестает менять женщин, не желает строить семью, так как не понимает для чего. Что толку от такого изучения друг друга? И если вы начнете расспрашивать такого мужчину, то убедитесь, что нет у него совершенно никакого понимания женщины.

– Значит, Вы считаете, что настоящего изучения и понимания мы не добиваемся.

– Нет, конечно. И женщины не понимают мужчин. Для того чтобы действительно понять другой пол, должна быть воспитательная работа. Это очень не просто. Здесь нужен подход психолога, взгляд на мир мужчины и женщины со стороны, понимание, в чем их естественная противоположность. Чему-то мы обучаем, но не даем правильного подхода и не объясняем, что конечная цель – это дополнение друг друга.

Реализация методики воспитания с раннего возраста – начало

– В предыдущих беседах Вы говорили, что после рождения ребенку необходимо окружение, подобное чреву матери. Он должен как можно больше находиться возле матери и под ее опекой. Вы определили, что этот период длится до трех лет, и все это время ребенку стоит быть как можно ближе к матери.

– Во многих культурах принято даже, что мать привязывает ребенка к себе.

– Это свойственно культурам, близким к природе. Но в западной культуре ребенка очень рано передают заботам другого лица – няни.

– Чтобы правильно развиваться, он должен постоянно чувствовать возле себя взрослых, которые ему помогают. Он как бы находится на руках у взрослого и оттуда указывает, управляет взрослым.

– Эти взрослые обязательно должны быть его родителями или могут быть воспитателями?

– Естественным образом ребенок больше всего нуждается в матери. Однако буквально с первых своих дней ребенок смотрит в мир. Если бы мы могли пробудить в себе впечатления жизни, то увидели бы, что следили за взрослыми и видели их действия с первых своих дней в этом мире. Мы все впитывали и понимали многое, что взрослые выполняют, критиковали их, но не могли сказать. Ребенок, лежащий в кроватке, может так смотреть на взрослого.

– Вы хотите сказать, что если бы мы смотрели на мир глазами младенца, то увидели бы, что взрослые совершают много ошибок?

– Они смотрят на нас не согласно возрасту их тела, а гораздо более зрело. Поэтому, если мы дадим ребенку правильное развитие в самый ранний период, согласно его природе, мы обнаружим в нем огромный потенциал развития, он все понимает. Он не может контактировать с нами из-за отсутствия каналов связи, но коммуникация – искусственная вещь, развитая нашим миром. Со стороны природы он может воспринимать мир серьезно, зрело и критически.

– Вы сказали, что следует относиться к ребенку согласно его природе. Как это выражается относительно младенческого возраста?

– К нему надо относиться так, что внутренне он большой, и только внешне, своим телом, ограничен. Такой подход полезнее для ребенка, он лучше нас поймет. Разговаривая с ним «детским голосом», мы задерживаем его развитие.

– Многочисленные психологические методики говорят о том, что человек – социальное создание. Ребенок развивается не один, а в обществе: вместе с матерью, в процессе взаимодействия. Но даже в современном воспитании его несколько изолируют.

– Если смотреть на развитие физического тела ребенка, то действительно, до 2-3 лет он играет один и только с трех лет он начинает чувствовать потребность в партнере.

– Даже если он ни с кем не играет, все же его интересуют другие люди. Он берет с них пример, интересуется ими, как вещью.

– Это можно использовать как трамплин к социальному развитию. Давайте все-таки включим ребенка в группу, но не так, что он просто будет играть в углу. К уединению его толкает эгоистическая природа, а мы попытаемся с ней бороться, постепенно, взвешено и мягко демонстрировать ему групповые действия с другими детьми. Тем самым мы естественным образом – ведь привычка становится второй натурой – приучим ему к объединению.

– Что конкретно подразумевается под объединением?

– Связь с другими детьми, взаимодействие с целью интеграции в группе, коммуникация в действиях. Следует увлечь детей такими занятиями, которые невозможно выполнить одному.

— В возрасте 2-3 лет?

— Даже раньше. Я говорю о возрасте до трех лет, ведь затем ребенок эгоистически понимает, что ему стоит взаимодействовать с другими. А мы можем играть с ним в такой форме раньше – с полугода и далее.

— Если я правильно понимаю, не важно, что мы делаем с ребенком, важно направление, в котором мы хотим его развить. Это направление совершенно иное. Ведь сегодня мы хотим быстрее развить ребенка.

— Развить его в эгоистической природе. Но в современном мире, развивающемся в сторону глобализации, нам нужно воспитать человека интегрального, как социальную единицу: он уникальный и особенный, потому что своей уникальностью служит обществу. Он должен усвоить, что именно его связь с обществом спасает его и общество, обеспечивая безопасность и процветание, что взаимодействие приводит к успеху.

— Естественным путем ребенок до трех лет не воспринимает общество, но если мы начнем с ним так работать, то постепенно силой привычки изменим его природу?

— Ребенок чувствует, что все наши действия странные, не говоря уже о взаимоотношениях между нами. Он способен видеть каждого и оценивать его роль относительно себя. Если мы разовьем в нем общественный подход, то увидим, что он может извлекать из этого пользу. Поскольку привычка становится второй натурой, то у него в подсознании запишется, что хорошо быть связанным с другими. И это произойдет еще до того, как его эгоизм относительно ближнего начнет расти. Тем самым мы упреждаем лекарством болезнь. И нельзя забывать, что ребенок оценивает нас изнутри себя зрелым взглядом.

— Итак, ребенку необходимо дать ощущение, что быть вместе приятно и лучше?

— Быть вместе не только приятно и лучше, но можно достичь всего, что хочешь. Он получает желаемое при условии, что сделает действие вместе с другими. При этом обучение идет на механическом уровне как факт. Он запоминает эти действия как факт, как нормы поведения: чего бы я ни захотел, в своем действии я должен с кем-то взаимодействовать, учитывать желание другого. Я даю и получаю, и тогда вместе мы чего-то достигаем.

– Учитывать других означает постоянно помогать им, чувствовать их?

– Да, до такой степени, что ничего нельзя сделать без взаимного участия.

– Родители, имеющие близнецов, замечают, что близнецы растут как система. Они никогда не берут себе что-то, не дав другому. Даже если между ними случаются конфликты, они постоянно проверяют, где находится другой, постоянно чувствуют друг друга. Вы имеете в виду нечто подобное?

– Да. Главное, чтобы у ребенка в памяти, чувствах, понимании и осознании укоренилось, что каждое действие является естественным тогда, когда выполняется вместе – через кого-то или с помощью кого-то. Он дает и получает, и только так функционирует. А понятие «я один» просто не существует. Тем самым мы готовим ребенка к интегральной жизни. Он не будет замкнут, сможет легко общаться, устанавливать связь. Подобные способности необходимы для всех профессий, общество нуждается в таких людях. Когда такие люди придут к управлению обществом, мир изменится – он станет гармоничным, подобным природе, безопасным.

– А в каком возрасте дети начинают воспринимать более глобальную связь? До трех лет они воспринимают друг друга частично, а затем их восприятие расширяется: есть мир, и есть я в этом мире.

– Это зависит от среды, в которой они находятся. Здесь очень важен момент побуждения. Маленькие дети смотрят на тех, кто чуть больше, и хотят делать то же самое.

– Следовательно, развитие зависит от стимула?

– Развитие происходит за счет зависти, и мы должны этим пользоваться. Нужно давать ребенку хорошие примеры, чтобы он завидовал.

— Завидовал и хотел быть подобным?

— Да. Для малыша нет более уважаемого человека, чем старший брат.

— Сегодня матери говорят, что дети развиваются быстрее...

— ...это действительно так. Есть мнение, что это связано с питанием: наша пища проходит определенную обработку. Однако дело не в этом. Мы проходим процесс, приближающий нас к переходу в новое, совершенное существование. Нынешнее поколение не является первым – мы уже запаздываем в этом процессе, начавшемся в середине прошлого века. Поэтому рождающиеся сейчас дети обладают свойствами и требованиями, соответствующими новому миру. Их восприятие нацелено на мир без ограничений в категориях времени, движения и пространства. Они чувствуют тягу к явлениям выше нашего измерения, и мы должны обеспечить их информацией о восприятии интегральной реальности.

— С какого возраста это можно делать?

— Как можно раньше. Если мы начнем им рассказывать об этом с шести лет, они воспримут это естественно. У них начнут формироваться чувственные и логические связи, соответствующие интегральному, высшему измерению. Как следует организовать им социальное воспитание с самого раннего возраста, так и с шести лет следует обучать интегральному миру.

— А до шести лет просто знакомить с окружающей природой?

— Да, особенно не углубляясь.

— С точки зрения психологии это очень опасно, ведь если у ребенка еще нет понимания этой реальности, как можно говорить с ним о чем-то дополнительном?

— Но эта реальность, эгоистическая индивидуальная реальность ложная. Лучше сразу же вводить его в отношения, которые уже проявляется природой в нашем обществе, хотя мы еще не желаем соответствовать этому правилу.

– С какого возраста можно это восприятие развивать, чтобы не напугать ребенка?

– Тут нет причин для страха – дети принимают это с удовольствием, потому что это вызывает в них чувство безопасности и уверенности. Чем раньше мы даем ребенку интегральные навыки поведения, тем естественнее он их воспринимает, адаптирует в себе и реализует с другими. Поэтому для него нет никакой проблемы понять, почувствовать и усвоить правила интегрального поведения, как естественно существующие. А когда мы рассказываем ребенку о мире, разве он понимает и знает то, что мы знаем? Наш рассказ является для него реальностью?

– Мы продолжим этот разговор. Сегодня мы говорили о том, что младенец ощущает намного больше, чем мы думаем. Он воспринимает нас, оценивает жизнь, обладает восприятием, которое должно оформиться. Для реализации этого восприятия необходимо организовать игры, в которых он взаимодействует с другими детьми – и только так достигает успеха. Это укрепляет в его сознании необходимость во взаимосвязи с другими. И хотя в этом возрасте ребенок в основном нуждается в матери, стоит вместе с ней расширять границы и вводить его в общество сверстников. И тогда еще до развития эгоистической природы он воспримет, что правильнее подходить к действительности через объединение.

Реализация методики воспитания с раннего возраста – продолжение

— В прошлой беседе Вы сказали, что мы воспитываем детей в ложной реальности.

— Это потому, что мир становится глобальным и интегральным, а мы по-прежнему индивидуалисты эгоисты. С такими задатками мы себя в новых условиях существования общества погубим. Мы приведем себя к войне и погибнем. Поэтому родители должны побеспокоиться о том, чтобы их ребенок был связан с центром виртуального интегрального воспитания через телевидение и Интернет. Сегодня в каждом доме есть такая связь, а потому нет никакой проблемы подключиться к такому центру и включить своего ребенка в такое воспитание. Объясняя восприятие интегральной реальности, я опираюсь на исследования ученых и психологов. Такие идеи, как необходимость изменения концепции общества и социальных связей, объединение и поручительство, взаимодействие и учет всех. Поэтому мы должны говорить об интегральном воспитании.

— Интегральное воспитание говорит о важности связи?

— Об общей связи человека с природой. Человек, правильно связанный с природой, раскрывает ее совершенным образом. Он обретает также отношение к явлениям и ощущениям, которые мы не чувствуем. Поэтому в предыдущих программах мы говорили об отношении к ребенку как человеку, который все впитывает и смотрит на нас изнутри себя, как взрослый. Тело растет согласно своей программе развития, но у души нет возраста. Поэтому мы должны задуматься о том, что именно хотим воспитать и исправить? Телу необходим уход и поддержка, ему следует дать все необходимое. Но в сущности человек живет для более высокой потребности, а потому его необходимо обеспечить средствами внутреннего развития. Поэтому с момента рождения и далее мы относимся к нему, как к существу, состоящему из двух слоев – внутреннего/общественного и внешнего/телесного. Оба слоя нуждаются в развитии.

– Выходит, что современное воспитание, даже самое вроде бы хорошее в нашем понимании, совсем не занимается внутренним слоем?

– Безусловно. Если параллельно физическому развитию, которое мы даем ребенку, мы начнем развивать его интегрально, то почувствуем, насколько он развивается иначе. Разумеется, дело не в знании. Правильное воспитание меняет внутреннюю суть человека, создает в нем новые связи. И тогда человек начинает смотреть на мир иначе. Например, наши девочки-подростки жаловались мне, что им трудно контактировать с одноклассниками, они не могут поддерживать разговоры на ничтожные темы, вступать в отношения, где каждый играет роль, увиденную в фильме. И все заполнено этой игрой. Конечно, они не требуют, чтобы одноклассники изменились, и они их не осуждают. Но спрашивают, что им делать, ведь если они ведут себя иначе, возможно, прослывут гордецами и зазнайками?

– Недостаточно коммуникабельны?

– Да. Я дал им несколько советов, однако ситуация довольно необычная. С другой стороны, с ними приятно говорить – они зрелые, понимающие.

– Вы сказали, это их укрепляет...

– Да, укрепляет и формирует зрелое отношение к жизни, миру, поведению людей.

– И повышает уровень осознания?

– Безусловно. Молодежь, которая сейчас у нас подрастает, понимает все: восприятие реальности, строение мира и общества, функционирование нашего мира, нашу природу.

– С какого возраста они это учат?

– В шесть лет они уже требуют изучения общих правил интегрального мира. Это их мир. Они понимают его лучше взрослых – естественным образом. Когда младенец рождается, у него ведь нет подхода к этому миру!

– Он изучает его.

– Точно так же он изучит и новый мир.

– Для него восприятие интегрального мира – это словно перейти от «моно» к «стерео»...

– Особенно, когда шестилетний ребенок получает урок от восьмилетнего товарища! Я завидую тому, как они смотрят на своих юных учителей – если бы они на меня так смотрели!

– Я вижу, что они просто им верят. Мы провели такой эксперимент и получили потрясающий результат: шестилетние дети сидят в полной тишине и с огромным интересом слушают объяснение 8-9 летнего учителя. Воспитателям остается только наблюдать со стороны и направлять группу. Такое обучение очень нравится детям, а воспитатели вдруг поняли, что такое воспитание. Перед ними открылась буквально бескрайняя перспектива.

– И так мы воспитываем поколение воспитателей.

– Даже если ребенок не будет профессиональным воспитателем, он знает, что значит объяснять непонятное. Он будет думать о материале иначе. Сын моей подруги учится в университете, и он сказал, что для того, чтобы подготовиться к экзамену и лучше понять материал, ему нужно найти кого-то, кого он сможет обучать этому предмету. И Вы говорите, что дети чуть более старшего возраста уже могут преподавать такие сложные вещи?

– Да, ведь они сами уже прошли эти темы.

– Я присутствовал на уроке детей 6-7 лет и видел, что они могут объяснить такие понятия мира и общества, которые я объяснить не могу. Они понимают материал очень глубоко – многим взрослым это не под силу. А они говорят об этом естественно, просто и свободно.

– Они также передают все своими словами, и это воспринимается очень естественно.

– И связям с другими людьми дети могут обучать детей? Они настолько развиваются, что понимают все уровни связи и те случаи, когда другой может обидеться?

– Мы видим, что под воздействием такого воспитания меняется не только их поведение и отношения между собой, но и подход к жизни. Удивительно, как уже сейчас они планируют свое будущее: я вырасту, создам семью, буду учиться, работать, то есть смотрят на жизнь как на реализацию программы.

– Это их не ограничивает?

– Нет-нет. Они видят здесь путь развития, расцвета, замечательную перспективу.

– Даже если ребенок еще не понимает таких понятий, как отдача и любовь к ближнему, полезно говорить с ним об этом и многократно объяснять?

– Конечно, ведь в таком обучении есть особое дополнение – воздействие развивающей высшей силы. Кроме того, эти слова, как любые слова этого мира, постепенно проникают в сознание ребенка и связывают воедино различные впечатления. Он слышит, как говорят другие, говорит сам, и вдруг все это включается в некую систему. Хотя она не ощущается в его органах чувств, но подсознательно и на уровне разума дополняет нашу систему. И тогда ребенок начинает связывать вещи, которые раньше не связывались. Когда он обнаруживает эти связи, мир для него становится глобальным, интегральным. Тогда он видит, что эта наука позволяет воспринять мир близким, а не далеким, огромным, разобщенным и запутанным. Отношение к миру становится системным: у каждого явления есть свое место. Главным здесь является общий подход – это очень помогает и упрощает освоение ребенком мира.

– Вы имеете в виду понимание?

– Скорее порядок: ребенок приобретает способность упорядочивать все явления.

– Дети действительно хотят знать порядок происходящего. Но эта форма мышления в корне отличается от той, которая существует сегодня. Она расширяет платформу наблюдения.

– Конечно. Если мы говорим о состояниях до создания этого мира и о том, как образовался этот мир, как в течение эволюции сформировались мы – и теперь должны пройти интегральное развитие, – то ребенок смотрит на эти этапы и на наш мир как на один процесс.

– *А как быть в случае, если ребенок не воспринимает это содержание или не может соединить с тем, что видит в обычной школе? Настроение у детей часто меняется: то им нравится, то нет, то хочется, то нет.*

– То же самое происходит с взрослыми...

– Я хочу привести пример. Проведя несколько игр и обсуждений, посмотрев телепрограмму, дети были довольны. Они смеялись и говорили об объединении, любви и связи между собой. Было видно, что им хорошо и приятно друг с другом. Затем началась трапеза. И вдруг мальчик шести лет встает и говорит, что не чувствует связи.

– *Замечательно!*

– Нас это тоже впечатлило. Мы сказали, что это трудно и требует времени и усилий. А затем как по цепной реакции дети один за другим начали сознаваться, что не чувствуют объединения.

– *Это уже раскрытие и осознание своей природы. Но ведь у нас нет выхода, нам предписано стать подобными природе, мы раскрываем нашу взаимную зависимость.*

– *Вопрос в том, до какой меры можно позволить им выражать это чувство? Оно может присутствовать в каждой встрече?*

– А почему нет? В процессе осознания своей жизни ребенок впитывает разный материал: столкновения, противоречия, непонимание – относительно поведения дома, с родителями, в школе, в обществе в целом. Мы хотим привести все эти впечатления в одну систему, и в ней показываем явления, которые не срабатывают из-за нашего эгоизма. Это помогает ему выстроить хорошее отношение ко всему миру, кроме эгоизма – он видит, что именно эгоизм причиняет вред. Из-за него он не чувствует связи с другими, потому что эгоизм останавливает его.

– *Что же ему ответить?*

– Ответить, что он не чувствует связи, потому что сам не связан. Пусть попытается связаться, пусть задумается над тем, чего же ему не хватает для связи? Необходимо пройти серию действий, чтобы осознать проблему, но это уже путь осознания эгоизма как зла.

– Кроме того, Вы возлагаете на него определенную ответственность, чтобы он не мог просто сказать: я не чувствую объединения и ничего нельзя с этим сделать.

– Все это прекрасно связывается с воспитанием. Ведь обычно воспитатели пытаются «выдрессировать» детей: так не делай, туда не ходи, это запрещено, сделал плохо – получил наказание, окрик. Ребенок находится в ограничительных рамках, как в тюрьме – все вокруг запрещено. А здесь он начинает сам понимать, стоит или не стоит так поступать: не из-за запрета, а из-за выгоды, согласно ценностям, полученным от окружения, в котором он развивается. Это совершенно иной анализ. Ребенку не навязывают полицейского режима и ограничений, которых он не понимает. Ему объясняют, почему не стоит так делать, ведь мы тоже проходим этот процесс, мы с ним партнеры. Для выживания нам необходимо стать дружественными друг к другу.

– Значит, мы можем сказать, что сами не всегда чувствуем объединение, а потому работаем над этим?

– Мы вместе этому учимся – если ему так говорят старшие дети, то это ключ к успешному воспитанию. Он видит, что все заняты освоением связи. Причем иного он не видит. Этот подход к жизни становится для него жизнью.

– Потому что он хочет походить на старших детей?

– Для младшего слова старшего – закон. А слова взрослых они воспринимают как назидание.

– Выходит, стоит предоставлять подросткам возможность объяснять малышам интегральное отношение к окружающим?

– Конечно. В сущности, мы строим нашу воспитательную программу так, чтобы только дети воспитывали детей. А инструктора будут направлять этот процесс со стороны, пока эти дети сами не разовьют программы, игры, действия. Наступит время, когда взрослые уступят место воспитателей детям.

— Мы получаем много вопросов относительно того, до какой меры можно ограничивать ребенка запретами. Родители чувствуют, что теряют авторитет.

— Дети проверяют нашу реакцию на то, что можно и чего нельзя. Если он делает нечто запрещенное, то измеряет допускаемое нами и пробует расширить границы дозволенного.

— А как реагировать, если он действует назло?

— Показать ему, как вы начинаете делать назло друг другу и к чему это приведет – ваш эгоизм радуется, как вы деретесь. И к какому взаимному выигрышу вы можете прийти, удалив соперничество. Соревнование хорошо при условии, что вы соревнуетесь вместе – для достижения лучшего результата, – и не важно, кто побеждает, а важен результат, достигнутый соревновательным образом. Это выигрыш от конкуренции.

— Ради достижения чего-то?

— Все действия должны проходить в такой форме. А демонстрация своего недовольства – плохая практика, так как не является доказательством, что он поступил неправильно. Напротив, он будет видеть в Вас правителя, который действует силой, а не справедливостью. Разве вы хотите, чтобы он так думал? Я слежу за реакцией ребенка и в зависимости от нее решаю, как должен реагировать на его действия. Ведь я хочу оставить в нем о себе хорошее впечатление, чтобы он считал меня добрым, прямым, справедливым.

— Но ведь Вы не делаете все, что он захочет?

— Нет, но я также не могу делать того, что хочется мне. Я должен привести его к пониманию.

— Получается, что дети воспитывают взрослых?

— И это тоже.

– Итак, сегодня мы говорили о том, что воспитание должно с самого раннего возраста связать ребенка (маленького человека) с природой. Об обучении интегральному восприятию мира, которое раскрывает ребенку широкую перспективу на его жизнь – то, чего сегодня очень не хватает детям и разрешает множество проблем. Мы говорили о поколении воспитателей, когда воспитывать будут сами дети, и насколько лучше дети воспринимают старших детей, чем преподавателей. И о том, что нельзя воспитывать ребенка дрессировкой, а нужно помочь ему построить правильное отношение к жизни с самого раннего возраста. И что родитель должен подняться над своей естественной эгоистической реакцией на ребенка и реагировать по-другому.

– А главное решение состоит в том, чтобы старшие дети воспитывали младших.

Суд – начало

– Сегодня мы проанализируем вопрос, который уже затрагивали раньше, представив как главный принцип воспитания. Речь идет о том, чтобы дать ребенку возможность стать психологом самому себе через обсуждения, похожие на суд. Дети вместе обсуждают случаи, происходящие в их жизни, пытаются их анализировать, изучить и сделать выводы. Пример такого обсуждения мы записали на видео, выбрали оттуда самые интересные моменты, чтобы поговорить о них и еще глубже понять предлагаемую методику. В предыдущих программах Вы объяснили, что центральный принцип методики воспитания связан со способностью организовать обсуждение. Я хотела бы понять, чем это обсуждение отличается от любого другого, ведь учителя и родители устраивают много обсуждений. Что особенного в этом обсуждении?

– Есть много методик проведения обсуждений. Сегодня учителя располагают определенной свободой в этой области по сравнению с тем, что было несколько лет назад. Если мы хотим привести детей к некоему состоянию, то должны знать его конечный вид и в обществе, и в ребенке как элементе общества. Мы должны знать, с помощью чего это делаем: через окружение и дополнительные силы, которые пробуждаем в группе. Эти силы заключены в человеческой природе, хотя и называются высшими. Но они высшие подобно тому, как в нашем мире есть градация выше или ниже между методиками или ценностями.

Дети всегда учатся на примерах, а не на том, что им говорят. Они не слышат слов, а учатся только на основе ощущений, получаемых от окружения.

– Здесь проявляется принцип, который в корне отличается от обычного воспитания. Ведь мы сегодня пытаемся дать детям хорошее воспитание – не лгать, не обманывать, но на практике в жизни...

– А сами?

– Вот именно: в жизни мы иногда сами так поступаем. На это несоответствие дети реагируют очень резко: вы сказали так не делать, почему же сами делаете? Очень быстро они понимают, что существует разрыв между нашим воспитанием и жизнью. А Вы говорите, что изначально должно быть полное соответствие между тем, что человек знает, делает и согласно чему живет?

– Человек должен знать, что он делает. И если он это делает, то не может требовать от ребенка ничего другого.

– Тогда он сам выполняет эти правила и может научить, исходя из своих впечатлений?

– Он не учит. Если ребенок находится в обществе, то перенимает все оттуда. Не может быть, что он научится чему-то, чего нет в окружении. А поскольку мы все эгоисты, то он наверняка научится у окружения самым плохим, а не самым лучшим вещам – тем, которые удобны и ему подходят. Поэтому мы должны постоянно поднимать окружение, возвышать его тем, чтобы помочь ребенку даже из не очень хороших явлений все-таки извлечь пример.

– Вы хотите сказать, что даже если мы учим и даем свои примеры, но в окружении есть всевозможные другие примеры, то он их воспримет и естественным образом последует за худшими образцами?

– Он воспримет самый плохой пример, и это проблема всего современного общества, не только у нас. Я вижу сегодня по нашим ученикам – и детям, и взрослым, – что мир проходит разные состояния в виде подъемов и падений, что раньше было характерно только для людей творческих профессий, философов, ученых. Сегодня все начинают чувствовать колебания «вверх-вниз».

– Некую тряску?

– Да. Нужно понять, что это для того, чтобы выбить нас из рутины и привести, наконец, к осознанию, почему и зачем с нами это происходит, что мы не такие, как животные и звери, мы люди – такое состояние характерно для человека. Если во время падения в нас проявляются самые плохие свойства, то во время подъема мы их якобы исправляем – так происходит с каждым в его частной жизни, и мы видим, какие внутренние потрясения раздирают людей.

— Процесс параллельный: то, что человек проходит внутри себя, проходит и общество в целом.

— Верно. А дети перенимают наши падения быстрее, чем подъемы. Они видят нашу несдержанность, раздражительность, неспособность к согласию и уступке — то, что происходит с человеком, когда он находится в условиях стресса, в падении. Эти реакции больше выделяются, более понятны ребенку, чем внутренние и более скрытые состояния, когда человек находится в гармонии.

— Зло больше выделяется, и его легче воспроизвести. Мы также лучше его помним — как правило, наши воспоминания больше связаны с отрицательными впечатлениями.

— Несомненно, это следует учесть. И мы уже говорили, что если не дадим детям четкий пример того, что такое суд и как его провести вместе с воспитателями, которые должны участвовать в этом действии, проводить его и управлять им, — то дети сами не знают, что делать. Ведь если нет примера, то они, следуя человеческой природе, устроят суд Линча, а не справедливости.

— Следовательно, умение правильно провести обсуждение — это инструмент, охрана группы? Я имею в виду нас.

— Да. Чтобы сформировать в человеке судебный механизм, мы должны провести такие действия между взрослыми, на которых будут присутствовать дети.

— Они учатся.

— Они учатся и присутствуют активно: спрашивают во время суда, выясняют причины, высказывают мнение. Мы спрашиваем их, привлекая быть активной частью действия — назовем его не судом, а обсуждением или выяснением.

— Значит, обсуждение. И Вы говорите, что ему нужно научить?

— Да. Тут взрослые и дети должны быть вместе. Мы должны все изучить: пригласить юристов разных специальностей...

– Минуточку, я хочу понять: дети принимают участие в обсуждениях, в которых спорят взрослые или только дети?

– И дети, и взрослые. Ты хочешь дать пример? Пример должен быть активным.

– Возможно, они могут активно участвовать в обсуждениях только после определенной учебы, когда уже знают, что сказать, чтобы не мешать?

– Они должны взять это из жизни. Выяснение – часть жизни, и как дети являются частью нашей жизни, так они должны быть частью этого процесса. Не делайте из ребенка маленького – он не маленький, мы уже говорили об этом.

– Не уменьшать его.

– Мы относимся к ребенку, как к большому человеку с маленькой физической возможностью – не более.

– Вы как-то сказали, что нужно обращаться к его душе, его внутренней части.

– Да. У меня совсем недавно был разговор на эту тему с женой – относительно воспитания внука. Она не смогла решить проблему с его поведением – он капризничал, делал назло. Я сказал, что нужно отнестись к нему, как к взрослому, говорить так же, как с взрослыми, требовать и получать желаемые реакции. И он тут же изменился – она рассказала мне об этом через некоторое время.

– Я могу говорить с ним, как с взрослым, но если он не способен понять, то ничего не сможет сделать.

– Такого не может быть. Многие вещи они воспринимают хорошо и правильно, а если нет, то это уже не относится к воспитанию. Если мы говорим о ребенке шести лет, то это значит, что он в какой-то степени (на 6% или 26%) может принять то, что есть у меня, и приспособить к себе. Я никогда не смотрю на него как на ребенка – я вижу в нем обучающегося: он учится у меня тому, как жить, не более.

— Жизненным связям?

— Да. И никогда не говорю, что он маленький и ограниченный. Нужно взять какое-то происшествие, в котором участвуют взрослые и дети, даже целая семья, и вынести на открытое обсуждение. Дети должны участвовать в нем свободно, как часть более важная, чем взрослые. Пусть предъявляют претензии, а мы с их помощью выявим больные места в воспитании.

— Это будет учебой и для нас.

— Ведь когда говорят «воспитывай отрока согласно пути его», то надо знать «его путь». Якобы я должен сначала изучить его самого и в соответствии с этим построить свое воспитание согласно пути, который изучил у него. Он должен своими вопросами и ответами показать мне этот путь, хотя сам его не знает.

— Как сказано, что «от всех своих учеников я учился».

— Совершенно верно. В процессе всей своей работы с ним я, в конечном итоге, строю систему.

— Мы приготовили несколько клипов. Первый эпизод показывает классическую ситуацию: в любом обсуждении детям, да и взрослым тоже, трудно нащупать суть проблемы. Они перескакивают с вопроса на вопрос, пока не останавливаются на настоящей проблеме. Кроме того, они начинают настаивать на своем мнении, укреплять свою позицию.

— Здесь должен вмешаться тот, кто ведет обсуждение, управляет им. Мы собрались на определенное время – час или два. Бывают обсуждения, которые длятся целый день – пока дети не устанут. Нужно видеть границу усталости, когда они уже не могут анализировать. Тогда делают перерыв. Нужно уделить анализу много времени, ведь так человек взрослеет. Он исследует жизнь самым лучшим, быстрым и полезным способом.

— Дети захотят проводить такие длинные обсуждения?

— Конечно! Они их любят. Мы собираем их, объявляем обсуждаемый вопрос или проблему, и от него не отклоняемся. А если кто-то отклонился, то есть наблюдатель, который его останавливает и возвращает.

— Мы увидим такой пример тоже. Мы провели с детьми часовую беседу, из которой выбрали несколько фрагментов. Вначале была представлена проблема: конфликт между двумя группами. За столом сидели судьи, выясняющие происшествие, среди которых был взрослый — юрист по профессии. Он вел обсуждение, и вместе с ним работали два мальчика и две девочки. Немного старше. Мы специально пригласили детей близкого возраста — подростки от 9 до 12 лет, чтобы был широкий форум. Две группы девочек по очереди садились за стол свидетелей и объясняли ситуацию. А судьи, которые вели выяснение, должны были помочь им выяснить и понять, что именно произошло, ведь сначала им было трудно сконцентрироваться. Постепенно в процессе выяснения они начали выходить из позиции «я обиделся» или «я рассердился» и говорить о мотивах своего поведения. Где-то получилось лучше, где-то хуже, давайте посмотрим и продолжим обсуждение. Так это начинается: этап путаницы.

«**Первая девочка:** Они нас обзывают, бьют, обижают, обманывают.
Судья: Но расскажи, что произошло. Почему они начали вас обижать и бить?
Вторая девочка: Например, мы ехали в автобусе, и одна из нас заняла место, а они начали кричать, чтобы она встала. Или мы играли в комнате и не хотели, чтобы они были с нами.
Третья девочка: Мы не хотели, чтобы они были с нами, потому что начался спор из-за ролей. Мы распределили роли, а им не понравилось, они не хотели их играть.
Первая девочка: Мы уже заранее знаем, что если они присоединятся даже на несколько минут, то произойдет что-то неприятное. Мы уже много раз давали им возможность быть вместе с нами. День-два было хорошо, а потом они уходят, не могут вписаться в нашу группу».

— Это первый фрагмент, в котором мы видели попытку представить проблему. Потребовалось время, чтобы обозначить ее достаточно ясно. Это удалось сделать только с помощью ведущего, который своими вопросами прояснил, что же на самом деле им мешало и вызвало проблему. Посмотрим второй фрагмент.

«**Ведущий:** Я хочу быть уверенным, что все понимают, о чем идет речь. Вы распределили роли, но двум девочкам они не понравились, хотя вы думали, что это очень хорошие роли, и сами хотели их играть. Они попытались их играть, но через две минуты сказали, что это им не подходит.
Первая девочка: Они ничего не сказали, но вдруг ушли.
Ведущий: Вы поняли, что они не довольны ролями?
Вторая девочка: Мы поняли только тогда, когда пришла воспитательница. Мы поменяли роли, но они начали на нас кричать.
Ведущий: Они почувствовали, что вы забрали у них роль? Прежде чем мы выслушаем «обвиняемых», я хочу, чтобы вы подумали и сказали, не было ли с вашей стороны возможности сделать это несколько иначе? Чтобы было меньше спора, столкновений, обид?
Первая девочка: Надо было дать им самим выбрать роль. Тогда они были бы довольны.
Третья девочка: Но мы не сделали ничего плохого, мы вежливо попросили их выйти.
Ведущий: Давайте представим, что вы сидите вместо меня, и разговор идет не о вас, а о ком-то постороннем – ребятах из другой школы. Что бы вы им посоветовали?
Вторая девочка: Я бы посоветовала этим двум девочкам...
Ведущий: Не им, а вам!
Вторая девочка: Нам?!
Ведущий: Подумайте и потом поговорим».

– Это второй фрагмент. Как трудно изменить свое мнение! Они потом об этом говорили, мы посмотрим это позже. Но прежде вы можете что-нибудь об этом сказать?

– Я, конечно, изменил бы весь этот процесс. Прежде всего, ведущий – юрист. Но он делает из обсуждения суд – не хватает только присущих суду атрибутов.

– Но родители и учителя в большинстве случаев делают то же самое: не так профессионально, как он, но они ищут виновного.

– Почему группы детей сидят друг против друга? Почему ведущий сидит посередине, будто разделяет спорящих? Почему когда говорят одни, другие должны молчать? Нужно дать им полную возможность высказаться, а затем начать обсуждение! Но сначала нужно избавиться от гнева.

– Излить гнев в кругу? Это может продолжаться часами! Выброс гнева занимает много времени. Такие беседы лишь утомляют и никуда не приводят. Когда позволяешь детям высказаться, они укрепляются в своей позиции и пытаются убедить в своей правоте. Тогда они никого не слышат.

– В таком случае им можно предложить выразить свои чувства письменно.

– Мы сделали такую подготовку, и они написали, что хотят сказать. Во второй половине беседы мы изменили порядок и собрали всех в круг. Мы предложили им отключиться от ролей и посмотреть на то, как они себя вели.

– Если ситуация трудна для восприятия, то порядок обсуждения должен быть иной. Ведь главная проблема состоит в том, что они не могут взглянуть на себя со стороны и судить непредвзято.

– Верно. Но это очень трудно сделать даже взрослым! Ведь мы говорим о рефлексии – способности смотреть на себя со стороны.

– Конечно. Поэтому если мы хотим привести их к минимальной объективности, скажем, 10% объективности от всего эгоистичного взгляда, то нужно сделать иначе – в виде театрального представления. Две группы девочек – «обвиняемые» и «обвинители» – становятся зрителями, а их роли исполняют «артисты».

– Вы как бы меняете роли, которые были в действительности?

– Нет, я не меняю ролей между ними. Просто они сейчас смотрят на то, что с ними произошло, со стороны – им представляют это со сцены. Это освобождает их от своего «я»: это уже не я, это ко мне не относится. Давайте попробуем в следующий раз так сделать.

– А если показать им, как они выглядят, когда в них пробуждается животное? Это хорошо или нет? Ведь это как раз обижает мое «я».

– Это уже отдельная учеба, следующий этап воспитания. Сначала записать на видео несколько таких ситуаций, а потом показать.

– Я хочу понять: есть две обвиняемые...

– Нет обвиняемых! Все должны быть в кругу. «Обвиняемый» означает, что кто-то уже определил его как нечто отрицательное и поместил в угол. Нет угла, есть круг – они сидят неправильно. И стены какие-то мрачные, будто в погребе... Это изучение жизни, и нет ничего важнее. Все остальное второстепенно. Если здесь мы не дадим человеку возможности высказаться, сделать выбор, проанализировать и понять, то наше воспитание ничего не стоит.

– Замечательна сама возможность этим заниматься. И когда ты начинаешь пробовать, то видишь, насколько это трудно.

– Было бы хорошо заниматься такими обсуждениями с утра до вечера и сидеть вместе в кругу – не по одиночке и не с юристом.

– Вести обсуждение должен психолог. Забегая вперед, скажу, что в продолжение обсуждения ситуация полностью изменилась. Ребята, выступавшие с места свидетелей, говорили совершенно иначе, особенно те, которые были якобы «обвиняемыми». Они уже смотрели на ситуацию со стороны.

– То есть у них уже был опыт.

– Получилось очень хорошо.

– И когда ты слышишь себя со стороны, это выглядит совершенно не так, как ты думал.

– Именно это мы увидим в следующей беседе. Нас ждет очень интересный поворот событий.

Часть вторая

Суд – продолжение

—Мы продолжаем разговор о том, как правильно организовать и направлять обсуждения с детьми. Для этого мы записали на видео образец такого обсуждения и в прошлой программе посмотрели первый эпизод, где группа детей рассказала о конфликте с другой группой. Обсуждая этот фрагмент, мы отметили, что ребенку трудно рассказывать о том, что с ним произошло, поскольку речь идет об эмоциональном разговоре внутри группы о вещах, которые важны всем. Мы специально выбрали случай ссоры, которая возбудила и возмутила всех. Из этого обсуждения мы пытаемся сделать выводы более высокого уровня, чем мелкая ссора. Когда ребенок приходит рассказать о том, что его задело или обидело, а он при этом вел себя не лучшим образом, то он не рассказывает, с чего все началось, как развивалось и чем закончилось, а начинает с самой болезненной точки: меня обидели, ударили, обозвали и так далее.

– Именно это в нем осталось!

– Да, именно это он чувствует. Когда бурлят эмоции, трудно объяснить, с чего же началась ссора. Поэтому взрослый, к которому он обращается, вообще не понимает, что произошло, и нужно время, чтобы ребенок успокоился и внятно описал мгновение до конфликта. Дети, как и взрослые, не любят говорить о том, что сделали они. А если и говорят, то, как в кино, перечисляют внешние действия.

– Именно это и нужно сделать! Давайте создадим фильм, чтобы каждый не оправдывался за свои действия, будто дает показания в суде. И тогда каждый отстранится от себя и станет в какой-то мере объективным.

– Он естественно должен быть объективным и объяснить свои действия. Тогда он также сможет сделать выводы и увидеть ситуацию со стороны. Выходит, другие дети играют происшествие?

– Да, иначе ребенку трудно что-либо услышать, ведь он погружен в ситуацию.

— Как правило, он занят своими чувствами. Но не отнесется ли он к ситуации, увиденной на сцене, просто как к театру, игре? Или у него есть роль, и он должен в точности объяснить актеру свои действия. Поэтому ему придется вспомнить, что было сначала и что потом, ведь он переносит это на сцену...

— Не беспокойтесь за детей. Они умеют входить в любое состояние и выходить из него, поскольку намного гибче нас. Если дети выдерживают постоянное давление нашего «воспитания», то честь и хвала им и их силе выживания. Поэтому я давал бы им играть все роли: и себя, и своего обидчика, и судью, и защитника. Он может также быть сторонним наблюдателем. То есть он должен видеть ситуацию со всех сторон. Нечто подобное вы сделали и увидели изменение: как у детей вдруг возникает понимание, что существует совершенно иной угол зрения на данное событие. Сначала им кажется, что существует только их взгляд. И вдруг они начинают слышать, что есть иные факты, что кто-то думает иначе. Почему он думает иначе? Дело не в том, прав я или нет, а в том, что есть правда, которая не совпадает с моей. Но это тоже правда.

— И тут они сталкиваются с проблемой толкования: что другой почувствовал и как это истолковал. В эпизоде, который мы сейчас увидим, ребенок изучает себя. Он применяет к себе рефлексию: вдруг я понимаю, что во мне что-то есть, но не знаю, как с этим справиться.

— Ребенок видит со стороны свой пример и начинает понимать, что это он. Образ ему не нравится, и тогда от безвыходности он начинает себя судить.

— Судить, но не обвинять, правильно?

— Конечно, нет. Он проиграл все образы и понял, что у каждого есть место в жизни. Теперь мы лишь учим, что с этим делать.

— Следовательно, наша роль – объяснить эти этапы? Нам еще многому нужно научиться.

Давайте посмотрим следующий фрагмент. В первом клипе шел разговор с одной группой, в то время как другая группа сидела в стороне и наблюдала.

Затем наступила их очередь, и сейчас мы увидим объяснение одной из девочек со стороны якобы «обвиняемых».

> «**Девочка:** Нам не разрешили войти в комнату, но разве это их комната? Меня это очень обидело. Я не хотела ссориться, но если я нервничаю, то не могу себя остановить.
> **Ведущий:** Твоя мысль понятна: ты не хотела, но если нервы взвинчены, то ты не управляешь собой.
> **Девочка:** Когда вулкан взрывается, его ничем не остановить. То же самое со мной. Если я вспыхиваю, то не могу себя погасить, мне необходимо время, чтобы успокоиться. А они продолжали меня раздражать несколько дней. Я пыталась взять себя в руки, но они продолжали меня обижать. Моя подруга стала меня защищать, а они сказали, что так мне и надо.
> **Ведущий:** А почему их слова тебя обидели?
> **Девочка:** Потому что я хочу быть равной им, а не ниже. Не имеет значения, что я младше их – я должна быть равной им в той же мере, а они не дают мне такой возможности. Я пыталась их убедить, а они только подзадоривали меня. Мне трудно!
> **Ведущий:** Ты хочешь сказать, что тебе плохо, поскольку они дают тебе почувствовать, что ты им не равна?
> **Девочка:** Да».

– В начале разговора, который не вошел в клип, она сказала, что когда спросили девочек из первой группы, что можно посоветовать самим себе, если отстраниться и посмотреть на происшествие со стороны, то она уже об этом подумала. И тогда она поняла, что в ней что-то есть, и это описала. Затем это продолжилось в общем обсуждении. Замечательное описание, не правда ли?

– Да. Это уже начало осознания зла. Она замечательно рассказала о том, как в ней вспыхивает гнев, и она не может себя остановить.

– Здесь есть также понимание процесса: она его знает и иногда успокаивается сама, но порой, как она говорит, это продолжается и продолжается! Я думаю, ей удалось этими словами объяснить то, что происходит со многими детьми, особенно мальчиками. Как хорошо, что у человека есть способность видеть себя со стороны, определить, что у меня есть проблема, с которой я не могу справиться! Это позволяет затем провести групповое обсуждение о том, каким образом мы все вместе можем ей помочь. «Взгляд со стороны» – вещь очень важная.

– Если мы запишем на видео много таких «взглядов со стороны», то их полезно смотреть и без последующих выводов: как дети говорят, как себя ведут, как настаивают на своем мнении просто от упрямства, раздраженности или желания добиться справедливости. Потом они увидят, что не всегда стоит быть справедливым. Видеть себя со стороны очень тяжело, но поучительно. Поэтому стоит это делать, и я думаю, что съемки и репетиции являются важной частью учебы.

– Стоит снять такую программу еще раз?

– Конечно. Ты снимаешь целую программу и даешь им домой – пусть посмотрят. А на следующий день – после того как они на себя насмотрелись – ты их снимаешь еще раз. И тогда, сравнивая два варианта поведения, можно увидеть, чего мы достигли только с помощью просмотра. Затем можно устроить обсуждение: показать оба примера и спросить, что они думают о происшествии, почему так произошло, как человек реагирует, что они почувствовали дома при первом просмотре и так далее. Будут такие, которые скажут, что ничего не почувствовали! Но они сами увидят, что ведут себя иначе.

– Такое обсуждение займет целый учебный день!

– Но кроме этого ничего не надо изучать из жизни. Воспитание – это все.

– В принципе, это социальное воспитание.

– Верно. И если помимо этого мы посвятим час-два изучению природы, то этого достаточно. После 10-12 лет учебы в школе человек выходит ни с чем, а так он хотя бы будет воспитан и снабжен основами знаний в разных областях. Поверьте мне, эти дети в возрасте 13-14 лет смогут поступать в ВУЗ. Их умственный коэффициент будет выше всех. Восприятие, аналитический подход, способность соединить вещи, увидеть себя со стороны даст им такое внутреннее развитие, что они поступят на любой факультет и приобретут любую специальность.

– Иными словами, обсуждение требует от ребенка много умений.

– Это развитие высшей ступени в человеке – «Человека в человеке».

– Способность описать проблему, задуматься, проанализировать – дети учатся многим вещам. К счастью, они могут также изучать, как себя вести, и тем самым развиваться.

– Параллельно этой форме я бы иногда создавал ситуации, в которых дети действуют вместе со взрослыми. Увидев, что взрослые и подростки тоже сталкиваются с различными проблемами и трудностями, они поймут, что их занятия серьезные, помогающие стать большими. Это придаст ценность и уважение тому, что мы сейчас им передаем. Они увидят, что этим очищают свою жизнь от ненужной шелухи. Им останется только расти над человеческим уровнем. Когда после нескольких лет, проведенных в нашей школе, они войдут в жизнь, то будут уже сформированы. Специальностью они овладеют с легкостью, потому что знают, как подойти к любому явлению. Остается лишь быть Человеком в высшем понимании. Видите, как от небольшого действия, длящегося час-полтора, дети уже начинают входить в этот процесс.

– Я только хотела бы понять, чем это обсуждение отличается от процессов установления связи, принятых в обычной школе. Там тоже поняли, что дети не умеют говорить друг с другом, и назвали эту проблему «налаживанием связи». Детям предлагают поговорить друг с другом и затем показать, к какому согласию они пришли. Им очень трудно это сделать.

– Конечно, ведь их этому не учат. Дети там обязаны сидеть вместе с взрослыми, и взрослые должны показывать им их слабости. А нужно находиться на одном уровне с детьми: подростки должны быть вместе с малышами, молодежь – с подростками, а взрослые – с молодежью. Но самым главным является вопрос «зачем мы это делаем?» Здесь есть дополнительная ценность, которую они должны получить от нас: нам, взрослым, это очень важно. Если мы говорим о детях 8-10 лет, то приведите в их группу несколько подростков 13-14 лет, пусть с ними занимаются. Увидите, что младшие слушают их с открытым ртом.

– Они впечатляют их больше, чем мы.

– Разумеется, ведь мы для них просто «мебель».

– Поэтому они согласятся и подумать тоже.

– Верно. Со своей стороны мы должны обеспечить их различными средствами и стимулами, чтобы максимально подействовать на детей. Не знаю, практикуют ли в обычной школе смену ролей и съемку, но мы, кроме этого, говорим также о глобальном воспитании. Мы хотим показать детям во всех случаях – особенно, если это передается детьми постарше, – что мир круглый, связанный, не такой, каким мы его видим. Все находятся вместе, зависят друг от друга, а потому нам стоит так относиться к себе и миру. Если это придет от старших детей, то младшие хотя бы услышат и постепенно, капля за каплей, впитают. Этот подход, по сути, выше их. Он также выше нас, но это называется воздействием окружения: окружение укореняет в человеке некий факт.

– Потому что все время его повторяет?

– И потому, что повторяет, и потому, что ценит. Человек принимает явление, уважаемое окружением, как факт.

– Мы знаем, что так происходит и с взрослыми. Они принимают повторяющиеся идеи, даже если они ошибочны.

– Верно. Поэтому в такой форме мы должны приучить детей к мысли, что мир глобален.

– Вы думаете, что дети 10-12 лет могут почувствовать связь со своими сверстниками, живущими в других странах и говорящими на разных языках, только потому, что видят их на экране монитора?

— Конечно! Я видел, как мои дочери воспринимали истории, показанные по телевидению или в театре. Если вы покажете эти примеры детям через Интернет или телевидение, то они будут полностью солидарны с происходящим на экране.

— Приятно видеть, что везде происходит то же самое — независимо от языка и внешних обстоятельств.

— Можно провести вокруг этого мировое обсуждение: кто солидарен с одной группой, кто с другой. И судить согласно общему голосованию. Тысячи пошлют свои отзывы.

— Отзывы — это буквально опрос! Можно даже устроить соревнование! И чтобы весь мир присылал предложения для решения. Давайте посмотрим еще один клип.

«**Ведущий:** Сейчас каждый попытается выйти из своей роли и попробует посмотреть на всю ситуацию со стороны. Будто это случилось не с нами, нет судей, и мы никого не судим. Мы просто хотим понять, что можно вынести из этого обсуждения. Мне бы хотелось, чтобы вы подумали о вопросе распределения ролей: что это такое, чем вы управляли, было ли у всех достаточное понимание того, что они должны делать и почему. И второе: что такое взрыв гнева, которым трудно управлять? Может быть, мы можем что-то сделать, чтобы таких взрывов было меньше? Что мы все сделали не правильно?

Первая девочка: Каждая из нас хотела управлять проектом.
Ведущий: Что такое есть в нас, что толкает управлять, властвовать?
Вторая девочка: Ощущение, что я лучше всех. Это желание, которое в тебе есть.
Ведущий: Желание хорошее?
Девочка: Нет.
Ведущий: Это то самое желание, которое заставило тебя потерять власть над собой? Подумай над этим.
Третья девочка: Мне кажется, что да. Мы не обращали внимания на раздражительность подруги, и этим ее обидели.

Ведущий: Что мы должны сделать, чтобы такое не повторилось?
Первая девочка: Мы должны сотрудничать и распределять роли по желанию.
Ведущий: Сотрудничество будет сильнее наших свойств?
Вторая девочка: Да. Мы не принимали во внимание желание подруг».

– Это обсуждение продолжалось, и один из ребят предложил поменяться ролями, как мы здесь говорили. Приятно видеть, что атмосфера обсуждения в корне изменилась.

– Прежде всего, они сидят иначе – в кругу.

– Да, эта форма, безусловно, помогает: вдруг все оказываются равными, а не так, как за столом. Кроме того, как только ты начинаешь думать о себе со стороны, то понимаешь другого. И вдруг оказывается, что оба правы, а не один. Когда ребенок описывает свои внутренние ощущения, то хочется ему помочь. И тогда атмосфера становится очень приятной, ведь они начали с взаимных обвинений. Изменению атмосферы помогает то, что они сидят в кругу? А если бы они изначально так сидели, тоже был бы такой эффект?

– Нет, стоит все-таки подчеркнуть этот момент, ведь мы хотим познать природу человека и исправить ее. Поэтому крайние точки нужно выделить, иначе на чем будем учиться? Попробуйте потом вернуть их к той форме, в которой они начали обсуждение, сидя за столами! Они будут сопротивляться изо всех сил! Стоит на это посмотреть! Если вы этого не сделали, то попробуйте.

– Примем это как задание для будущих программ. Сегодня мы говорили о том, как сделать обсуждение максимально эффективным. Нужно давать детям возможность смотреть на себя со стороны. Это очень важный процесс, и ему следует учиться. Мы должны говорить о том, для чего это делаем, и привлекать к сотрудничеству старших детей, чтобы помогли младшим понять общую картину мира, в котором они находятся. Дети должны знать, что занимаются важным делом, ведь способность к анализу и обсуждению насущна для жизни. Мы получили много полезных советов и вариантов проведения таких обсуждений и постараемся их применить.

Старшие воспитывают младших

— Сейчас мы вместе попробуем выяснить беспокоящие нас вопросы, выйти на новое направление, новый путь и новые веяния во всем, что относится к воспитанию наших детей. И сегодня мы сосредоточимся на новом направлении, которое получило название: «Старшие воспитывают младших», потому что, в сущности, в этом и скрыто решение проблемы, как нам из старших детей подготовить воспитателей для младших.

В предыдущих беседах Вы говорили, что нужно дать возможность одним детям воспитывать других, но не вдавались в подробности. Мне это показалось немного похожим на программы, которые в некоторой мере присутствуют в традиционной системе воспитания. Например, берут детей из шестого класса (детей из меньших классов не считают достаточно взрослыми), чтобы в школе немного помочь детям в учебе (один час в неделю) или поиграть с младшими детьми.

И действительно я обратила внимание, что у вас реализуется очень необычная программа, в которой старшие дети проводят обсуждения с младшими. По собственной инициативе старшие могут вносить разные идеи, они также говорят с младшими о жизни, а не просто играют с ними и помогают. На данный момент это реально существует, и это нечто совершенно иное.

— Нам еще потребуется найти правильную пропорцию, чтобы распределить время ребенка, не в школе (я даже не могу назвать это школой), а когда он находится в группе, в нашей системе воспитания. Часть времени будет посвящена получению информации, учебе, какую-то часть времени он будет находиться в подходящей ему среде, и часть времени – с более старшими детьми.

– Получается, что ребенок в течение дня находится в разных группах.

– Возможно. В любом случае он должен учиться. И нам нужно стараться организовать как можно больше занятий на природе, на предприятиях, в музеях, – дети не должны сидеть перед учебной доской в классе.

— Учеба должна быть не пассивной, а впечатляющей и динамичной.

— Именно такой мне представляется учеба. Этим будет занята треть всего времени. Еще одну треть займут их обсуждения, в которых примет участие инструктор, которому придется немного отойти на второй план, чтобы дети могли самостоятельно разбираться в своих проблемах.

— Их также нужно учить, как это делать.

— И дети должны делать это совершенно самостоятельно?

— Нет, инструктор может там присутствовать, но ему нужно быть на уровне детей, и это действительно искусство. Он должен знать, как в скрытой форме вносить в обсуждение коррективы, чтобы они этого не почувствовали и не поняли, а также не давать им уйти в направлении, ведущем в тупик. А третью часть или 20% времени их должны воспитывать старшие дети. Разница в возрасте между ними может быть в 2-3 года.

Если, скажем, мы предложим кому-то из старших детей объяснить младшим какую-то тему по физике, – знаете, какой от этого будет эффект? Как это подстегнет ребенка выучить материал, чтобы передать его младшим! И в каком восхищении будут смотреть на него младшие дети – какой он большой и взрослый!

Поэтому я считаю, что на их встречу следует отвести от 20 до 30 процентов времени. Получается, что с помощью таких уроков мы воспитываем старших по возрасту детей становиться влиятельными и взрослыми. И вместе с тем, младшие получают прекрасный пример для подражания от старших братьев.

Нужно лишь подготовить их. И благодаря этому мы увидим самую эффективную часть воспитания – как старших, так и младших.

— Почему Вам это кажется настолько важным?

— Старшие захотят быть влиятельными и значительными, и тем временем они будут говорить о правильных вещах. Ведь сказано, что от «ради себя» приходят к «ради других». И когда младшие дети видят старших, они считают их действительно взрослыми (потому что инструктор для них – это просто автомат). А тот, кто уже на 2-3 года их старше, старший брат, является для них авторитетом в любом вопросе, они идут за ним, что называется, «с закрытыми глазами». Поэтому, когда младшие идут за ребенком, подающим им хороший пример, – это прекрасно.

— Мы предложили мальчикам 11-12 лет провести с младшими детьми обсуждение. У меня не было достаточно времени помочь им подготовиться, и они подготовили все сами. Сначала младшим детям предложили поднять огромную кастрюлю, наполненную водой, и в качестве приза было выбрано их любимое лакомство – шоколад. Никто из них не справился в одиночку, и тогда они единодушно решили сделать это вместе. После того, как все вместе успешно подняли тяжелую кастрюлю, они поделились впечатлениями о том, как каждый из них прошел этот своеобразный тест.

— Очень интересно, хороший пример. В этом тесте вы дали детям возможность проявить очень важные качества.

— Значит, в возрасте 7-8 лет ребенок уже может обратить внимание, когда он хочет что-то для себя, а когда для других.

— Они уже могут анализировать: «Почему я хотел поднять тяжесть сам? – Чтобы получить шоколад».

— Чтобы только я получил и никто другой.

— Но теперь я знаю, что не могу выполнить это в одиночку и должен поделиться шоколадом с остальными. Как я поступлю в похожей ситуации в следующий раз? Пойду ли я изначально на то, чтобы разделить шоколад со всеми или попробую справиться сам? Скажем, я могу поднять тяжелый предмет сам и получу за это шоколад. Стоит ли мне сделать это самому или вместе со всеми?

— Вы бы дали ему возможность выбрать?

— Мы можем дать им понять, что такая возможность существует.

— Это не может принести ребенку какой-нибудь вред? Не отнимет ли это у него право выбора? Ведь когда младший ребенок видит старшего, ему хочется быть таким же, как он. И если он станет таким, то это лишает его возможности сделать свой выбор стать каким-то другим.

– Выбор как раз состоит именно в этом: учиться у правильного окружения. Иного выбора у нас нет. Мы не можем жить в пустоте. Что означает, что я развиваюсь самостоятельно? За счет того, что у меня есть внутри? Так там есть лишь мое эго и побуждения к разным наслаждениям. Мне не известно, кто я и что я. Я – словно мальчик Маугли из джунглей. Что из меня получится? Мы всегда развиваемся в соответствии с окружающей средой, а здесь нам дают среду, которая является для нас хорошим примером.

– Но если мы поместим их в плохую среду, то дети могут выбрать ее.

– Выбора нет: в какую среду человек вошел, таким он и становится, выходит из нее, как с конвейера.

– Сегодня существует огромный выбор, и в системе воспитания очень надеются, что если для детей все будет очень открыто, то так ребенок научится делать свой выбор.

– Ребенок научится выбирать?

– Именно так. Детям дается возможность выбора, и мы видим, что они очень запутаны.

– На основании чего Вы считаете, что ребенок умеет выбирать? Я этого не понимаю. Разве человек может сделать выбор? Взрослые люди не умеют делать правильный выбор, так что уже говорить о детях?

– Мы можем видеть, сколько времени порой занимает у взрослых принять решение: чего они хотят в жизни?
– Даже выбрать сорт кукурузных хлопьев в супермаркете...
– Вот именно!

– Согласно интегральному воспитанию ребенок находится под влиянием взрослых до 20 лет только лишь по той причине, что именно взрослый может дать ему хорошую среду для воспитания. И я как отец все время беспокоюсь, в какой среде будет находиться мой ребенок. Только это для меня важно. Так я беспокоился о своих детях. По той же причине мы заботимся и об этих детях.

– *Как Вы считаете, в какой форме должно проходить обсуждение?*

– Это не важно. То, что они высказывают свое мнение и «варятся в этой кастрюле», – это уже хорошо. Их мозг уже работает в правильном направлении: соединиться вместе или нет? Стоит ли получить шоколад? Зачем это делать и для чего? Мог ли я это сделать сам? – Нет. А вместе? – Да. Как быть: сделать это вместе и получить только часть шоколада или стоит остаться самому и добиться успеха? Даже взрослый не думает о таких вещах, он думает автоматически согласно своему узкоэгоистическому мышлению. А здесь он расширяет его и входит в прекрасную большую коммуникацию со всей средой. Это очень важно и способствует внутреннему развитию человека. В этом суть человека, имеющегося в нас, ведь он является общественным созданием. И таким путем ты вводишь его в правильную связь с окружением. Если он вырастет в такой среде, то потом сможет везде устроиться. К тому же с ним будет удобно окружающим.

– *Вы говорите, что ребенок – это общественное создание.*

– Мы уже изначально созданы природой общественными созданиями. У каждого вида в природе есть своя стая, своя семья на какое-то время. Исключение составляют некоторые птицы и волки, имеющие постоянную пару на всю жизнь. Все остальные животные спариваются только на период размножения. Люди же являются общественными созданиями, нуждающимися в общественной жизни, которая обеспечит каждому из нас свою жизнь и средства к существованию по принципу: я – для всех, и все – для меня. Сегодня мы не можем существовать в мире по иному принципу. Мы зависимы друг от друга во всем.

– *Но Вы говорите, что умение обсуждать можно развить у ребенка в очень юном возрасте.*

– Можно развить зависимость, участие, умение уступать и проверять отношения со всеми. Если все мы – составные части одного механизма и не в силах хорошо устроиться в жизни без его внутренней гармонии, то, благодаря такой работе с детьми, мы готовим хороших людей для будущего человечества.

– Получается, что умение ребенка устроиться в жизни в будущем зависит от его умения ладить с окружением, в котором он находится.

– Это зависит от его умения ладить с любым окружением, потому что, в конечном счете, всему человечеству потребуется принять единую модель, ведь мы находимся в интегральной системе.

– А без этого у него нет будущего?

– Нет.

– На вопрос: «Почему мы должны быть товарищами?» дети давали очень естественные ответы: если ты сталкиваешься с трудностями, товарищ может тебе помочь, или если ты находишься вместе с друзьями, то уже ничего не боишься и чувствуешь их поддержку. Они уже не представляют, как может быть, что они не будут вместе. Дети теперь не представляют иной реальности, они уже облачились в эту модель.

– Дети усвоили, что делать все вместе – это хорошо.

– И это действительно хорошо, и к такой модели нужно прийти.

– Во-первых, – это верно, это естественно, и обязательно для всех. А во-вторых, ребенок естественным образом видит, в чем его выигрыш, кто дает ему уверенность, и он ищет подходящее ему общество. Вопрос лишь в том, какой тип общества он ищет?

– На одном из занятий мы дали задание инструкторам выяснить у детей, почему стоит объединяться. А если кто-то не желает делать это, как его переубедить? И дети ответили, что нужно предложить этому ребенку присоединиться к группе детей, играющих вместе, и тогда он получит в тысячу раз большее удовольствие, чем, если бы он играл сам. Но, как сказал один из них, объяснить это словами невозможно, потому что это нужно почувствовать самому.

Я хотел бы узнать, если подводить детей к такому выяснению и немного ««загонять их в угол», – это для них хорошо? У меня возникают сомнения, является ли такой подход правильным, не «сломается» ли ребенок?

– Диалог должен быть насколько это возможно открытым. Кроме того, нужно дать детям просмотреть запись урока, чтобы они увидели, как они отвечали на вопросы раньше. А после этого продолжить обсуждение и дать им возможность поправить себя. Ведь, когда человек видит себя со стороны, он уже оценивает как самого себя, так и других, иначе. А затем нужно дать им возможность вернуться к прежнему обсуждению и снова показать им видеозапись с их участием, и так они с каждым разом будут поднимать уровень обсуждения и достигнут такой высоты, которую даже трудно представить.

– Им нужно что-то объяснять или просто дать просмотреть запись?

– Не нужно объяснений, дай им самостоятельно развиваться. Следует только напомнить, с чего начался разговор, потому что иногда они уже это не помнят.

– Фактически выяснения происходят как между младшими детьми, так и у старших детей внутри, потому что они проходят это обсуждение внутри себя.

– Разумеется.

– И во время подготовки они продумывают, как это объяснить ребенку. Инструкторы также встречаются с этими детьми до обсуждения и готовят их. Мне кажется, что они даже попросили их не стараться поднять эту кастрюлю, – иначе не получится выяснение.

– И каждый из них должен был попытаться поднять тяжелую кастрюлю и почувствовать это, не так ли?

– Верно.

– Суть дела в том, что это также чувственное воспитание, потому что много говорится об ошущениях: что я чувствую, как я буду чувствовать по-другому?

– Воспитание должно быть только на уровне чувств. Ребенок обязан это пройти.

– Сегодня не принято говорить о таких вещах. Исключение составляют лишь краткие беседы с родителями. Просто прекрасно, что можно поговорить с группой детей о том, что они чувствуют!

– Если восприятие не проходит через чувства – всю суть человека, то это уже не воспитание, от него уже ничего не остается.

– Получается, если учеба не впечатляет, то все остается на уровне знаний?

– Я обязан получить от нее такое впечатление, чтобы у меня осталось воспоминание, и, исходя из этих воспоминаний, я действую дальше.

– Как-то я слышала, Вы говорили о противоположности знания и раскрытия. В чем разница между тем, что я почувствую сама, и знанием, которое у меня есть и остается теоретическим?

– Просто знания не бывает. Мы не говорили о том, как учить физику, математику и другие точные науки, которые тоже нужно провести через обсуждение и внутреннее, чувственное восприятие.

– Но это же абстрактно.

– Проблема и состоит в том, что это не абстрактно. Почему же это абстрактно? Мы наблюдаем за явлениями природы, и если, скажем, я беру кислоту и соединяю ее с другим реактивом, или поднимаю в воздух два килограмма груза, или же смешиваю какие-то газы, – любое явление можно перевести в чувственное восприятие. И тогда это записывается в человеке, и от всех форм развития природы: неживой, растительной, животной и человека, от разных процессов, происходящих в оптике, механике, биологии, зоологии или ботанике, он получает чувственное восприятие. Человек обязан ощутить, как внутри него это происходит. И если он входит в этот процесс, то становится человеком внутри своего мира.

– Это связывает его с миром? У него формируется некое иное понимание?

– Да, он понимает, что принимает и чувствует все эти законы, и они проходят по нему.

– Значит, после этого он будет меньше разрушать мир?

– Да, но, кроме того, он обретет единую форму всей природы, которая отражает единство всего мира и не делится на физику, химию, биологию и зоологию. Это мы сами так его разделяем, но, в сущности, это цельная картина, которую мы нарезаем на такие пласты, потому что так удобнее ее воспринимать. Мы не можем быть универсальными учеными, чтобы получить полное восприятие, но это ведет нас к интегральному взгляду.

– А как быть с тем, что после первого объяснения ребенку, ситуация выглядит так, будто он говорит лозунгами, отвечает теми же словами, которые были в объяснении, то есть пока еще не переживает это впечатление? Скажем, ему говорили, что когда что-то делаешь вместе с другими – это намного лучше, чем одному. И он отвечает, что вместе – лучше.

– Так начни с ними упражняться. И свою, казалось бы, сухую и бессмысленную фразу попробуй пропустить через разные впечатления, чтобы в конце урока он понял, что ты передаешь ему особый закон, существующий в природе и в обществе. А согласно этому закону при соединении частей вместе (1+1+1+…) получается большая сильная масса.

– И тогда возникает вопрос, который обычно поднимают родители и воспитатели, о том, что ты растишь ребенка в каком-то закрытом мире и учишь, что быть вместе – это намного лучше, и таков закон природы, а затем ребенок выходит на улицу и попадает в джунгли. Как ему правильно связать два этих мира?

– Это не верно, такому ребенку никогда не будет причинен вред. Нам кажется, что человек, понимающий законы управления природы и то, как он сам должен себя вести с природой и в обществе, будет несчастным, и все будут этим пользоваться и извлекать собственную выгоду. Но это не так.

— А если он учится уступать и начнет так вести себя на улице, где никто так не поступает?

— Нет, мы не учим уступать просто так. Мы же говорим о трех линиях.

— И что собой представляют эти три линии?

— Наше поведение должно быть уравновешенным добротой и строгостью, щедрой рукой, добрым сердцем вместе с ограничениями и законами. Мы наблюдаем это и в природе: у тебя всегда есть две вожжи. Так что человек, оказавшийся в такой ситуации, как раз входит в равновесие с обществом. В равновесии обязаны присутствовать две силы, поскольку с одной силой ты никогда ничего не достигнешь. Мы сами видим, что в природе существуют две силы: сила получения и сила отдачи, положительное воздействие и отрицательное, жара и холод, давление и его отсутствие. Поэтому нам нужно учить человека, как всегда быть в равновесии между двумя этими силами и как с их помощью относиться к обществу. Если ребенок будет взаимодействовать с обществом посредством этих двух сил, ему никогда не причинят вреда. Общество также воспримет его правильно и ощутит как свою положительную часть.

— Какое действие противоположно уступке? Если, с одной стороны, мне нужно уступить, то какая реакция должна быть с другой стороны?

— Я уступаю только при условии, что вторая сторона понимает меня точно так же, как я ее. А иначе, возможно, мне совсем не нужно уступать, а как раз потребуется оказать давление, причем большое. И мы видим, что такое давление может дойти до войн. Но и это также называется некой уступкой, ведь я отказываюсь от своего хорошего отношения, чтобы создать уравновешенное противодействие силе, стоящей передо мной.

— Хорошо, здесь есть информация к размышлению. Обычно я сам подвожу итог беседы, а в этот раз мы дали такую возможность детям. Вот их заключение:

1. Только вместе можно добиться успеха.

2. Если ты вместе с товарищами, то чувствуешь, что это здорово!

3. Вместе с товарищами ты чувствуешь больше радости.

Наказания – начало

— Тема нашего сегодняшнего разговора чрезвычайно интересная, но в той же мере и болезненная для всей системы воспитания: установление границ и наказания. Мы беседовали с детьми на эту тему и даже сняли отдельную передачу, в которой они высказывали свое мнение о том, что они чувствуют, когда их наказывают, и как, на их взгляд, это должно происходить. Сегодня мы, возможно, сможем узнать для себя что-то новое, а также помочь всем лучше понять этот очень непростой аспект воспитания. Начнем с того, что Вы объясните, в чем сложность этого вопроса. В предыдущих беседах Вы говорили о том, что Вы принципиально против наказаний.

— Нет, это не совсем так.

— Есть очень много вопросов и сомнений по поводу того, как установить ребенку границы, не навредив ему. Каждый воспитатель и родитель ищет эту возможность вовремя остановить и правильно направить ребенка, создать для него верные рамки, которые будут сохраняться длительное время. Зачастую создается ощущение, что наказания и обижают ребенка, и действенны только на очень короткий срок. Кроме того, ведь мы прибегаем к наказаниям чаще всего, когда раздражены, неуравновешенны или просто устали. В таких случаях наказание, конечно же, не просто бесполезно, но и вредно. Но даже если это продуманное действие и родитель советовался с психологом, а ко мне приходит немало таких родителей, даже в этом случае есть ощущение, что наказание не приносит желаемого результата. Родителям приходится постоянно усиливать меры, и непонятно, почему наказания не приносят результата на длительный период.

— Потому что в природе нет наказаний. И у нас их нет. То, что мы называем наказанием, это всего лишь результат нашего искаженного понимания законов природы. Можете называть это природой или Высшим управлением, это не имеет значения. Каждый из нас ощущает то, что он заслужил в соответствии со своим отношением к природе, к окружающей среде. Так что во всех своих бедах виноваты мы сами и наша среда. И все мы в этом мире постоянно ощущаем себя получающими наказание или поощрение. На самом деле никто нас не наказывает, но есть закон природы, который требует правильного отношения человека к среде. Если мы находимся в гармонии с окружающим миром, то ощущаем себя удобно, спокойно и воспринимаем это как поощрение. И, наоборот, если нет этой гармонии, то наши ощущения будут такими, что мы называем это наказанием. Но какое же это наказание? Это то, что мы сами себе приготовили в результате своей дисгармонии с природой.

– *То есть все наше мировоззрение, что мы являемся центром вселенной, и нас кто-то наказывает, ошибочно?*

– Конечно, нет. Человек сам строит свой мир. А в отношении детей, которые полностью находятся под влиянием взрослых, о каком наказании может идти речь? Если мы воспитываем их неправильно, и поэтому они ведут себя агрессивно и нарушают равновесие с окружающей средой, то это наша вина. А мы их еще и наказываем?! Тем самым мы просто расписываемся в своем воспитательном бессилии.

– *Получается, что всякий раз, когда ребенок делает что-то неправильно, виноваты взрослые, потому что неправильно его воспитали?*

– А кто же еще? Ведь он же находится в полной зависимости от них. Некого винить, кроме самих себя.

– *Но ведь родители хотят, прежде всего, научить ребенка не делать того, что может быть для него опасно или плохо, а потом научить тому, что для него полезно.*

– Ребенок находится под абсолютным влиянием взрослых, поэтому его неудачи – это их промахи. Ребенка винить не в чем, ведь он всего лишь маленькое существо с определенным набором свойств и инстинктов, которые развиваются под влиянием взрослых людей. Поэтому только от взрослого мы можем требовать, чтобы он искал и совершенствовал свой подход к ребенку, чтобы достичь успеха. Но из-за того, что это не получается, разве можно его обвинять? Поэтому наказывать нужно не ребенка, а взрослого.

– Но как поступать, если у ребенка проявляются отрицательные порывы?

– Ты, взрослый человек, должен найти этому лекарство, а не требовать от него каким-то образом сдерживать то, что он не в состоянии сдержать.

– Правильно ли я понял, что нужно вместе с ребенком установить постоянные правила поведения и соответствующие наказания?

– Нет, не мы устанавливаем законы, а природа.

– Допустим, ребенок нагрубил. Как природа на это реагирует?

– Значит, такова его природа – быть грубым. Ты должен найти такие методы воспитания, чтобы эту грубость и вспыльчивость исправить на другие, более правильные формы поведения. Кстати, что такое правильное поведение – это тоже еще нужно выяснить, исходя из законов природы, а не из нашего понимания.

– Что такое правильное поведение?

– Это нужно изучать. Но согласитесь, что это неверно, если взрослый, сам получивший неправильное воспитание, будет таким же образом воспитывать новое поколение.

– Тогда получается, что и родители не виноваты, так как они сами не получили правильного воспитания.

– Совершенно верно. Но это не дает им права воздействовать на ребенка силой и наказывать его. Они обязаны искать подходящие ему воспитательные средства, учитывая при этом разницу между поколениями, а она сегодня огромна.

– Минуту, мне непонятно, что Вы называете наказанием: когда родитель не позволяет что-либо или когда останавливает недостойное поведение?

– Это не важно.

– Правильно ли я Вас поняла, что не нужно устанавливать рамки?

– Наказанием называется любое действие, которое обязывает ребенка делать что-то в рамках ограничения и давления без его понимания и согласия.

– То есть то, что ему навязывают?

– Да. Разумеется, я не говорю о физическом наказании, это понятно.

– Да, по поводу физических наказаний есть общее согласие, что они наносят большой вред ребенку и являются больше нервным всплеском, чем воспитанием.

– Я бы назвал это «обезьяньим воспитанием».

– Хорошо. Но все-таки есть в ребенке с самого малого возраста такая реакция, что он тянется туда, где ему хорошо, и убегает оттуда, где ему плохо. Мы можем и должны использовать это свойство с целью воспитания.

– В воспитании все это, несомненно, можно использовать, но только после того, как ребенку объяснили, и он понимает и осознает, что с ним происходит. Без осознания ребенком себя, своего поведения, своих отношений со средой нет истинного воспитания, а есть режим, навязанный ему взрослыми.

– Дрессировка?

– Даже не дрессировка. Дрессировкой можно привить какие-то новые свойства животному, и они станут его второй натурой, но с человеком это невозможно.

– Давайте посмотрим клип, в котором дети говорят о том, какое наказание они чувствуют полезным, а какое нет.

«**Д.** Когда детей в классе наказывают, это не очень помогает.
Ведущий: Почему?

Д. Допустим, я мешаю учителю на уроке. Если учитель меня наказывает, я только сержусь на него.

Ведущий: Ты говоришь о себе? Это ты сердился на учителя?

Д. Да.

Ведущий: Но ты перестал мешать на уроке? Только говори правду.

Д. Нет.

Ведущий: Но почему? Ведь понятно, что если снова помешаешь, тебя снова накажут.

Д. Но я тоже раздражаюсь и иногда делаю назло учителю. В любом случае наказания не очень помогают, а только пугают.

Н. Иногда получить наказание даже приятно. Например, если меня выгоняют из класса, я рада, потому что могу поиграть.

Ведущий: А-а, значит, наказание приводит к обратному результату?»

— Наше воспитание развилось из периода индустриализации, когда была необходимость обучать работников для фабрик и заводов. Тогда начали обучать грамоте деревенских детей. Тогда же и развилась школьная система с ее делением по возрастам, на классы, которая стала «начинять» молодежь минимальным набором знаний и выпускать их для работы на заводах. До середины 20 века это еще работало. Но сегодня мир изменился, уже нет необходимости в таком количестве рабочих, достаточно 10% человечества, чтобы обслуживать всю промышленность.

— Механизмы заменили людей.

— Да, мир стал другим, и человек изменился. Сегодня мы уже не можем делать из детей простых исполнителей, они созданы из другого материала. И вместо того чтобы воспитывать прогрессивных, мыслящих, понимающих себя и всю природу людей, мы продолжаем по-старому и не делаем правильных выводов. Воспитание опаздывает в своем развитии в сравнении со всеми остальными, стремительно развивающимися областями, такими как психология, психиатрия, социология, политология. Учителя выглядят просто архаически, как динозавры. И это люди, которые работают с детьми!

— Они должны готовить новое поколение!

— Да где там! Наоборот! Они относятся к прошлому поколению, даже не к нынешнему! Иногда я говорю с учителями и вижу перед собой людей, живущих понятиями 50-летней давности.

— Сегодня все развивается слишком быстро.

— Да, но родители, с которыми живут дети, более продвинуты, чем учителя, и они видят в учителе больше надзирателя и диктатора, чем воспитателя. Вся система, существующая сегодня, устарела и не соответствует современному обществу.

— Устарела и по структуре и по содержанию?

— О содержании я вообще не говорю. Сейчас мы ведем речь о подготовке учителей, об их подходе к воспитанию. Сама школа с ее традиционным устройством не может сегодня удовлетворить запросы детей и общества. Сколько сейчас гиперактивных детей?

— Приблизительно до 10%. Это лишь те дети, которые признаны таковыми и получают лекарства и всевозможные облегчения на экзаменах и прочее. И есть тенденция к увеличению процента таких детей.

— Мы должны понять, что это не болезнь и не явление, а общая тенденция, и в соответствии с ней мы должны изменить методы обучения. Что мы будем делать, если половина детей будут гиперактивными?

— Как такое возможно?

— Гиперактивные дети — это не аномалия. Это нормальные дети нашего времени.

— *Вы говорите, что это новая норма?*

— Да. Что же теперь делать? Мы должны изменить абсолютно все: строение классов, методики обучения, сам урок должен уйти в прошлое, то есть абсолютно все должно измениться.

– И тогда не будет проблем поведения, отпадет необходимость в наказаниях и ограничениях?

– Воспитание должно подходить ребенку, а не быть удобным учителю или образовательной системе.

– Что же сегодня подходит детям? Я вижу учителя почти беспомощным, не имеющим средств для работы с новым, более развитым поколением, с гиперактивными детьми. Он просто не знает, как со всем этим справляться.

– Я думаю, что обучение и воспитание должны быть очень динамичны. Большая часть обучения вообще должна происходить не в школе, а в музеях, парках, на заводах, в больницах, типографиях... Дети должны видеть и изучать жизнь во всех ее проявлениях. Во всех этих местах им нужно рассказывать и объяснять, как все работает. Мы должны дать им ощущение жизни. Именно эти впечатления успокоят их, а не школьные стены, которые воспринимаются, как тюремные решетки. Классы, учителя и вообще все школьное устройство уже не могут удовлетворить детей.

– То есть Вы считаете, что мы не должны заключать детей в жесткие рамки школьных стен и дисциплины и требовать, чтобы они все время сдерживали себя, так как это против их природы. Вместо этого мы должны дать им возможность получать разнообразные впечатления, быстро сменяющиеся, на которых они и будут обучаться.

– Они должны принимать участие в жизни.

– Видеть жизнь во всех ее проявлениях и активно в ней участвовать, начиная с самого малого возраста?

– Да.

– Но все-таки как правильно ограничивать детей? Чем заменить принятые сегодня наказания? Может быть, просто нужно ставить условие, например, если ребенок что-то делает, то получает вознаграждение, а если нет, то не может получить?

– Нет, ребенок должен сам чувствовать результаты своих поступков, а не реакцию, приходящую от взрослых. Реакцию он получает от жизни, и это его учит.

– Как этого добиться?

– Скажите, 10-летний ребенок прыгнет с высоты в несколько метров? Он побоится, потому что увидит наказание. Так он должен видеть наказание за любое плохое действие.

– Как это произойдет в обсуждении? Например, в отношениях в коллективе: как ребенок будет знать, что ему грозит наказание за какое-то поведение, если мы заранее не выяснили законы, являющиеся законами природы?

– Коллектив должен дать ему это понимание. Зачем нам в это вмешиваться? Именно сами дети должны высказать свое порицание.

– Это значит, что детский коллектив должен сам установить законы, которые все будут выполнять?

– Да, конечно. Дети должны решить, что для них удобно, а что нет.

– Сами дети должны принимать решение?

– Да.

– С какого возраста они способны сами принимать такие решения?

– С самого раннего. Когда дети начинают играть в коллективные игры – с мячом, например? С этого возраста они уже понимают, что такое коллектив.

– Мне кажется, что это возраст 6-7 лет. Тогда они уже могут видеть себя частью группы, то есть отходят от эгоцентризма.

– Это означает, что они готовы к воспитанию.

– Мы подготовили еще один отрывок из той же передачи, где дети отвечают на вопрос, относительно чего, на их взгляд, должно быть наказание. Они пришли к очень интересному выводу. Давайте посмотрим.

«**Ведущий:** Мы должны установить какие-то правила отношений между нами, верно? Но для чего нужны эти правила? Если бы Вам сейчас дали возможность установить такие законы, что самое главное они должны сохранять?

— Должны быть такие правила, которые не позволят наносить вред кому-то из детей. Например, нельзя воровать в школе, потому что это причинит вред другому, ведь ты выигрываешь за его счет.

— Нельзя напрасно лить воду, потому что это принесет вред всем.

Ведущий: То есть даже такой вопрос, как разумное использование воды, который, казалось бы, вовсе не связан ни с чем, тоже важен, потому что нужно считаться со всеми. Интересно. Значит, все законы сводятся, в конечном счете, именно к этому».

— Мы видим, что дети все-таки пришли к такому выводу, но на самом деле очень не просто привести детей к пониманию, что законы должны касаться отношения к ближнему.

— Нет, я думаю, что через обсуждение это возможно. Беседуя на близкие детям темы, это вполне осуществимо. На примере воды это сделать сложнее, так как все-таки такая тема достаточно далека от мира детей. Но если мы говорим о том, что близко детям, и втягиваем в разговор всех, а не только самых активных, задействуем их чувства, заинтересовываем их, то всего можно достичь. Нужно только обязательно заботиться о том, чтобы было интересно и чтобы все дети обязательно участвовали. Например, если обсуждается тема добра и зла, то беседа должна быть такой, чтобы не оставить ребенка равнодушным. Она должна дать ему повод для анализа и задеть его чувства. И тогда можно быть уверенным, что такое обсуждение оставит в нем глубокие внутренние впечатления и повлияет на дальнейшее поведение.

— Вы говорите об игровых впечатлениях детей?

— Все ощущения детей только игровые. Вся наша жизнь это игра.

— На самом деле игровые впечатления детей достаточно ограничены.

— Значит, мы должны создавать для них новые модели, анимации.

— То есть специально создавать ситуации и затем обсуждать.

— Да.

— И отрицательные модели тоже? Мне кажется, Вы как-то говорили, что мы должны давать детям только положительные примеры.

— Что значит «отрицательные модели»?

— Ну, скажем, какой-то пример, когда ребенок мешает окружающим или использует их, и дети должны прийти к выводу о вреде подобного поведения.

— Но к такому выводу они должны прийти в результате обсуждения.

— Я спрашиваю о впечатлениях ребенка. Можем ли мы использовать отрицательные впечатления или только положительные? То есть возможен ли такой путь, когда ребенок делает нечто, отрицательно влияющее на окружающих, получает отрицательный результат и на этом опыте учится, что не стоит так поступать?

— Конечно. Если не реакция коллектива, то как иначе он научится?

— Значит, можно позволить какой-то поступок, который навредит другим, но из этого опыта ребенок научится не поступать так в дальнейшем?

— Нет, я не это имел в виду.

— Нельзя позволить целенаправленно наносить вред. Но возможно ли, например, позволить детям начать какую-то игру без предварительного обсуждения каких бы то ни было правил поведения? Когда каждый начнет делать то, что ему захочется, дети начнут просто мешать другу. Эти помехи они почувствуют раньше настоящего вреда. Они поймут, что так у них ничего не получится, и что необходимо обсудить правила. Это такая первичная модель человеческого общества, и дети смогут на ней учиться, как правила и ограничения, принятые всеми, могут устранить противоречия и упорядочить отношения между людьми.

– Да, но важно, чтобы эти правила устанавливали они сами.

– В таких группах обычно только часть детей участвует в обсуждении.

– Это результат недостаточного выяснения, анализа.

– Вы считаете, что не следует ориентироваться на активных?

– Нет, участвовать должны все. Конечно, более активные дети будут реагировать быстрее, но, в конечном счете, абсолютно все должны понять происходящее.

– Обычно есть дети, которые являются лидерами, и они раньше всех приходят к выводам.

– Нет, мы обязаны дойти до каждого из детей в группе, и каждый в соответствии с его уровнем понимания должен согласиться с выводами.

– То есть участие должно быть полным.

– Обязано.

– Это отличается от принятого сегодня подхода.

– Иначе мы никогда не придем к исправленному состоянию общества. Если останется какая-то часть детей, которая не поняла наших принципов, то из них потом получатся люди, не признающие законов – воры и прочие преступники.

– Как измерить, насколько все принимают участие?

– Измеряем только через обсуждение и реакции детей на все, что с ними происходит. Во всех наших обсуждениях каждый ребенок должен прочувствовать все те разнообразные ситуации, которые мы ему предлагаем. Затем он должен рассказать о них так, как он это понял, и услышать реакции других детей. Мы не должны бояться потратить на это много времени, так как именно с помощью такого обсуждения формируются правильные связи ребенка с окружающими, а это самое важное.

В этих обсуждениях он начинает чувствовать, что хорошо и что плохо, что более чувствительно и что – менее. Здесь образуются нити, связывающие его с миром. Такой опыт обогащает ребенка, делает его коммуникативным. У него исчезает страх перед миром, формируются способности к общению, к достижению цели. Затем эти дети смогут понять, почему внешний мир устроен по определенным законам, и будут способны сформировать свое отношение к ним. А без такого открытого и целенаправленного обсуждения в своем маленьком обществе мы не сможем сформировать взрослого человека.

– Если я правильно понимаю, Вы все-таки говорите об очень внутренних процессах. Но в начале нашего разговора мы имели в виду нечто внешнее. Ведь наказания приходят извне, и ребенок только должен научиться соответствовать этим внешним условиям.

– Я вообще не говорю о наказаниях. Не понимаю, почему Вы все время используете это слово. Наказание ребенок должен прочувствовать сам, и это должно сразу же переориентировать его правильно. Знаете, есть такой робот-пылесос, в который встроены фотоэлементы, и он автоматически изменяет направление, когда натыкается на мебель или какой-то предмет.

– Да, он дает обратный ход и находит нужное направление, а человек вообще может идти гулять.

– Это называется наказанием: наткнулся, видит, что это не хорошо, и изменил направление. Но если ребенок не получил правильное воспитание, то, наткнувшись на препятствие, будет пытаться взять его силой. Ведь каждое такое столкновение – это конфликт с внешней средой, и он должен это понять.

– Понять, то есть сделать внутренний анализ?

– Да, он должен сверить это с теми примерами, которые остались в нем из обсуждений в группе (я намеренно не говорю – в классе, а именно в группе).

– Это на самом деле общественное воспитание.

– Вот, он должен, исходя из этих внутренних примеров, понять и отрегулировать ситуацию.

– Сформировать в себе центр внутренней регуляции.

– Да.

– И тогда после длительного процесса, который пройдет каждый ребенок, он сможет регулировать себя и свое поведение изнутри, и это в корне отличается от сегодняшнего положения, когда мы накладываем внешние ограничения, а дети всячески им сопротивляются.

– Мы в беседах должны научить ребенка внутреннему диалогу с самим собой.

– Это то, о чем Вы говорили неоднократно – способность к рефлексии, наблюдению за собой со стороны, анализу. Это очень не просто.

– Но мы продолжим обсуждение этой важной темы в следующей беседе. Сегодня мы говорили о том, что нет наказаний, а есть законы, действующие в мире и в среде общения ребенка, и эти законы должны быть понятны. Естественная реакция на эти законы создает положительные и отрицательные ощущения. И на этом ребенок учится. Обучение должно основываться на чувствах и впечатлениях ребенка.

Часть вторая

Наказания – продолжение

— Мы продолжаем обсуждать такие понятия в воспитании, как установление границ и наказания, рефлексия и правильное общение с ребенком. В предыдущей программе Вы объяснили свой взгляд на вопрос, который сегодня называют ограничениями. Мы интересовались, как ограничить ребенка извне, а в Ваших словах, если я правильно поняла, был другой посыл: ребенок должен уметь ограничивать себя изнутри.

– Но ведь мы хотим, чтобы ребенок вырос?

– Мы очень хотим, чтобы он вырос правильно, был счастлив и весел.

– Вырасти правильно, счастливым и веселым означает, что он установит себе ограничения сам.

– Поэтому Вы говорите, что он должен уметь это делать?

– Этому его необходимо учить с детства, иначе, что такое воспитание?

– Сегодня пользуются термином «саморегуляция».

– Мы должны научить ребенка правильному взаимоотношению с обществом. Он должен знать, как определить свое место в социуме и быть относительно него уравновешенным. Тогда в любой среде, где бы он ни был, он сумеет устроиться так, что это будет полезно и ему, и окружающим.

– Сумеет направить себя?

– Да. Работаем ли мы над этим в процессе воспитания? Является ли это нашей ежедневной целью весь тот период, пока ребенок у нас воспитывается?

– То есть воспитатели и родители должны видеть цель воспитания в том, чтобы ребенок умел направить себя в воспитательной или любой другой среде?

– Он должен знать, как правильно себя вести в любом обществе, как установить с ним связь, включиться во взаимную коммуникацию и чувствовать себя комфортно. Ему должно быть ясно, что именно общество требует от него и что он может получить от общества. Быть в равновесии с окружением – самое лучшее и благоприятное состояние.

– *В обычном воспитании это называется определением ценностей. Этой теме отводится один урок в неделю, а все остальное время ребенок должен справляться сам, не рассуждая об этом. Только если он ведет себя плохо, то на него сердятся, с ним разговаривают и начинают обсуждать. Можно ли упредить неисправность?*

– Если так, то дети вообще не понимают, чего от них хотят. Человек – существо и создание общественное: сейчас существо, а затем, возможно, будет созданием, потому что формирует себя.

– *Вы хотите объяснить различие?*

– Различие состоит в том, ведем ли мы его к тому, чтобы стать правильной частью окружения? Мы говорим об окружении как об организме, состоящем из взаимно связанных между собой клеток, каждая из которых действует в гармонии с другими. Мы видим, как в наше время это проясняется все больше и больше: человечество становится глобальным и интегральным. Разумеется, в таком обществе определяющими являются договоренность, взаимная уступка и связь. Учим ли мы этому наших детей? Ведь иначе человеческое общество не сможет существовать! Мы уже понимаем, что не можем дать ребенку профессию на всю жизнь – профессии постоянно меняются.

– *Совершенно верно.*

– Но если он получит правильную основу взаимодействия с обществом, поведения в нем, найдет в нем свое истинное место, то это будет фундаментом успеха человека в жизни. Успех не придет за счет ближнего – в интегральном обществе это невозможно. Но при правильной связи с ближним, если он найдет себя, то приобретет любую специальность, тем более что сегодня люди меняют род занятий несколько раз в жизни.

– Значит, буквально поменять местами главное и второстепенное в воспитании?

– Именно воспитатели когда-то решили одного ребенка сделать сапожником, другого слесарем, третьего маляром, не беспокоясь о том, как они устроятся в жизни.

– Всего остального добивайся сам!

– Вот именно: жизнь тебя научит! В результате люди удручены, подавлены, страдают от депрессии. Часть становится преступниками, другие вообще не хотят выходить из дома, потому что не знают, как устроен мир и что в нем происходит. В обществе действуют такие правила, что каждый испытывает прессинг и пытается силой извлечь пользу из ближнего. Никто даже не думает о том, что общество должно быть едино и функционировать слаженно. Все это является следствием данного людям воспитания. Поэтому нечего возмущаться и предъявлять претензии, когда вдруг служащие закрывают аэропорт или правительственное учреждение. Я вижу это как результат воспитания, полученного этими людьми в детстве.

– Выходит, что если мы приучаем детей думать только о себе и быть в этом отличником, то для них не проблема ущемить других. Тем самым мы разрушаем общество, и этот процесс лишь усиливается? А мысль о том, чтобы уступить или считаться с другими, остается вне воспитания.

– Люди с детства не учились разговаривать друг с другом – а большего и не нужно! Прежде всего, объедините детей в группу и научите их говорить друг с другом, понимать, стараться договориться, чтобы достичь равенства. А потом сходите на экскурсию в Парламент!

– Они содрогнутся!

– Дайте им хороший жизненный урок.

– Как бывает, когда не прислушиваются друг к другу?

— Да. А они должны подготовить себя к другой жизни.

— Выходит, можно воспитывать детей не только на личном переживании, но и на отрицательном примере со стороны, например, обсуждении в Парламенте?

— Да. Телевидение постоянно показывает такие примеры в разных областях.

— А что делать, если в группе есть ребенок, который мешает обсуждению, отвлекает?

— Не может быть, чтобы группа не смогла его приструнить.

— Что группа может сделать?

— Абсолютно все!

— Может удалить его с обсуждения, чтобы поскучал в коридоре и захотел вернуться?

— Нет, мы не считаем это наказанием.

— Мы хотим, чтобы он остался с нами?

— Исправление происходит внутри группы, поэтому удалением мы лишаем ребенка возможности измениться. Тем самым мы ничего не достигаем.

— Но иногда случается так, что вся группа увлечена обсуждением, а один начинает мешать и моментально все разрушает.

— Тогда сделайте перерыв и поговорите с другими детьми. Когда все вернутся, и он войдет, пусть все отнесутся к нему пренебрежительно: «Смотрите, кто пришел?». Вы ведь знаете, как сильно это действует у детей.

— Это очень трудно. Но не опасно ли такое отношение для ребенка? Не потеряет ли он уверенность в себе? Не обидит ли это его, не сломает?

— Это его сломает – прекрасно! Если пренебрежение исходит не от взрослых, а от группы, то запомнится на всю жизнь. Это не наказание, а ответная реакция группы на то, что он в ней вызывает – как тот пылесос, о котором мы говорили в прошлой программе, который натыкается на стену и поворачивается.

– Но ребенку нужно это показать!

– Если он этого не почувствует, то никогда не изменится. А если его просто выгнать, то он, не зная причину, пойдет гулять и будет доволен. Еще возьмет сигаретку во дворе и вместе с другими «удаленными» пойдет в кино!

– Да, там формируется очень опасная компания.

– Поэтому – не удалять! Небольшого пренебрежения от группы вполне достаточно.

– И все же случается, что ребенок не властвует над своей природой. Такой пример всплыл в разговоре с детьми.

– Я говорю только об одной из возможностей. Но только окружение своим одобрением или порицанием может изменить человека.

– Окружение – это не только взрослые, но и дети.

– Только дети! И ребенок должен чувствовать, что группа отдаляет его: отдаляет не физически, а не хочет мириться с таким поведением.

– Посмотрим следующий сюжет. Мы говорили с детьми о том, что даже если все соглашаются соблюдать правила поведения и не мешать группе, то все равно случается, что кто-то все-таки мешает. В чем причина? Почему так происходит? Вот их мнения:

«**Ведущий:** У нас есть правила поведения, но мы не всегда их соблюдаем. Возможно, мы не хотим ссориться, но иногда срываемся. Почему?
С: Между нами нет хороших отношений, потому что такова наша природа.
Ведущий: Что ты имеешь в виду?
С: Мы – эгоисты, хотим только для себя, нам безразличны все остальные. Мы готовы кого-нибудь ударить или посмеяться над кем-то. Если бы наша

природа была другая, и мы не хотели бы только для себя, то нам не нужны были бы правила и законы, ведь все заботились бы друг о друге и были равны. Никто бы не хотел быть сильнее и больше других.

Ведущий: С кем-нибудь из вас случалось, что эгоизм его вдруг прорывался?

М: Недавно я подрался с товарищем из класса. Я чувствовал, что на меня накатывает злость, но не мог себя остановить. Ты будто разбиваешься на самолете и ничего не можешь сделать: у тебя нет крыльев, тебе не за что ухватиться, ты падаешь вниз, и у тебя ничего нет».

– Какое образное описание! Ребенок говорит: «Я потерял управление, вижу это, чувствую, но не могу остановить!» Как часто взрослые переживают такие состояния!

– Но ребенок это осознает!

– Потрясающе! Он способен наблюдать за собой!

– Да, и это следствие воспитания. С этими детьми занимаются совсем немного, и уже виден результат. Что же можно сделать? Каким образом остановиться? Можно ли вообще остановиться в пылу? Скажем так: даже если он не остановится – не страшно. Он изучит это состояние несколько раз, ведь правильный подход уже есть. И если сейчас он получит от «падения самолета» удар, то это будет уроком, как с помощью правильного подхода не приближаться к такому состоянию, когда теряются «тормоза в полете».

– Вопрос в том, какой это будет удар? Он подрался с товарищем, и теперь в школе начинается разбирательство: кто начал, кто виноват?

– Нет-нет! Мы уже говорили, что их приводят на суд товарищей, а это совсем другой суд.

– Это повод для обсуждения, как Вы говорите?

– Конечно. Каждое событие, выходящее за обычные рамки – и мы ищем такие случаи – тут же выносится на суд.

— *В сущности, это скорее выяснение, анализ?*

— Безусловно. Сегодня это случилось с одним, а завтра может случиться с другим.

— *Понятие «суд» ассоциируется с наказанием, а для нас это последнее, чего бы мы хотели.*

— Мы вообще не судим человека! Мы судим явление – природу человека. Мы не спрашиваем детей: «Кто кого ударил?». У нас нет двух конкретных детей, а есть человек, который ударил другого, потому что родился в эгоистической природе. Что же мы делаем, чтобы с ней совладать? Сегодня он подрался с товарищем, а завтра может ударить учителя, ведь не зря сказано: «Не верь в себя до дня своей смерти». Мы должны говорить с ними совершенно откровенно, тем более что пока ссору можно увидеть в любом месте – дома, на улице. Поэтому мы обсуждаем такие ситуации, не пропуская ни одной.

— *Судим природу человека?*

— Да. А также способы ее обуздания.

— *Ее можно обуздать?*

— Можно, но не силой, не оковами и не тюрьмой. Можно ограничить себя с помощью окружения, но это ограничение не закупорит меня внутри, как риталин, а даст новое развития. Ты приходишь в группу не идеальным – у тебя наверняка есть шипы, как у дикобраза. Отсекать их очень больно: ты должен держать себя в руках, не кричать, не драться. Но можно действовать иначе: с помощью воспитания получить возможность выйти из своей эгоистической природы более свободно – не ограничивая ее, а обращая в отдачу другим. Тогда ты чувствуешь себя свободным.

— *Но как это сделать?*

— О, в этом все дело. Если мы начнем нажимать на детей, то они превратятся в больных людей, которые должны постоянно за собой следить.

— Сдерживание в одном месте обязательно прорвется в другом.

— В конце концов, они будут глубоко травмированы, постоянно закрывая себя и угнетая. Это приведет к плачевным результатам: болезням, скрытым взрывам, неадекватному поведению, сексуальным аномалиям, жестокости.

— Понятно, что угнетение является злом.

— Природа всегда вырвется наружу, причем в ужасных формах. Поэтому мы ни в коем случае не угнетаем ребенка. Мы приводим его к такой связи с группой, которая – при правильном взаимодействии – позволяет использовать свои плохие свойства ради добра. И тогда он выставляет свои шипы, как зубчики шестеренок, чтобы установить связь с другими детьми.

— То же самое происходит с дикобразами: когда холодно, они, несмотря на колючки, прижимаются друг к другу, чтобы сохранить тепло.

— Но если бы я была ребенком, то мне все еще было бы непонятно, зачем нужно связываться с другими?

— Ребенок не должен это понимать. Он просто получает это в результате упражнений. В течение нескольких лет мы проводим его через серию упражнений, в результате чего в нем образуется вторая натура. Разумеется, мы не даем ему теоретических объяснений и моральных запретов.

— Современное воспитание как раз ищет способы перевода ограничений, налагаемых извне, вовнутрь. Но невозможно постоянно воздействовать только снаружи. Ребенок, как Вы говорите, сам должен пройти эти состояния и переживания.

— Человек ничего не должен удерживать в себе. Он должен все проявлять наружу и этим связываться с другими.

— Именно в этом состоит цель обсуждений, о которых мы говорили: постоянно делиться своими переживаниями, стараться их выразить, а не спрятать, потому что это ведет к взрыву.

– Здесь соединяются несколько принципов: дети должны себя выражать, причем не только словами, действовать и постоянно обсуждать свое поведение – нынешнее и желательное.

– Иначе говоря, это не сиюминутное действие, а процесс, требующий времени.

– Но у детей он проходит достаточно быстро. Удивительно, как быстро они все усваивают и меняются.

– А почему они должны прятать шипы?

– Шипы не прячут, а превращают в противоположность – связь с другими.

– Но когда я вспыхиваю и хочу растерзать обидчика, то не чувствую, что хочу с ним связаться. Я хочу убрать его от себя!

– Что ж, взорвись перед всеми, но с осознанием, что делаешь это под влиянием своей природы. Как сказал С., что теряет над собой управление и знает, что сейчас начнет все крушить. Вместе с этим кричи: «Спасите!» И тогда взрывайся.

– А как спасти в этом случае? Есть возможность сделать это в разгар происшествия?

– Если понимают друг друга, то замечательно: каждый учится на примере другого.

– Скажем, я чувствую, что взрываюсь, но не могу себя остановить...

– Это чувство мгновенно погаснет – только начни кричать и увидишь!

– А как это связано с отдачей? Как обратить зло в нечто противоположное?

– Отдача помогает нам самым лучшим образом выявить зло – это помощь против себя. Было «против» и вдруг стало помощью. Ведь у нас нет хороших желаний/свойств, а только эгоистические. Их мы можем превратить в добро, и от этого у нас есть желания отдачи. Хорошей природы у нас нет, как нет хорошего поведения. Добро не исходит от нас, а полностью построено на том, что мы создаем его из противоположности.

– Как сказал М.: «Наша природа эгоистическая». Все очень просто.

– В продолжение беседы он несколько раз подчеркивал: такова моя природа, ее нельзя изменить, а потому я ничего не могу с ней сделать.

– По крайней мере, он пришел к осознанию зла – большое достижение.

– В следующем фрагменте видно, насколько понятие наказания укоренилось в нас. С. уже способен наблюдать за собой, а М. чувствует только свою природу. Поэтому кроме наказания он не видит иного выхода.

«**Ведущий:** Какое Вам известно самое сильное и мощное средство, с помощью которого мы можем обуздать взрыв нашего эго?
С: Прежде всего, мысль о том, что происходит с другом. Если я делаю что-то плохое товарищу, то ставлю себя на его место, а если он делает мне плохо, то я чувствую, что с ним происходит, вхожу в его положение.
Ведущий: То есть я представляю себя в состоянии товарища. А как победить эго?
М: По-моему, как мы уже говорили, единственный выход – наказание. Другого решения нет. Если мне говорят: «В следующий раз так не делай», – для меня это наказание. Ведь любое ограничение является наказанием.
Ведущий: С другой стороны, мы видим, что наказания еще больше пробуждают эго.
С: Я думаю, нужно давать наказания в зависимости от случая: чтобы не повредить человеку, не заставить страдать, а чтобы запомнил до следующего раза».

– Действительно, трудный вопрос: что с этим делать? Их наделили эгоистической природой и учат наблюдению за своими действиями. И что же они видят? – Что все постоянно хотят только для себя, и никто не думает о других.

– Но что бы Вы сказали, если бы все дети в мире достигли понимания такого уровня?

– О, мы бы значительно продвинулись!

– Ведь от мгновения, когда ребенок говорит, что ему нечего делать со своей природой, а потому ему нужны наказания (!), и до умения правильно и осознанно ограничивать себя относительно окружения совсем недалеко. Он начинает сам себя воспитывать, анализируя на очень высоком уровне.

– Интересно, что в процессе обсуждения все дети согласились с тем, что эгоизм создает им проблему, которую нужно решить. Но каждый хочет справиться с этим сам: подать личный пример или найти какой-то другой способ.

– Ведь ребенок хочет почувствовать, что справляется сам!

– Верно. Вы хотите решение?

– Разумеется.

– Необходимо научить их тому, как воспитывать себя с помощью окружения. Каждый должен обратиться к товарищам с просьбой: «Друзья! Вы должны остановить меня, среагировать и оказать нажим, если я, допустим, затею драку».

– Буквально попросить?

– Да. И тогда в следующий раз, когда я замахнусь, меня тут же схватят за руку, остановят и напомнят, ведь сам я об этом забываю.

– К этому выводу ребенок должен прийти сам?

– Конечно, сам! И попросить группу напомнить!

– Но сначала он должен в себе разочароваться?

– Разумеется. Но он уже сейчас говорит, что ему нужны наказания, иначе он собой не управляет! Иначе он просто разбивается, как пикирующий самолет.

То есть у нас уже есть дети, понимающие свое состояние. Теперь должен быть следующий этап – свобода выбора: я выбираю окружение, которое представит мне вознаграждение и наказание своим отношением ко мне.

– Не обвиняя и не сердясь на меня?

– Конечно, ведь все такие – они же это говорят о себе! И каждому из них ясно, что их природа эгоистическая, плохая.

– И не имеет значения, у кого природа хуже?

– Нет.

– То есть главный посыл состоит в том, что зло есть у всех?

– Да, а потому мы, плохие, должны организовать окружение, которое будет за нами следить. Мы как бы строим более высокий уровень, который будет нас охранять – все охраняют каждого. Тогда мы будем продвигаться добрым путем.

– Вместо того чтобы бороться с внешними ограничениями, ребенок начнет понимать, что они ему нужны, и будет сам их устанавливать?

– Каждый захочет, чтобы окружение на него воздействовало и воспитывало.

– Звучит очень заманчиво!

– А воспитателю не остается другой работы, как воздействовать через окружение, помогая понять, какой должна быть группа, какие законы в ней действуют. Эти законы мы берем из природы – их не придумывает ни воспитатель, ни министерство образования.

– На теме создания правильного окружения для детей, которое будет их воспитывать, мы остановимся. Надеюсь, все получили богатый материал для размышления.

Часть вторая

Facebook

— В предыдущих беседах мы много говорили о потребности подростков сформировать собственную индивидуальность. Одна из задач, стоящих перед подростком — понять, кто он, попробовать себя и самоопределиться. Вместе с тем, сегодня мы наблюдаем в подростковой среде такую тенденцию к безразличию, которая перерастает в настоящий нарциссизм: Я, Я и еще раз Я. В Интернете было опубликовано очень интересное исследование, в котором участвовали четырнадцать тысяч студентов американского колледжа. Исследование показало, что способность к сопереживанию в течение последних тридцати лет неуклонно снижается. Человек все больше и больше поглощен собой. Вопрос в том, как найти подход к сегодняшним подросткам? Каковы их потребности? В каком образовании они нуждаются?

— Мы находимся в промежуточном состоянии, между историческими ступенями. В течение миллионов лет природа развивалась от неживой материи через растительное и животное до ступени «человек». Развитие человека на Земном шаре, длящееся сотни тысяч лет, является эгоистическим и однонаправленным: эгоизм растет и постоянно толкает нас вперед. Если я чувствую, что мне стоит быть связанным с окружением, действовать как компонент человеческого общества, то я это делаю. Согласно этой потребности, люди строят человеческое общежитие: различные организации, обеспечивающие пенсией, страховкой, здравоохранением, всевозможные предприятия, объединения, клубы. Но, в конечном счете, наш эгоизм до того возрос, что мы уже не способны взаимодействовать в рамках подобных организаций. Если я могу извлечь из них для себя выгоду, я в них участвую, а если нет, то они мне не нужны.

— Побочным явлением этого процесса является мое безразличие к другому человеку?

— Да, он меня не волнует. Но надо понять, что в природе ничего не происходит случайно, без необходимости. Поэтому сегодня, чувствуя безразличие к другому человеку, мы задумываемся: а как это отражается на мне, куда ведет? Так я прихожу к осознанию зла: если меня не волнует другой человек, то общество рушится. Люди отдаляются друг от друга, построенные прежде организации и связи больше не работают. Мы не хотим быть одним обществом, одной страной, принадлежать какому-то конкретному народу, государству. Человек скитается по миру и выбирает себе место, где ему удобнее. Посмотрите, каков уровень миграции в мире! Люди не чувствуют своей принадлежности к чему бы то ни было. В любой точке мира примерно один язык, одна и та же еда, приблизительно одинаковое устройство быта, образование, культура. Все это одинаково доступно, и когда мне случается ездить по миру, я не чувствую себя оторванным.

– Люди, побывавшие за границей, привозят с собой новые вещи или новый сленг, и получают от этого громадное удовольствие. Чужое им ближе, чем свое родное. Живя за границей, они переписываются с одноклассниками...

– Где бы я ни был – за границей или дома, – я чувствую себя одинаково связанным с моими друзьями и семьей. Выходит, что возникающее в нас чувство оторванности друг от друга и низкая потребность в физическом контакте являются следствием технологического прогресса, охватившего весь мир. Но это явление приходит вместе со своеобразным кризисом. Мы начинаем понимать, что возможность уединиться в своей «скорлупе» и взаимодействовать с миром через Интернет очень привлекательна: мне никто не нужен рядом, переписываясь с кем-то, мне не важно, близко он от меня или далеко. Но это лишь одна сторона медали. Если бы обособление, которого мы так ищем, делало нас счастливее, мы бы продолжали идти в этом направлении. Но природа наносит удар с другой стороны, говоря: ваше состояние без связи друг с другом будет очень опасным. Человеческое общество не сможет обеспечить себя самым необходимым. Ненависть, разобщенность, глобальный кризис, включая экологию и климат, достигнут такого уровня, что вы не сможете продолжать своего существования. Получается, что, с одной стороны, наш эгоизм и развитие технологий позволяют каждому из нас существовать автономно, чувствуя себя комфортно вне связи с другими людьми. С другой стороны, природа с этим не согласна. Поэтому мы находимся в переходном состоянии между двумя ступенями: завершаем развитие на предыдущем этапе и должны подняться на следующий уровень.

– Под словом «мы» Вы подразумеваете все человечество?

– Конечно.

– Иными словами, переход, о котором Вы говорите, это некое взросление человечества?

– Да. И именно сегодняшние подростки совершат этот подъем.

– Несмотря на то, что сегодня они выражают свое полное пренебрежение ко всем общественным институтам и не хотят в них участвовать?

– Страдания и удары обяжут их искать связь.

– Какие страдания – внутренние или внешние?

– И те, и другие.

– Вы говорили о социальных сетях и о том, как они стимулируют людей к участию в них. Сегодня выходит множество исследований в этой сфере. К примеру, говорится о том, что чем чаще человек обновляет свой профиль в социальной сети, тем он более склонен к самолюбованию: установлена четкая связь между степенью вовлеченности в сеть и степенью эгоизма человека. Получается, что с одной стороны социальная сеть является средством объединения между людьми...

– «Как бы» объединения.

– А с другой стороны направляет человека на самого себя, стимулирует нарциссизм. Давайте посмотрим фрагмент, в котором подростки говорят о Facebook.

«**Ведущий:** Вы говорите о Facebook, как о чем-то поверхностном: я знакомлюсь с девушкой потому, что у нее красивая фотография, или обновляю свой статус: «я вышел из дома». Это и есть Facebook, или есть другие способы использовать его возможности?

Н.: Facebook – это очень доступно. Я всегда могу знать, что происходит.

Допустим, друзья собрались пойти в парк, и я узнаю через Facebook все подробности – время мероприятия, место...

Л.: Дошло до того, что друзья возвращаются с вечеринки, у всех страшное похмелье, и они пишут о том, как у кого болит голова. Они живут в Facebook и не могут без него. Люди выставляют в нем свою жизнь напоказ: я хочу кушать, я хочу пить, я пошел, я пришел, я иду спать...

Ведущий: Мы видим, что на Facebook есть некая тенденция делать достоянием публики свои фотографии, свою жизнь, семью, демонстрировать, кто и чем занят в текущий момент. Любой может зайти и увидеть мою жизнь, как на ладони. Почему нам так важно превращать других людей в свидетелей любого происшествия нашей жизни? В этом есть что-то от подглядывания в замочную скважину...

М.: Моя подруга удалила свою страницу на Facebook, так как поймала себя на том, что целыми днями обновляет свой статус и ожидает реакции «Мне нравится». Если никто не делал «Нравится», то она чувствовала неудовлетворенность собой, а если отзывов было много, ей становилось хорошо. Думаю, в этом причина того, что мы выкладываем фотографии и выставляем свою жизнь напоказ: мы хотим реакции людей. Посредством нее мы определяем, стоим ли мы чего-то в глазах окружающих.

Ведущий: Иными словами, Facebook дает мне ощущение собственного бытия.

Н.: Я думаю, что через Facebook можно понять, что нам диктует общество. Ты никогда не выложишь на Facebook фотографии, на которых выглядишь плохо, никогда не напишешь про себя ничего плохое. В результате этих стараний, ты на Facebook совсем не настоящий. И все потому, что нам сказали, что на Facebook все должно выглядеть наилучшим образом».

– Это был отрывок из беседы, которую я провел с подростками. Было очень интересно, потому что эти ребята особенные: они способны посмотреть на себя и на свои поступки со стороны. В то же время все они, за редким исключением, зарегистрированы на Facebook, живут по его правилам и ощущают в нем потребность.

– Это некий общий ежедневник?

— Да. Человек хочет, чтобы все знали, что с ним происходит. В основном, это происходит через фотографии и переписку. Но этот «дневник» ни к чему не обязывает: можно писать все, что угодно.

— Каждый может сказать, что хочет, и это доступно всем? По сути, люди используют Facebook, чтобы поднять самооценку: если меня поддерживают, ко мне подсоединяются, значит, я в порядке.

— Но эта тенденция ведет к крайностям. Был случай, когда подростки покончили жизнь самоубийством, потому что на их статус в Facebook никто не поставил «Нравится».

— Они живут согласно своей важности на Facebook?

— Буквально так. Вопрос в том, как приблизиться к современным подросткам, которые таким образом живут, и что-то в них изменить, привить ценности, которые мы хотим им дать? С чего начать?

— Прежде всего, невозможно начать с полпути: вдруг подойти к 13-14 летним подросткам и начать с ними говорить. С какого возраста ребенок считается подростком?

— С 12-13 лет.

— Если Вы хотите знать мое мнение, то в 12-13 лет человек уже взрослый, а не подросток.

— Уже поздно?

— Подростком он является гораздо раньше: с 9 до 12-13 лет.

— Что Вы имеете в виду?

— Я имею в виду, что до 12-13 лет в ребенке еще можно что-то изменить, а потом это практически невозможно. Кроме того, что мы даем взамен? Мы должны создать систему, которая отвечала бы потребностям подростков, но основывалась на других ценностях.

– Система должна быть новая или можно использовать ту, что существует сейчас?

– Можно использовать ту, что есть, я не знаком с ней.

– *Подростки включены в нее.*

– Хорошо. Наверное, можно вклиниться в нее и начать хитростью и с умом изменять ее так, чтобы подростки этого не распознали и не отдалились от нас. Следует действовать постепенно, через людей, пользующихся популярностью у молодежи, различных знаменитостей. Их роль в процессе должна быть воспитательная, буквально ради «спасения душ». Пусть они общаются с детьми, переписываются, объясняют, участвуют в форумах. И тогда будет ясно, что у них есть более высокие ценности, чем у этих подростков. Так можно будет «приподнять» этих детей, занять чем-то другим, организовать кружки по интересам. На Facebook есть такое деление или все вперемешку?

– *Все вперемешку.*

– То есть, без всякого смысла?

– *У каждого есть личный профиль. Если кто-то просится ко мне в друзья, я добавляю его, и мы можем переписываться, смотреть фотографии друг друга.*

– Это приводит к физическому общению тоже?

– *Как правило, нет.*

– Чаще всего это заменяет непосредственное общение. Вплоть до того, что парень и девушка могут расстаться, просто написав сообщение. В нашей беседе один подросток сказал: вместо того, чтобы звонить и тратить час на телефонный разговор, можно просто написать, что ты мне надоел, и все.

– *И чувствовать себя при этом защищенным?*

– Да. Однако эта процедура болезненная. Многие родители недоумевают, куда пропали тепло, сердечность, внутренняя связь у детей? Результат как раз противоположный.

– Я не думаю, что на Facebook кто-то ищет тепло и сердечность. Это общение выглядит поверхностным и вешним, хотя подростки со мной не согласятся.

– Им этого достаточно.

– В том-то и дело: все только внешнее. Если фотография, то только красивая, если слова, то приятные. А если я хочу сказать что-то неприятное, Facebook значительно облегчает мне задачу. Все якобы происходит снаружи. С другой стороны, в ход совершенно свободно идут самые теплые слова.

– Исходя из того, что подобное общение является реальностью сегодняшних подростков, какой дополнительный элемент можно добавить в такие встречи, как были, скажем, у меня с молодежью, чтобы сказать: «Друзья! Давайте сделаем нечто иное»?

– Мы имеем дело с положительным явлением – я бы даже сказал, редкостным. Приятно слышать, что Facebook становится все более и более популярным.

– По численности Facebook занимает второе место в мире после Китая.

– Мир в мире.

– Это значит, что между людьми существует связь – искусственная, плохая, ниже всякой критики, но связь. И сообразно своей природе – эгоизму, который в них развивается, – эти молодые люди ощущают, что такова правильная форма объединения людей в наше время. Они не хотят знакомиться лично: у меня есть своя «ячейка» дома, на работе, и я так живу. Я покупаю продукты в супермаркете и возвращаюсь домой. У меня есть холодильник, кондиционер, стиральная машина – все что нужно. Еда из супермаркета почти готова к употреблению – я в полном порядке. А если моя природа требует от меня общаться с другими людьми, то я это делаю через Facebook.

– «Связь быстрого приготовления»?

– Не важно. Это вы так думаете, а для них это нормальная связь, больше которой не требуется. До такой степени, что парень и девушка большей частью знакомятся через переписку, а потом иногда встречаются. Видите, насколько требования эгоистического желания человека, обретают в новом поколении иное направление?! Требование тепла и объятий принимает иную форму: люди в большинстве случаев могут удовлетворить потребности друг друга через общение в Интернете. Это их успокаивает и наполняет. Ничего с этим не поделаешь. Я вижу это даже по себе: когда я звоню своей маме, которая живет в Канаде, мне достаточно короткого разговора. Нет той тяги, которая была раньше, к тому, чтобы находиться рядом. Сегодня мы, по всей видимости, переходим к иному виду близости: электронная связь сокращает и отменяет расстояние.

– *В ней есть дыхание жизни.*

– Верно. Хотя я не могу смотреть на Facebook глазами молодежи, но должен согласиться с этим фактом. Поэтому нам нужно думать о том, как вместе с этой новой сетью двигаться по направлению к цели природы. Правильное использование Facebook, несомненно, приведет нас к большому успеху. Я вижу в его развитии мощное средство распространения.

– *В ходе беседы с подростками выяснилось, что даже будучи связанными через Facebook, они остро ощущают пустоту. Они сами говорят, что эта связь не настоящая, поверхностная, что в ней чего-то не хватает.*

– Вот тут как раз есть возможность вмешаться и заполнить это ощущение пустоты. Выбора нет – данная сеть существует, и подростки хотят быть связанными именно так. Вместе с тем, они чувствуют, что ее необходимо наполнить чем-то более эмоциональным, горящим, животрепещущим.

– *В этом и заключается мой вопрос. Что мы можем добавить, чтобы подростки почувствовали эту связь истинной, именно такой, которую они хотят?*

– Я бы подбрасывал подросткам – как бросают спичку в стог сена – самые «горячие» темы для обсуждения, чтобы их «завести». Взял бы десять-пятнадцать человек из разных областей, с разными взглядами и подходом, обладающих разными характерами, чтобы они были «подстрекателями» и «провокаторами» в сети, пробуждали пусть даже в грубоватой и резкой форме различные вопросы. Это не обязательно должны быть высокие темы, можно говорить о самых обыденных вещах. Таким способом я бы пробуждал подростков и втягивал в дискуссии на темы, касающиеся возможности договориться друг с другом и объединиться. Пусть спорят и общаются, как они привыкли, но на темы, близкие к желаемому содержанию. Так мы сможем их воспитывать, чтобы привести к доброму, более высокому состоянию.

— Какие именно темы?

— Темы о смысле жизни, о причинах происходящего в мире. Почему все так происходит? Почему ты кого-то любишь, а кого-то нет? Почему к тебе относятся не так, как ты хочешь? Здесь и психология, и экология, и другие вещи. Можно даже повернуть подростков против взрослых.

— Для этого больших усилий не потребуется!

— Но необходимо, чтобы критика была конструктивной.

— Критика взрослых очень сильно выражена в подростковой среде, чего нельзя сказать о способности искать причину. Именно это нужно в них пробудить — осознание того, что явления имеют массу причин на самых разных уровнях. Часто подростки придают значение только тому, что видят, критикуя и отвергая все подряд. Они могут объяснить, почему не хотят того или другого, но сказать, чего им хочется, как этого достичь иначе, указать на причины, они не готовы.

— Тут есть над чем работать. Я, конечно, не подхожу для этой задачи, но чувствую, насколько важно изучать сеть Facebook и ощущать ее в той или иной мере через людей, для которых она является частью жизни.

— Сделать так, чтобы они стали той самой движущей силой?

— Да.

— Я хотел бы понять образ сегодняшних подростков: с кем мы имеем дело? Как я понял, в связи друг с другом они подошли к грани, когда не требуется слишком многого. Достаточно того, что я пишу кому-то пару слов, меня это устраивает, а нечто большее – это уже настоящая связь, более внутренняя. К такому выводу надо привести подростков?

– Да. Мы видим это и чрез развитие технологий. Все идет к тому, что разные части мира будут связаны через Интернет без ограничений через письмо и речь. Будет использоваться также синхронный перевод. Мы почувствуем себя связанными вместе, но что это нам дает?

– Вы считаете, что такое развитие желательно?

– Конечно. Осталось лишь наполнить эту связь содержанием. И здесь я считаю, что тех подростков, с которыми Вы работаете, необходимо научить использовать свои навыки в Facebook и других сетях. Они должны уметь приблизить все человечество к хорошей взаимной связи.

– Что при этом выигрывают подростки? Зачем они будут этим заниматься?

– Как зачем? Они будут вести интегральное развитие мира! Это ведь самое большое эгоистическое желание. Они захотят этого, и еще как. Вдруг за ними потянутся миллионы.

– Вы сказали, что в период с 13 до 20 лет уже поздно воспитывать. Подросток услышит это и скажет: все, я такой и со мной больше ничего не сделаешь.

– Нет-нет, «ничего не сделаешь» не означает, что с ними не надо работать. Но если мы хотим изменить людей, то нужно делать это гораздо раньше – желательно с самого рождения, с 2-4 лет. То есть не тянуть до подросткового возраста – это будет очень тяжело. Но поскольку сеть Facebook очень доступна и близка подросткам, я думаю, что они справятся. Будем работать вместе.

– Пришло время подвести итоги. Общение на Facebook – переходный этап. Если мы наполним его содержанием, то сможем выйти на следующий, более глубокий уровень, почувствовать настоящую внутреннюю связь. Для этой цели мы можем задействовать тех подростков, которые уже стремятся к чему-то высшему. В следующих программах мы продолжим эту тему.

Почитание и оценка

— Мы обсуждаем вопросы воспитания молодежи. Мы уже говорили о виртуальной связи и таком понятии, как нарциссизм, который проявляется у подростков. Сегодня обсудим тему почитания: что подростки ценят и как развить в них правильные модели почитания. Поговорим немного о почитании, оценке и уважении. Мы видим, что на каком-то этапе развития подростки хотят сами выбирать, чем наполниться. Они также должны сформировать свой внутренний мир. Для этого они ищут образы, на которые хотят быть похожими. И тогда в возрасте 12-14 лет они вдруг начинают почитать всевозможные личности, популярные в СМИ. Этим личностям уделяется большое внимание в мире – не всегда понятно, почему, – и молодежь делает из них образцы для подражания. Хотя это часть естественного развития, но сегодня это становится болезненной проблемой: как заполнить эту пустоту? Что предложить молодежи?

— Прежде всего, мы должны согласиться, что человек развивается благодаря тому, что берет с кого-то пример. У него нет внутреннего образа, который бы рос внутри него сам по себе. Человек не растет сам – его ведут различные импульсы, побуждения, свойственные ему мысли, желания, свойства характера. Но как привести в порядок все полученное от природы, каким образом организовать это семя, он не знает. Поэтому он должен брать пример со стороны. Так говорит наука о высших законах природы, то же самое подтверждает психология.

— Сегодня даже говорится, что в этот период развития человек как бы «изобретает» себя, и это отличная возможность...

— ...взять правильный пример. Поэтому мы должны следить за этим процессом и не упустить момент, когда нужно окружить ребенка истинными примерами, согласно которым он сформирует себя из компонентов, находящихся в его распоряжении. Также следует поправлять его, если он делает это не совсем правильно. Нужно быть в этом вопросе чутким, но, возможно, придется действовать даже жестко.

– *В этот период они обычно не слушаются.*

– Это зависит от нашего мастерства. Мы можем действовать добрым путем, так, что подросток даже не почувствует, что им подспудно управляют, показывая положительные образцы, достойные подражания. Но если мы видим, что окружение настолько нежелательное, что ребенок, получая оттуда плохой пример, формируется отрицательно, то должны применить давление и санкции. Иногда выбора нет, ведь его могут втянуть в преступность.

– *Я тоже чувствую, что порой ребенка необходимо вырвать из одной среды и перевести в другую.*

– Это вполне возможно сделать. Я знаю это по своему опыту с некоторыми детьми, которых буквально вытащил из полиции и служб социальной опеки. Пришлось применить силу, но затем все устроилось. Конечно, желательно окружить детей такими достойными примерами из окружения, чтобы им было неприятно и нелегко следовать отрицательным образцам. Еще раз повторяю: пример, пример и еще раз пример – это, в конечном счете, единственное средство воспитания. И я знаю, что наши воспитатели это используют. В любом воспитании, не только молодежи, нет ничего кроме примера. Просто подростки более чувствительны, потому что жаждут его.

– *Хотят чего-то иного?*

– Они хотят знать, кем будут – не в смысле профессии, а как личность, – и это действительно проблема. Но и в другие периоды жизни мы неосознанно усваиваем разные образцы и присоединяем к себе, потому что изменяемся только от примеров. Если человек делает что-то в жизни, то потому, что видел пример. Без примера мы не способны сделать ни шага: мы просто висим в воздухе, так как существующая в нас внутренняя информация не облачена в форму. Поэтому мы всегда должны знать, как двигаться, сидеть, говорить, что покупать, что делать. Мы постоянно ищем среди множества фотографических картинок, накопленных в мозгу, образец для подражания.

– Можно сказать, в нас есть потенциальная информация, которую необходимо реализовать, и мы ищем различные формы ее воплощения?

– Всегда! Без извлечения из памяти некоей картины и ее реализации я не действую. Есть даже болезни, когда люди теряют такую способность и не знают, что делать. Это происходит из-за того, что человек или не может извлечь из памяти информацию, или она стерлась, или у него нет связи с существующими в памяти образами.

– Это видно во время поездок за границу: мы сразу же чувствуем себя чужими в другом окружении! И не только из-за языка – мы можем говорить на другом языке. Но мы видим вокруг себя другую культуру и отношения людей, и сейчас же приспосабливаемся, начинаем им подражать и ведем себя так, как принято в этой среде, иначе мы чувствуем дискомфорт. Это воздействует на нас очень сильно. Вместе с тем, хотя новое поколение должно быть более развитым, получаемые им модели намного ниже и примитивнее. Почему так происходит? Вроде бы внутренняя информация должна вести их вперед, развивать, а получается, что они мельче и ниже по сравнению с предыдущим поколением?

– Я думаю, что они умнее. Они понимают, что прежнее наполнение их не удовлетворяет. Во времена моей молодости, если человек не прочитал 2-3 тысячи книг классической литературы, не узнал несколько сотен произведений искусства разных жанров, не посетил музеи в разных странах – то есть не впитал человеческую культуру, – то он не считался культурным человеком. Сегодня это ни о чем не говорит, никого не притягивает! Даже если кто-то будет этим увлекаться, над ним только посмеются. Ценности изменились, но мы не должны считать, что это к худшему. Вы говорите, что молодое поколение опустилось относительно предыдущего состояния. Оно опустилось, потому что в процессе развития мы пришли к этапу осознания зла, анализа. Поэтому вчерашние ценности – сегодня уже не ценности. И я, выросший на классических образцах, хорошо понимаю нынешнюю молодежь.

– Что же стоит ценить? Футбол? Деньги?

– Не имеет значения. Нужно просто согласиться, что таково продвижение мира.

– Несмотря на то, что эти ценности поверхностные, мелкие?

– Они нам так представляются, но мы не знаем, что будет за поворотом, за холмом истории, на который мы сейчас поднимаемся. Эгоизм растет, желания усиливаются, связь между нами становится теснее – и все опустошается. Опустошается, чтобы себя наполнить, возможно, гораздо более высокой ценностью, которую мы пока не видим. Но чтобы ее достичь, нужно сделать себя пустым от всего, что было прежде. Это называется осознанием зла: мы начали осознавать, что во всем, что у нас было раньше, нет никакой пользы. Что с того, что я знаю различные философии, литературу, музыку? Если эгоизм развивается таким образом, что естественным путем я себя не наполняю предыдущими «достижениями», значит, он готов к некоему новому наполнению.

– Но сегодня наполнения очень мелкие и поверхностные.

– Это промежуточный этап.

– Однако даже развитые и умные подростки, с которыми я беседовал, находятся в плену вещей, лишенных глубины. С одной стороны, они видят их пустоту, с другой стороны, не могут преодолеть зависимость от них. Посмотрим отрывок из беседы об уважении.

«**Ведущий:** Допустим, к тебе придет известный футболист. Разве ты не проявишь к нему уважения?
– Проявлю.
Ведущий: А кого Вы уважаете?
– Того, кого ценим.

Ведущий: А кого сейчас ценят в мире?

— Того, на кого хочешь быть похожими – сильного. Того, кто чего-то достиг.

Ведущий: Чего именно?

— Футбол, баскетбол. Тех, с которыми мы себя отождествляем: важных людей, обладающих силой власти.

Ведущий: А певцы, музыканты?

— Это зависит от вида музыки.

Ведущий: Но есть певцы в жанрах, которые тебе не нравятся, и все их ценят.

— Они ценят, а я нет.

Ведущий: Вы согласны с тем, что сегодня ценится в мире? Стоит это ценить?

— Думаю, что нет. Если ты кого-то ценишь, а он тебя нет, то какой в этом смысл? Уважение должно быть взаимным.

Ведущий: Давайте подумаем вместе, почему нам так важно, чтобы нас уважали, ценили?

— Уважение нас формирует. У нас есть эго: мы хотим, чтобы нас оценили и приняли в обществе. Поэтому если кто-то меня не уважает, то задевает мое «Я» и мешает мне».

— Разговор был очень интересным. По их ответам видно, что у них есть определенные модели уважения: тот, кто уважает меня, добился достижений и так далее. Вопрос такой: должны ли они прийти к тотальному осознанию зла и полностью разочароваться в этих моделях, или уже сейчас им можно дать альтернативные ценности взамен существующих?

— Воспитание является мировой проблемой. Если бы нам удалось воспитать одно поколение, то не было бы проблем со всеми последующими, которые вырастут из него. Это ясно. Вопрос: к чему мы направляемся? Ты не можешь сейчас силой насаждать ценности предыдущего поколения – это уже не работает и не будет работать, потому что природа требует свое. Поэтому ценности, приходящие из спорта и развлекательных жанров, ближе и понятнее подросткам. Но если мы хотим дать им истинное развитие, то должны с ними работать.

Прежде всего, следует построить окружение, которое будет их к этому возбуждать. Человек не слышит того, к чему у него нет потребности. Потребность должна быть первична, и она приходит от окружения. Если все начинают говорить о каком-то игроке, юмористе или даже ученом, – все равно о ком, – если он становится важным для окружения, которое важно для меня, то он становится важным и для меня. Причем не за свои заслуги, а потому, что его ценят люди, которых я уважаю.

Если мои товарищи, с которыми я связан, начинают кого-то ценить, мне нельзя это критиковать, ведь тогда я от них отдаляюсь. Мне тоже стоит его уважать, потому что тем самым я объединяюсь с ними. Чем больше я буду его ценить, тем лучше ко мне будут относиться товарищи – общее почитание свяжет нас. Так это работает в замкнутом кругу. Поэтому нам очень важно постепенно начать формировать такие образы и ценности, которые заменят им предыдущие. Эти образы должны быть притягательны и понятны, то есть не созданы искусственно. Сегодня это игроки, спортсмены, а раньше были борцы за свободу. Разумеется, их тоже скрытым образом внедряли в общественное сознание. Во всяком случае, как мы уже говорили, мы можем с помощью нашей молодежи работать над этим с широкой публикой. Вопрос лишь в том, какие ценности мы предлагаем? Какое уважение, какую власть? От чего они зависят?

– Я тоже об этом спрашиваю. Эти изменения произойдут под влиянием того окружения, которое примет новые ценности, или молодежь сама поймет и будет уважать ценности более высокого уровня согласно своему развитию? Ведь ценности, получаемые ими сегодня, они не судят, не критикуют. Должны ли они развить в себе критическое отношение к тому, что уважают, или достаточно того, что окружение в целом обратится к новым ценностям?

– Дело в том, что молодежь не живет в отдельном пространстве, она питается от нас, взрослых. И то, что почитают взрослые, просачивается к ним и ими принимается. Поэтому мы обязаны работать над более широким слоем населения – более взрослым, понимающим, уравновешенным, – внедряя туда новые ценности. Тогда это перейдет и к молодежи. Кроме того, я очень надеюсь, что наступит осознание зла в разных областях, особенно в спорте. Посмотрите, что происходит вокруг чемпионатов! Нечто ужасное! Кто будет играть?! Какая страна выиграет?! Будто все страны превратились в команды зрителей. Главы государств добиваются права проведения чемпионата!

– Это экономический интерес.

– Но само явление превращается в важный символ. Конечно, лучше играть, чем воевать. Но страны играют в футбол – вот что сегодня происходит. В таком положении трудно что-то сделать.

– *Правда, во время чемпионатов, настроение публики значительно улучшается. Мы чувствуем приятную общую атмосферу.*

– Разумеется. Я помню, что когда шел популярный сериал, полиция сообщала о значительном снижении число краж...

– *Можно ли сказать, что молодежь ищет модели типа футболистов, потому что не видит достойных примеров в своем окружении?*

– Нет. Если бы ты мог раскрыть им более широкие, привлекательные и сверкающие горизонты, то, безусловно, они бы этим заинтересовались. Вопрос в том, насколько ты способен их заинтересовать. А это проблема, ведь ты работаешь против общественного мнения.

– *Должно быть нечто гораздо более сильное.*

– Да.

– *Тогда я спрошу иначе. Скажем, футбол сейчас не просто игра – вокруг нее создана целая индустрия: живой эфир, жизнь игроков, комментарии специалистов, большие деньги, азарт. Всем этим люди живут. Вопрос в том, можем ли мы предложить альтернативу, которая была бы, как Вы говорите, сильнее, но исходила из их жизни?*

— Сейчас трудно сказать. Я вижу нынешний период буквально как промежуточный между ступенями. Если когда-то мы должны были тяжело работать, чтобы обеспечить себя пропитанием, то сегодня в этом нет необходимости. Сегодня 90% населения может не работать и все получать благодаря механизации и технологиям. Мы вступаем в эпоху таких технологий, когда человеку нечего делать: 2-3% населения мира обеспечивают человечество буквально всем! Что будут делать остальные? — Все время играть в футбол! Именно так, и это происходит не случайно. Мы должны понять, что сталкиваемся с проблемой: или уничтожить население, или дать ему занятие. Говоря о 10% безработных. Какие 10%? Мы прекрасно понимаем, что это не так. Если отнестись к населению правильно, то получим 80-90% безработных. Сказано: «Идите и зарабатывайте друг от друга». Ты делаешь что-то для меня, а я для тебя, но и то, и другое не нужно. Поэтому одни воруют, другие сажают их в тюрьму, третьи сторожат тюрьмы и так далее.

— *Вопрос в том, можно ли сформировать критическое отношение на время переходного периода?*

— Нет заменителя. Сейчас мы проходим особый процесс, когда все меняется: технологии, жизненный уклад, связи между людьми, отношение к экологии, к семье, к себе. Если раньше мы наполнялись постоянной занятостью работой и семьей, то сегодня это не так. Мы все еще находимся в этом круговороте, но постепенно переходим к тому, что это перестает быть заботой. Семьи почти нет, работы тоже почти нет. Что же делать с людьми? Мы не случайно приходим к таким состояниям, что игра становится жизнью.

— *Но в этом промежуточном периоде есть поколение, которое работает. Пока что оно развивается и проходит серьезный кризис во всем, что касается молодежи. Что же с ним делать? Принести в жертву?*

— Дать ответ всему, что мы сейчас проходим, не может никто — это видно из исследований. А мы свой ответ еще не довели до такого уровня, чтобы он был прост, понятен и воспринимался всеми с легкостью. Над этим следует работать. Если мы будем работать с нашей молодежью и подростками так, как делают наши инструктора, то просто покажем миру, как добиться с ними успеха.

– Показать пример, как группа создают для себя мини среду, которая их охраняет и развивает?

– Да. Ведь любые объяснения – всего лишь философия и теория. Они почти не воспринимаются. А вот если ты показываешь реализацию методики, это действует.

– Какую альтернативу можно дать такой группе, если она испытывает также и влияние внешнего общества? Какой более высокий вид почтения, уважения?

– В процессе обсуждений, которыми ты руководишь, мягко и незаметно ты приводишь их к самокритике и осознанию зла. Необходимо формирование в человеке чувства осознания эгоизма как зла. Именно этого нам не хватает. Не важно, чем увлекаться – якобы все эти увлечения не плохие. Они приносят наслаждение и наполнение, но, вместе с тем, увлечение ими ворует у меня вечность, совершенство, бесконечное постижение, неограниченную жизнь, полную приключений. Именно это я должен им показать, – и тогда они осознают истинное зло.

– Необходимо им об этом говорить?

– Только через обсуждение.

– Мы их не спрашиваем, не обсуждаем напрямую, но в результате обсуждения каждый обращает на это внимание?

– Верно.

– Подведем итог. Я благодарю участников за интересный разговор о промежуточном этапе, после которого наверняка наступит новое состояние. А пока решение в том, чтобы построить показательную группу, которая через самокритику и осознание зла в своем нынешнем состоянии покажет человечеству, что существует иная опция, иной пример. Именно это мы хотим сейчас у нас развить и показать.

Группа

— Беседуя с подростками, я часто слышу от них жалобы на то, что их не понимают.

— Они это чувствуют?

— Они это чувствуют и очень сильно. Непонимание взрослых вызывает у них злость и отдаляет от родителей в очень раннем возрасте и на много лет. Накапливаясь, этот процесс приводит к бунту и отрыву от семьи. Это выражается в желании молодежи уехать как можно дальше и на продолжительное время. Этот период растягивается, а длительное отсутствие превращается в процесс. И не важно, что они делают во время путешествия, где и кем работают. С годами, даже приобретя престижную профессию, они скучают по этим временам и пытаются их повторить. Постоянный поиск свидетельствует о том, что они ищут нечто другое.

— Очень больно на них смотреть.

— Что ж, я их понимаю. По правде говоря, я настаивал на том, чтобы мой сын в молодости поездил по миру. Я купил ему студенческий билет на транспорт в Европе, и он побывал более чем в 20 странах. Затем я отправил его на Дальний Восток. И все это, чтобы, вернувшись, он почувствовал, что наполнил себя. Так и оказалось. Вернувшись, он сказал: «Достаточно. Больше не хочу».

— Но они там остаются, работают, развиваются – не возвращаются.

— Очевидно, вопрос именно в том, предлагают тебе ехать или ты убегаешь сам. Во всяком случае, следует признать, что такое явление существует и, как все остальные явления в мире, пробуждается изменениями нашей природы. В отличие от животных, человек развивается: ему нужно познать мир, почувствовать других людей. Эта потребность подготавливает будущие исправления, которые мы должны пройти. В конечном счете, нас ожидает подъем. Так что я вижу эти вещи положительными. Вопрос в том, как их пройти, развиваясь быстрее, чтобы не привлекать удары и понимать, куда ведет общая тенденция.

Сказано: «мудрец видит будущее». То есть мы обязаны понять цель развития, которое возложено на нас природой: к чему она нас приглашает. А также понять свои действия относительно природы. Возможно, мы сейчас не понимаем ее правильно, а потому вредим себе или в настоящем, или в будущем.

– *Что же им нужно?*

– Им ничего не нужно. Мы не можем предъявлять им требований. В конечном счете, они реализуют свои внутренние побуждения, развиваемые в них природой. Но мы, взрослые, должны помочь им и себе раскрыть цель, поставленную природой, к которой она нас ведет. У природы есть программа, и ничего в мире не происходит вне ее. Взглянув на историю – задним числом мы всегда умнее, – мы видим, что природа развивает человечество за счет усиления эгоизма. Так мы прошли все этапы развития, каждый из которых был необходим и принес свои достижения. Очевидно, что иначе мы не могли бы развиваться.

– *Разве большему эгоизму не нужна семья, дети, работа?*

– Не знаю, но вижу, что нет. Зачем же мне его принуждать? Ведь меня воспитали, и я устроил свою жизнь согласно своему эгоизму, желаниям и побуждениям: создал семью, приобрел специальность, устроился на работу – все устойчиво, надежно. В этом я продвигаюсь: покупаю новое кресло, машину, расширяю квартиру. У меня это называется продвижением, а для них продвижением является нечто иное, и их невозможно чем-то обязать. Они готовы жить в одной комнате, им нужен Интернет и холодильник – больше ничего. Все остальное есть в супермаркете. Если такова общая тенденция, то необходимо сообразно ей относиться к жизни. Мы должны идти вместе с ними. Это вовсе не значит быть, как они, а просто видеть, куда эта тенденция ведет. Возможно, если мы это изучим, то поймем их, и они не будут огорчены тем, что их не понимают. Давайте хотя бы захотим понять, что с ними происходит! Ведь мы должны видеть в них наиболее продвинутую часть общей природы. Зачем же говорить, что если они не такие, как мы, то это плохо?! Наоборот!

— Быть как мы, учитывая все, что мы построили, не так уж замечательно.

— Действительно, очень трудно понять, что происходит с подростком. Еще недавно он был привязан к родителям больше, чем к своим товарищам. А сейчас все изменилось, и он больше не хочет быть с ними связанным.

— Почему вдруг возникает разрыв с родителями?

— Потому что родители не понимают его, не хотят и не стараются его понять. Они его не оправдывают.

— Это действительно очень важно.

— Прежде всего, они должны его оправдать, так как в новом поколении проявляется природа, а природа всегда права. Этот факт следует принять, как говорится, выше знания.

— То есть родители, как правило, жалуются на подростка, а Вы говорите, что его следует, невзирая ни на что, оправдать?

— Какие могут быть жалобы? Разве можно идти наперекор природе? Это просто глупость. Все что в них есть, я должен принимать как им подходящее. Такова новая форма жизни, которая нам не знакома. Но если мы хотим помочь своим детям, новому поколению, то должны быть с ними и постараться поддержать в тех формах, которые в них проявляются. Возможно, вместе с ними мы сумеем увидеть следующий этап. Это касается любого родителя.

— Ваши слова меня поразили. В период возмужания для подростков характерно побуждение разорвать связи с семьей и искать нечто свое. Это называется поисками себя. А Вы говорите, что если бы родители были развиты больше, то дети не отрывались бы от них. Ведь молодежь хочет расти и развиваться, и это укрепило бы их связь с родителями. Из своего опыта я знаю, что молодежь ищет кого-то мудрого и опытного, чтобы у него поучиться. Именно эти поиски оставляют их одинокими в ближайшем окружении.

— Верно, но я надеюсь, что мы расширим этот круг.

– Эта связь должна быть с теми взрослыми, которые более продвинуты, или она может быть со сверстниками, чтобы вместо бегства в Индию объединиться с ними?

– Это зависит от нашей способности сформировать окружение, построить кемпинги, создать группы в разных странах. Тогда мы сможем посылать наших ребят в наши группы в Америке, в России, в странах Европы, чтобы побыли там некоторое время. Если есть такие возможности, зачем же посылать их в Индию или другие места?

– Мы не ждем, что они убегут, а готовы послать их сами. И всегда посылать их группой, а не в одиночку?

– Да, одна группа принимает другую группу, и все вместе развлекаются и путешествуют.

– Давайте поговорим о группе как модели. Каково значение группы в процессе устойчивого самоопределения молодежи?

– Мы изучаем, что группа – прежде всего. Человеку необходимо общество, он не может существовать один. Окружение все для него определяет и дает примеры. Без примеров мы не знаем, что делать. Мы – материал, который постоянно растет в своих требованиях: «Я хочу больше!» – «Чего хочешь?» – «Не знаю». Чтобы знать, чего я хочу, я должен посмотреть на других людей. И тогда я увижу примеры того, чего они хотят, как ищут и достигают желаемое. И тогда уже в соответствии со своим характером я выбираю, к какой картине, форме или состоянию хочу прийти. Происходит корреляция между моими внутренними свойствами и находящимися передо мной внешними формами. И тогда я выбираю то или иное окружение. Сделав выбор, я получаю оттуда все ценности, и они становятся для меня самыми важными. Я хочу их достичь и расти в этом обществе, чтобы обрести в нем почет, уважение и даже вызвать зависть.

– Если говорить о группе практически, то, собираясь, молодые люди еще не ощущают себя группой. Между ними еще нет сердечной связи. С чего начать? Каковы первые шаги превращения обычных приятельских отношений в группу?

– Ты принимаешь их как собравшихся случайно?

– Они знают друг друга, но не чувствуют себя группой – просто их пригласили. Как их объединить? Поставить перед ними цель? Рассказать, как хорошо быть в группе?

– Первый шаг – не замыкать их друг на друга. Лучше всего отправиться в поход, на экскурсию, в музей, на стадион, чтобы они почувствовали себя группой относительно внешнего фактора. Это прежде всего. Они не должны сидеть и что-то обсуждать, нет. Сначала с помощью внешнего фактора – пикника или путешествия – между ними должна образоваться связь, возникнуть групповое впечатление: «мы» относительно природы или других людей. Затем очень полезно вместе что-нибудь создать.

– Общий проект?

– Да.

– Скажем, учебный корпус, в котором они занимаются, требует ремонта.

– Отлично! Скажи, что в результате они получат приз!

– Или вместе они могут подготовить телевизионную программу.

– Короче, они должны видеть общую цель, выполнять общую работу и прилагать общее усилие – как в армии или других объединениях. Такие вещи используются часто. Таким способом ты формируешь их как группу. А когда между ними уже установлена некая связь, то наступает время проверки этой связи: зачем и для чего объединяемся, кто присутствует, что каждый ждет от жизни, как смотрит на товарищей, на различные привычки и так далее. Постепенно начинает выстраиваться зависимость друг от друга, вопреки проявляющимся расхождениям. И тогда начинается работа не просто над объединением, а над тем, насколько каждый включен в другого. Соединение становится внутренним: не только коснуться друг друга, но и взаимно включиться.

– То есть существует переход от внешней связи к внутренней?

– Да. Чтобы просто объединить их в одну совокупность, необходим внешний фактор, а чтобы они включились друг в друга, уже нужны обсуждения в рамках группы. Очень полезны обсуждения фильмов, спектаклей. Пусть посетят суд, больницу, тюрьму – такие места вызывают острую реакцию на нашу жизнь.

– *А что выяснять в таких обсуждениях? Что должно из них выйти?*

– Ты анализируешь самые острые, особенные вопросы: жизнь и смерть, стоит ли жить тем или иным образом. Для них это очень важно, ведь они лишь открывают мир, находятся в начале пути.

– *Раскрывая и обсуждая внешний мир, стоит ли останавливаться на проблемах, касающихся их как группы: что с нами происходит, что мы сделали, чего хотим?*

– То и другое должно быть вместе. Ведь иногда не стоит углубляться в себя и заниматься самоедством, лучше выяснять отношения между собой относительно третьего компонента. Это легче. Кроме того, есть и другие формы.

– *А какова цель группы? Как мы определяем для них цель: подготовиться к жизни, подготовить их к жизни, познать жизнь?*

– Нет. Цель группы такова: если мы в результате выяснения определяем некую высшую ценность – это может быть что угодно, например, известный футболист или просто футбол, – то эта ценность становится важной для всех. И каждый получает стремление, желание, оценку выбранного явления такой величины, уровня и силы, как у всей группы. Так человек увеличивает свое желание и силу достижения цели. Он получает от группы важность, силу, мощь, способность выживания, чтобы достичь цели. И это помогает человеку добиться успеха в жизни. В этом заключается огромный выигрыш, который мы получаем от группы. Это как коммандос – каждый обретает силу всех.

– *Много сил!*

– *В истории было много групп, ставивших перед собой общую цель.*

– Это главное, ведь мы не хотим, чтобы наши дети поклонялись футбольному мячу или знаменитому футболисту! Мы хотим, чтобы у них была истинная, вечная ценность. Поэтому наука о высших законах природы должна быть составной частью их обсуждений. Затем, когда они усовершенствуются, из них можно сформировать команду для работы в социальных сетях Интернета.

– Это как бы следующий этап: после обсуждений и выяснений они выходят в мир.

– Они выходят в мир и начинают работать. В процессе обсуждений они научились различным приемам и действиям, накопили опыт в области психологии. Они знают, как обратиться и что сделать, чтобы быть сильной группой – до такой степени, что могут каждого, с кем встречаются в сети, ненавязчиво, легко и быстро и превратить в своего друга. В этом они могут соревноваться: у кого получается лучше? Как нам вместе это удается? Возможности здесь неограниченные, но главное – удерживать высшую цель. Так мы их учим исследовать себя, методику, высоту ценности, которой они занимаются, а также уметь передать ее другим людям.

– Для подростка собрать свои свойства и склонности и использовать на пользу – это просто замечательно!

– Конечно. Нет удовлетворения больше, чем то, которое ты достигаешь отдачей другим людям, когда они соглашаются с тобой и начинают присоединяться. Мы ведь говорили, что молодежь хочет уважения и почета – именно это они получают. Поэтому создание групп, которые затем будут заниматься социальными сетями, является и серьезной задачей, и целью, и возвышенной работой.

Вы открываете новую достаточно обширную тему. О работе в группе нужно будет поговорить отдельно. Все формы должны быть проанализированы, и у каждой есть свое место, но главная цель достигается посредством обсуждений. А вот форма фронтального обучения, когда учитель стоит у доски и объясняет, для подростков совершенно не приемлема.

– Даже учебные курсы, на которых изучаются основы нового мира?

– Учебные курсы не подходят для молодежи, это сухое академическое обучение.

– Но их интересует знание!

– Верно. Но знание, в особенности у молодого поколения, усваивается только при условии, что проходит через обсуждение и личное внутреннее переживание.

– Но они не любят длинных обсуждений.

– Не важно – иначе знание не усваивается. Объяснение на слух услышит один из двадцати, а будут ли такие, которые запомнят и сумеют использовать, неизвестно. А в процессе обсуждений мы настолько пережевываем явление, что оно становится общим для всех: все знают, как с ним работать, что происходит.

– Даже если часть группы не принимает участие в обсуждении?

– Нет, участвовать обязаны все, и группа их обяжет.

– Мы говорили о четырех этапах: первый – объединение относительно внешнего фактора, второй – общий проект. Как на этом этапе – еще до того, как они внутренне связаны, – развить у молодежи чувство ответственности за общее дело? Обычно в группе есть несколько человек, которые все делают, а остальные за ними прячутся.

– Любая группа устроена в виде пирамиды: одни делают, другие думают, третьи знают, четвертые помогают – каждый занимает свое место. Главное – предоставить каждому возможность участвовать, а должность не имеет значения.

– Но что научит их быть ответственным за свою работу?

– Важность окружения.

– Всей группы?

– Да.

– Даже если это сделать искусственно?

– Разумеется, все делается искусственно, пока они не увидят, что у них все искусственное. Эту искусственность они должны построить сами, чтобы из нее подняться на серьезный уровень.

– То есть они понимают, что их природе необходима искусственность, а потому с ее помощью работают над собой?

– Верно.

– Молодые люди должны понимать проходимые ими этапы?

– Абсолютно все! Они должны быть психологами для себя, чтобы работать над собой с помощью группы: «Я знаю, что я – эгоистическая материя, думающая только о себе. Но у меня есть группа, с помощью которой я могу себя изменить. Тогда я буду великим и прекрасным!»

– Всмотреться в происходящее.

– Поэтому каждый должен ценить группу, ведь от нее зависит его будущее состояние.

– Группа сама должна определять следующие шаги своего развития?

– Вместе с воспитателем!

– На этом мы остановимся. Сегодня была очень продуктивная беседа. Мы обсудили несколько важных положений методики воспитания и практических шагов создания и развития группы. Образовательная система привела молодежь в тупик – ее не понимают. Мы говорили о совместном приключении относительно внешнего фактора, которое их объединяет, затем – совместный проект. Третий шаг – выяснение внутренней связи между собой, способность наблюдать за собой со стороны, быть себе психологом. На более продвинутом этапе приходит понимание цели группы и начинается работа с внешним миром. То есть после того, как они познали себя и свою природу, научились быть себе психологами, знают желания и мысли всей молодежи, они начинают действовать в социальных сетях, чтобы привлечь сверстников в процесс, который прошли.

ПРИЛОЖЕНИЕ

АННОТАЦИИ КНИГ

ЧЕЛОВЕК - МАЛЕНЬКИЙ МИР

Представьте себе, что вы можете нажать на кнопку «Перезагрузка», и на этот раз сделать все правильно.

Без хлопот, без стрессов и, самое главное, без игр в угадайку.

Большая новость состоит в том, что воспитание детей целиком связано с играми, в которых к ним относятся как к маленьким взрослым, и все основные решения принимаются сообща.

Вы будете удивлены, обнаружив, насколько обучение детей положительным вещам, таким как дружба и забота о людях, автоматически влияет на другие области нашей повседневной жизни.

На любой странице книги вы найдете идеи, заставляющие задуматься, касающиеся разных аспектов жизни детей: отношений между детьми и родителями, дружбы и конфликтов. Вы получите четкую картину организации и функционирования школы. Эта книга предлагает новый взгляд на воспитание наших детей, цель которого - счастье всех детей на планете.

ПСИХОЛОГИЯ ИНТЕГРАЛЬНОГО СООБЩЕСТВА

Мир, в котором мы сегодня живем, – глобальный, интегральный. Это значит, что все его части полностью взаимозависимы, и каждая часть определяет судьбу всех. Таким он проявился благодаря прогрессу. Начиная с этого момента, нет места распрям между частями мира, потому что все, противоречащее интеграции, противоречит прогрессу, эволюции, закону природы. Абсолютная связь всех частей мира должна быть осознана нами, как факт.

Человек, который правильно войдет в интеграцию, от этого выиграет. Он не просто будет воспитанным, у него будут необходимые навыки для выживания. Выживет только тот, кто поймет, что интеграция, взаимное поручительство, уступки, объединение – это зов природы. А цель природы – привести человечество к подобию себе – к гармонии и совершенству.

СКАЗКА О ДОБРОМ ВОЛШЕБНИКЕ

Сказка – это мудрость. Ведь все проходит, и только истинные сказки остаются. Чтобы рассказывать сказки, не надо много знать. Чтобы рассказывать сказки, надо видеть то, что не видно другим...

ЧУДЕСА БЫВАЮТ. ТОМ 1, 2

Сказка – верный путь к сердцу ребенка, даже если этот ребенок затаился во взрослом. Сказка – друг искренности и враг фальши. Добрая, мудрая сказка может сделать больше, чем целый ворох наставлений, – поскольку она не поучает, а напутствует, не понукает, а влечет нас к добру. В этой книге собраны сказки, которые помогут детям взяться за руки и уже никогда не терять друг друга. Пускай это покажется чудом, но ведь всем известно, что чудеса бывают.

ВОЛШЕБНЫЕ ОЧКИ

Эта книга открывает новую серию под общим названием «Сказки из будущего». Тема сборника – «Мироощущение». На первый взгляд может показаться, что это слишком возвышенное понятие для детей. Однако не будем забывать, что наши дети рождаются и растут в безбрежном информационном море. Поэтому так важен диалог родителей и детей о том, что движет человеком, к чему он стремится, как устроен окружающий мир и общество.

Мы надеемся, что сказки, идеалы которых: добро, любовь, дружба, взаимовыручка – помогут наладить этот не простой, но такой важный и необходимый диалог.

ПРОДАВЕЦ УКРОПА или ПРИКЛЮЧЕНИЯ ВУДИ ФИТЧА

В стране наблюдаются поразительные аномалии. В результате этого возникают проблемы государственного и даже общемирового уровня. Профессор Маркус Беньямини собирает двенадцать детей с необычными способностями в особую школу на Заячьем Острове. Именно им, детям нового поколения, предстоит разрешить все проблемы человечества, раскрыв Главный Закон Природы.

Почему именно дети? Какими способностями они обладают? Какими методами решают поставленные задачи? Почему автор произведения скрывает свое имя? Все это и многое другое вы узнаете, прочитав эту книгу.

ЭКСТРЕННОЕ СООБЩЕНИЕ

Анонимный автор «Продавца укропа» раскрывает секреты
на сайте http://woodyfitch.com/

ARI

http://ariresearch.org/

Ashlag Research Institute (ARI) — некоммерческая организация, цель которой — реализация инновационных идей в образовательной политике для разрешения системных проблем современного образования и воспитания. Система образования, построенная на концепции изучения законов интегрального и взаимозависимого мира, является необходимым условием привнесения положительных изменений в жизнь человечества.

Наши разработки основаны на адаптации знаний тысячелетней давности, которые содержат системное решение современных проблем.

Мы регулярно инициируем диалог о мировом кризисе, рассматривая его как возможность произвести позитивные изменения в глобальном сознании.

Во главу угла мы ставим воспитание будущих поколений с целью помочь им успешно справиться с масштабными климатическими, экономическими и геополитическими изменениями. Наши идеи и материалы доступны всем, вне зависимости от возраста, пола, вероисповедания, политических убеждений или культурных традиций и мировоззрения.

Ashlag Research Institute (ARI) направляет свои усилия на укрепление международного и междисциплинарного сотрудничества. Приоритетным направлением деятельности является разработка и практическая реализация принципов глобального и интегрального образования.

Ashlag Research Institute (ARI) осуществляет свои программы и без ограничений предоставляет свою базу знаний с помощью имеющихся мультимедийных каналов всему миру. Мы стремимся улучшить осведомленность людей о существующей взаимной ответственности при выстраивании отношений между собой, о необходимости быть лично вовлеченными в данный процесс. Таким образом, мы предлагаем пути решения серьезных проблем, оказывающих влияние на современное общество.

На сегодняшний день в рамках образовательных программ Ashlag Research Institute (ARI) систематически занимаются тысячи студентов из России и СНГ, а так же Северной и Южной Америки, Европы, Ближнего Востока, Австралии, Азии и Африки.

методика интегрального воспитания

РАЗВИТИЕ ЧЕЛОВЕКА ОТ 0 ДО 20

Редакторы: О.Ицексон, Н. Крупинов
Корректор: И. Колединцев
Художественное оформление: А. Мохин
Выпускающий редактор: С. Добродуб

ISBN 978-5-91072-035-4

Подписано в печать 15.05.2011.
Усл. печ. л.20,5. Тираж 2000 экз.
Заказ № 3642.

Отпечатано с готовых файлов заказчика
в ОАО «Рыбинский Дом печати»
152901, г. Рыбинск, ул. Чкалова, 8.

www.ingramcontent.com/pod-product-compliance
Lightning Source LLC
LaVergne TN
LVHW012033070526
838202LV00056B/5485